CIETAC

Annual Report on International Arbitration of
Intellectual Property Rights in China

# 中国国际知识产权仲裁年度报告（2022）

中国国际经济贸易仲裁委员会　编

中国法制出版社
CHINA LEGAL PUBLISHING HOUSE

# 编辑委员会



**主　笔**（以姓氏笔画为序）

于学英　高文律师事务所律师

于泳璐　丹树辰洋律师事务所律师

王文田　广东心怡律师事务所合伙人

王正志　中华全国律师协会常务理事兼知识产权专业委员会主任、高文律师事务所主任

王闻君　高文律师事务所律师

卢杰锋　对外经济贸易大学副教授

邢贺通　西安交通大学法学院硕士研究生

刘　敏　高文律师事务所律师

邵　伟　永新智财律师事务所主任

杨　璞　方达律师事务所合伙人

陈　敬　通商律师事务所合伙人

李静传　泰和泰律师事务所合伙人

沙仁高娃　高文律师事务所合伙人

李亚楠　高文律师事务所律师

杜文静　高文律师事务所律师

林子英　独立仲裁员

葛黄斌　新加坡律明律师事务所董事合伙人

谢冠斌　立方律师事务所合伙人

# 前　言

# PREFACE

在当前的全球化时代，保护知识产权是国家战略、国际竞争、保护创新和与国际接轨的共同要求。相较于普通纠纷，知识产权具有较强的私权属性，知识产权纠纷呈现出新型化、复杂化、高技术化等特点，对专业性、时效性及保密性的要求极高。仲裁具有尊重当事人意思自治、专家裁判、程序灵活高效、一裁终局、成本相对较低、遵守保密原则等诸多优势，很好地契合了知识产权纠纷解决的需求。据不完全统计，中国国际经济贸易仲裁委员会（以下简称贸仲）处理的案件中有近15%涉及知识产权方面的问题。近5年来，贸仲受理知识产权案件近400件，所涉争议金额近200亿元人民币，其中不少案件具有重大的社会影响。知识产权仲裁裁决在全球100多个国家和地区得到执行，以大量的实例铸就了中国仲裁的国际公信力和影响力。

2022年7月，贸仲主办的贸仲知识产权仲裁中心揭牌仪式暨知识产权保护与争议解决研讨会在北京成功举行，贸仲知识产权仲裁中心的成立，将有助于进一步完善我国知识产权争端解决制度，加大企业知识产权保护力度，参与国际知识产权保护规则制定，促进知识产权领域更高水平对外开放和更高质量发展。为总结中国国际知识产权仲裁法治建设情况，推动我国知识产权争端解决的制度完善、行业发展和信息交流，扩大我国在国际知识产权仲裁舞台上的话语权和影响力，并为我国充分发挥仲裁优势，进一步建设知识产权强国提供参考，贸仲决定编写并发布《中国国际知识产权仲裁年度报告（2022）》。

《中国国际知识产权仲裁年度报告（2022）》除前言外，共有5章，分别为“我国知识产权仲裁动态”“国内外知识产权仲裁研究动态”“知识产权仲裁案件概览”“国内外知识产权仲裁案例分析”“贸仲视角下的知识产权仲裁”。本书采用实证分析与理论研究相结合的研究方法，力求展现知识产权仲裁发展的亮点。具体而言，本书首先从我国知识产权立法动态、仲裁案件数据统计以及仲裁员情况出发，展现我国知识产权仲裁的现状，再呈现国内外知识产权仲裁的研究方向及动态，立足于知识产权仲裁案件的特点给出案例分析，最后以贸仲仲裁员的视角探讨知识产权仲裁的现状与未来。

本报告是贸仲首次编写知识产权仲裁领域的年度报告，为更为全面、系统地展现知识产权仲裁发展全貌，本报告第四章所涉案例在选取方面突破了原有年度报告案例选取时间范围；此外，鉴于充分尊重仲裁案件不公开的特点，结合对报告内容翔实性的考量，部分选取了司法判决案例为素材。

本报告第四章案例部分，案例分类标准采用传统分类结合行业分类的方式，其目的在于给读者提供新的视角，以期通过多元化视角向读者展示知识产权仲裁全貌。目前影视行业与汽车行业在知识产权仲裁方面展现出了案件量逐步增多、案件纠纷类型多样且社会影响大等特点，本报告对行业项下具体案例的论述分析全方位展现行业特点，对同业企业及相关领域从业人员亦是一种启发。

《中国国际知识产权仲裁年度报告（2022）》课题组

2023 年 4 月

# 目　录

## CONTENTS

## 第四章 国内外知识产权仲裁案例分析

第一章

# 我国知识产权仲裁动态

# 第一节　我国知识产权仲裁立法现状

知识产权仲裁一般是指一个仲裁程序中至少涉及一个知识产权问题[①]，或者说用仲裁解决与知识产权相关争议的争议解决方式。[②] 为更清晰、全面地了解我国在知识产权仲裁领域立法情况，本文所述知识产权仲裁立法指现行有效的涉及仲裁作为知识产权领域纠纷解决方式的规定。

**表一：我国知识产权仲裁立法情况概览**

| 类别 | 数量 | 具体名称 |
|---|---|---|
| 法律 | 3部 | 《仲裁法》（2017年修正） |
| | | 《著作权法》（2020年修正） |
| | | 《电子商务法》（2019年1月1日施行） |
| 行政法规 | 2部 | 《计算机软件保护条例》（2013年修订） |
| | | 《商业特许经营管理条例》（2007年5月1日施行） |
| 司法解释 | 1部 | 《最高人民法院关于审查知识产权纠纷行为保全案件适用法律若干问题的规定》（2019年1月1日施行） |
| 部门规章 | 4部 | 《专利优先审查管理办法》（2017年8月1日施行） |
| | | 《中医药专利管理办法（试行）》（1995年9月5日施行） |
| | | 《商业特许经营信息披露管理办法》（2012年修订） |
| | | 《技术合同仲裁机构仲裁规则（试行）》（1991年11月1日施行） |

① Patrick Nutzi, *Intellectual Property Arbitration*, E. I. P. R. , Vol. 19, No. 4, 1997.

② 倪静：《知识产权仲裁机制研究》，厦门大学出版社2013年版，第65页。

续表

| 类别 | 数量 | 具体名称 |
| --- | --- | --- |
| 地方法规 | 7 部 | 《南京市知识产权促进和保护条例》（2011 年 11 月 1 日施行） |
| | | 《浙江省专利条例》（2016 年 1 月 1 日施行） |
| | | 《天津市知识产权保护条例》（2019 年 11 月 1 日施行） |
| | | 《深圳经济特区知识产权保护条例》（2020 年修正） |
| | | 《上海市知识产权保护条例》（2021 年 3 月 1 日施行） |
| | | 《山西省知识产权保护工作条例》（2021 年 7 月 1 日施行） |
| | | 《北京市知识产权保护条例》（2022 年 7 月 1 日施行） |
| 政策性文件 | 8 部 | 国家知识产权局办公室印发《关于开展知识产权纠纷仲裁调解试点工作的通知》（2017 年 3 月 9 日施行） |
| | | 国家知识产权局印发《关于开展知识产权仲裁调解机构能力建设工作的通知》（2018 年 3 月 15 日施行） |
| | | 国家知识产权局印发《关于确定首批能力建设知识产权仲裁调解机构并启动相关工作的通知》（2018 年 7 月 4 日施行） |
| | | 广东省知识产权局、广东省自贸办印发《加强中国（广东）自由贸易试验区知识产权工作的指导意见》（2015 年 8 月 18 日施行） |
| | | 《中共中央办公厅、国务院办公厅关于强化知识产权保护的意见》（2019 年 11 月 24 日施行） |
| | | 中共中央、国务院印发《知识产权强国建设纲要（2021—2035 年）》（2021 年 9 月 22 日施行） |
| | | 国家知识产权局、司法部制定《关于加强知识产权纠纷调解工作的意见》（2021 年 10 月 22 日施行） |
| | | 《最高人民检察院关于全面加强新时代知识产权检察工作的意见》（2022 年 2 月 28 日施行） |
| 其他 | 1 部 | 《统一域名争议解决政策》（1999 年 10 月 24 日发布） |

## 一、法律

### 1.《仲裁法》（2017 年修正）

第二条规定："平等主体的公民、法人和其他组织之间发生的合同纠纷和其他财产权益纠纷，可以仲裁。"

### 2.《著作权法》（2020 年修正）

第六十条规定："著作权纠纷可以调解，也可以根据当事人达成的书面仲裁协议或者著作权合同中的仲裁条款，向仲裁机构申请仲裁。

当事人没有书面仲裁协议，也没有在著作权合同中订立仲裁条款的，可以直接向人民法院起诉。"

### 3.《电子商务法》（2019 年 1 月 1 日施行）

（1）第六十条规定："电子商务争议可以通过协商和解，请求消费者组织、行业协会或者其他依法成立的调解组织调解，向有关部门投诉，提请仲裁，或者提起诉讼等方式解决。"

（2）第四十二条规定："知识产权权利人认为其知识产权受到侵害的，有权通知电子商务平台经营者采取删除、屏蔽、断开链接、终止交易和服务等必要措施。通知应当包括构成侵权的初步证据。

电子商务平台经营者接到通知后，应当及时采取必要措施，并将该通知转送平台内经营者；未及时采取必要措施的，对损害的扩大部分与平台内经营者承担连带责任。

因通知错误造成平台内经营者损害的，依法承担民事责任。恶意发出错误通知，造成平台内经营者损失的，加倍承担赔偿责任。"

## 二、行政法规

### 1.《计算机软件保护条例》（2013 年修订）

第三十一条规定："软件著作权侵权纠纷可以调解。

软件著作权合同纠纷可以依据合同中的仲裁条款或者事后达成的书面仲裁协议，向仲裁机构申请仲裁。

当事人没有在合同中订立仲裁条款，事后又没有书面仲裁协议的，可以直接向人民法院提起诉讼。"

### 2.《商业特许经营管理条例》（2007 年 5 月 1 日施行）

第二十二条规定："特许人应当向被特许人提供以下信息：

（一）特许人的名称、住所、法定代表人、注册资本额、经营范围以及从事特许经营活动的基本情况；

（二）特许人的注册商标、企业标志、专利、专有技术和经营模式的基本情况；

（三）特许经营费用的种类、金额和支付方式（包括是否收取保证金以及保证金的返还条件和返还方式）；

（四）向被特许人提供产品、服务、设备的价格和条件；

（五）为被特许人持续提供经营指导、技术支持、业务培训等服务的具体内容、提供方式和实施计划；

（六）对被特许人的经营活动进行指导、监督的具体办法；

（七）特许经营网点投资预算；

（八）在中国境内现有的被特许人的数量、分布地域以及经营状况评估；

（九）最近 2 年的经会计师事务所审计的财务会计报告摘要和审计报告摘要；

（十）最近 5 年内与特许经营相关的诉讼和仲裁情况；

（十一）特许人及其法定代表人是否有重大违法经营记录；

（十二）国务院商务主管部门规定的其他信息。”

## 三、司法解释

**1.《最高人民法院关于审查知识产权纠纷行为保全案件适用法律若干问题的规定》（2019 年 1 月 1 日施行）**

（1）第二条第一款规定：“知识产权纠纷的当事人在判决、裁定或者仲裁裁决生效前，依据民事诉讼法第一百条、第一百零一条规定申请行为保全的，人民法院应当受理。”

（2）第三条规定：“申请诉前行为保全，应当向被申请人住所地具有相应知识产权纠纷管辖权的人民法院或者对案件具有管辖权的人民法院提出。

当事人约定仲裁的，应当向前款规定的人民法院申请行为保全。”

（3）第五条第三款规定：“当事人在仲裁过程中申请行为保全的，应当通过仲裁机构向人民法院提交申请书、仲裁案件受理通知书等相关材料。人民法院裁定采取行为保全措施或者裁定驳回申请的，应当将裁定书送达当事人，并通知仲裁机构。”

## 四、部门规章

### 1.《专利优先审查管理办法》（2017 年 8 月 1 日施行）

（1）第四条规定：“有下列情形之一的无效宣告案件，可以请求优先审查：

（一）针对无效宣告案件涉及的专利发生侵权纠纷，当事人已请求地方知识产权局处理、向人民法院起诉或者请求仲裁调解组织仲裁调解；

（二）无效宣告案件涉及的专利对国家利益或者公共利益具有重大意义。”

（2）第五条规定：“对专利申请、专利复审案件提出优先审查请求，应当经全体申请人或者全体复审请求人同意；对无效宣告案件提出优先审查请求，应当经无效宣告请求人或者全体专利权人同意。

处理、审理涉案专利侵权纠纷的地方知识产权局、人民法院或者仲裁调解组织可以对无效宣告案件提出优先审查请求。”

### 2.《中医药专利管理办法（试行）》（1995 年 9 月 5 日施行）

第二十条：“签订专利许可实施合同后发生的纠纷，专利许可实施合同履行过程中产生的纠纷，可通过协商或调解解决；或依据合同中的仲裁条款或事后达成的书面仲裁协议，向仲裁机构申请仲裁。合同中未签定仲裁条款，事后又没有书面仲裁协议的，可向人民法院起诉。”

### 3.《商业特许经营信息披露管理办法》（2012 年修订）

第五条规定：“特许人进行信息披露应当包括以下内容：

（一）特许人及特许经营活动的基本情况。

……

（二）特许人拥有经营资源的基本情况。

1. 注册商标、企业标志、专利、专有技术、经营模式及其他经营资源的文字说明。

2. 经营资源的所有者是特许人关联方的，应当披露该关联方的基本信息、授权内容，同时应当说明在与该关联方的授权合同中止或提前终止的情况下，如何处理该特许体系。

3. 特许人（或其关联方）的注册商标、企业标志、专利、专有技术等与特许经营相关的经营资源涉及诉讼或仲裁的情况。

（三）特许经营费用的基本情况。

……

（四）向被特许人提供产品、服务、设备的价格、条件等情况。

……

（五）为被特许人持续提供服务的情况。

……

（六）对被特许人的经营活动进行指导、监督的方式和内容。

……

（七）特许经营网点投资预算情况。

……

（八）中国境内被特许人的有关情况。

1. 现有和预计被特许人的数量、分布地域、授权范围、有无独家授权区域（如有，应说明预计的具体范围）的情况。

2. 现有被特许人的经营状况，包括被特许人实际的投资额、平均销售量、成本、毛利、纯利等信息，同时应当说明上述信息的来源。

（九）最近2年的经会计师事务所或审计事务所审计的特许人财务会计报告摘要和审计报告摘要。

（十）特许人最近5年内与特许经营相关的诉讼和仲裁情况，包括案由、诉讼（仲裁）请求、管辖及结果。

……”

**4.《技术合同仲裁机构仲裁规则（试行）》（1991年11月1日施行）**

第九条规定：“仲裁机构受理技术合同争议，应当依据当事人在合同中订立的仲裁条款或者事后达成的书面仲裁协议。仲裁条款或者仲裁协议应当写明仲裁机构的名称和提交仲裁的事项。

没有仲裁条款或者仲裁协议的，仲裁机构不予受理。

仲裁机构发现仲裁条款或者仲裁协议约定的仲裁机构不是本仲裁机构的，

应当告知当事人向约定的仲裁机构提出申请。”

## 五、地方法规

### 1.《南京市知识产权促进和保护条例》（2011 年 11 月 1 日施行）

第五十条规定：“违反本条例规定，单位未履行法定或者约定义务，致使职务发明创造发明人、设计人以及知识产权完成人未能享有相关权益，经协商不成的，可以向知识产权行政管理部门申请调解、依法申请仲裁或者向人民法院提起诉讼。”

### 2.《浙江省专利条例》（2016 年 1 月 1 日施行）

第二十四条规定：“请求专利行政部门处理专利侵权纠纷，应当符合下列条件：

（一）请求人是专利权人或者利害关系人；

（二）有明确的被请求人和具体的请求事项、事实和理由；

（三）当事人之间无仲裁协议；

（四）当事人未向人民法院提起诉讼；

（五）属于专利行政部门管辖范围……”

### 3.《天津市知识产权保护条例》（2019 年 11 月 1 日施行）

第三十四条规定：“本市建立和完善知识产权纠纷多元解决机制，促进知识产权行政裁决、调解、仲裁、诉讼等纠纷解决途径的有效衔接，保护当事人合法权益，维护公平竞争的市场秩序。”

### 4.《深圳经济特区知识产权保护条例》（2020 年修正）

（1）第六条规定：“建立和完善多元化知识产权纠纷处理机制，实现知识产权行政执法、司法审判、仲裁、调解等工作的有效衔接。”

（2）第四十四条规定：“支持仲裁机构、人民调解组织以及商事调解、行业调解组织开展知识产权纠纷仲裁、调解，公平、高效处理知识产权纠纷。

鼓励行业协会、知识产权服务机构等建立知识产权纠纷解决机制，为当事人提供便捷、高效的知识产权纠纷处理服务。

市主管部门、司法行政部门应当对行业协会、知识产权服务机构等建立知识产权纠纷处理机制提供必要的支持和指导。”

（3）第五十六条规定：“展会举办时间三天以上的，展会主办单位或者承办单位应当自行或者与仲裁机构、行业协会、知识产权服务机构等设立展会知识产权纠纷处理机构，并在展会显著位置予以公示。

展会主办单位、承办单位或者其设立的展会知识产权纠纷处理机构认为参展产品构成侵权，参展方无法在限定时间内证明未侵权的，展会主办单位或者承办单位应当立即责令参展方撤下参展的侵权产品，并移送市主管部门或者其他管理部门依法处理。”

### 5.《上海市知识产权保护条例》（2021 年 3 月 1 日施行）

（1）第三十九条第一款规定：“本市举办大型展示、展览、推广、交易等会展活动，会展举办单位应当要求参展方提交未侵犯他人知识产权的合规性书面承诺或者知识产权相关证明文件。未按照要求提交的，会展举办单位不得允许其参加会展相关活动。”

（2）第四十一条规定：“支持本市仲裁机构开展知识产权纠纷仲裁。

鼓励本市仲裁机构加强知识产权仲裁专业化建设，广泛吸纳知识产权专业人才参与仲裁工作。支持境外知名仲裁及争议解决机构在本市依法开展知识产权仲裁业务。”

### 6.《山西省知识产权保护工作条例》（2021 年 7 月 1 日施行）

该条例 2021 年 5 月 28 日通过，自 2021 年 7 月 1 日起施行。

（1）第十二条规定：“本省建立和完善多元化知识产权纠纷处理机制，采取自行协商、行政裁决、调解、仲裁、诉讼等方式解决知识产权纠纷。

鼓励知识产权纠纷解决机构利用网络信息技术，线上解决知识产权纠纷。”

（2）第三十一条规定：“展会主办单位或者承办单位应当在展会举办期间依法保护知识产权。

参展产品、作品、技术或者宣传材料上标注知识产权信息的，参展方应当提供合法有效的知识产权权属证明；未提供的，展会主办单位或者承办单位应当取消其参展资格。

展会举办时间三天以上的，展会主办单位或者承办单位应当自行或者与仲裁机构、行业组织、知识产权服务机构等设立展会知识产权纠纷处理机构，并在展会显著位置以及有关宣传资料上公布纠纷处理机构的联系方式、纠纷处理规则等信息。”

**7.《北京市知识产权保护条例》（2022 年 7 月 1 日施行）**

第十条规定：“本市扩大知识产权领域开放合作，支持境外知识产权服务机构、仲裁机构等依法在本市设立机构、开展业务，推动建立国际知识产权交易、运营平台。”

## 六、政策性文件

**1.《关于开展知识产权纠纷仲裁调解试点工作的通知》（2017 年 3 月 9 日施行）**

国家知识产权局办公室发布该通知，其中明确要求，“贯彻实施《国务院关于新形势下加快知识产权强国建设的若干意见》，以促进产业发展、改善创新环境为出发点，遴选需求强、基础好的地方、机构、社会组织或者协会作为试点单位，探索将知识产权纠纷仲裁和调解工作共同纳入试点范畴”。

**2.《关于开展知识产权仲裁调解机构能力建设工作的通知》（2018 年 3 月 15 日施行）**

国家知识产权局办公室发布该通知，其中载明，“加强行业性、专业性人民调解组织建设，完善仲裁制度，健全知识产权纠纷多元化解机制，积极构建知识产权大保护工作格局，加强知识产权仲裁机构和纠纷调解机构建设，经局批准，决定开展知识产权仲裁调解机构能力建设工作……通过遴选一批机构，重点支持其加强能力建设和提高化解知识产权纠纷的水平，进而提升仲裁调解工作的社会认知度和认可度，强化知识产权保护体系建设”。

**3.《关于确定首批能力建设知识产权仲裁调解机构并启动相关工作的通知》（2018 年 7 月 4 日施行）**

国家知识产权局办公室发布通知，“确定中国专利保护协会知识产权纠纷人民调解委员会等 29 家机构开展能力建设工作（名单见附件），期限为 2018 年 7 月至 2020 年 6 月”。

**4.《加强中国（广东）自由贸易试验区知识产权工作的指导意见》（2015年8月18日施行）**

广东省知识产权局、广东省自贸办印发该指导意见，在意见中将“建设知识产权纠纷仲裁、调解等多元化争端解决机制和知识产权维权援助机制”作为工作目标。

**5.《中共中央办公厅、国务院办公厅关于强化知识产权保护的意见》（2019年11月24日施行）**

中共中央办公厅、国务院办公厅印发《关于强化知识产权保护的意见》，其中明确要求“规范司法、行政执法、仲裁、调解等不同渠道的证据标准”“完善知识产权仲裁、调解、公证工作机制，培育和发展仲裁机构、调解组织和公证机构”“在案件多发地区探索建立仲裁、调解优先推荐机制”“建立重点关注市场名录，针对电商平台、展会、专业市场、进出口等关键领域和环节构建行政执法、仲裁、调解等快速处理渠道”。

**6.《知识产权强国建设纲要（2021—2035年）》（2021年9月22日施行）**

中共中央、国务院印发了《知识产权强国建设纲要（2021—2035年）》，其中明确要求“建立完善知识产权仲裁、调解、公证、鉴定和维权援助体系，加强相关制度建设”“提升知识产权仲裁国际化水平”。

**7.《关于加强知识产权纠纷调解工作的意见》（2021年10月22日施行）**

国家知识产权局、司法部印发《关于加强知识产权纠纷调解工作的意见》的通知，要求“加强知识产权纠纷调解组织与行政执法部门、司法机关、仲裁机构等衔接联动，建立健全知识产权纠纷投诉与调解对接、诉调对接、仲调对接等工作机制”。

**8.《最高人民检察院关于全面加强新时代知识产权检察工作的意见》（2022年2月28日施行）**

最高人民检察院印发《最高人民检察院关于全面加强新时代知识产权检察

工作的意见》的通知，在协同推进知识产权司法改革中要求："协同推进知识产权司法改革。更加注重司法改革的系统性、整体性、协同性，深入研究各领域改革关联性和改革措施耦合性，以知识产权检察改革务实举措助推知识产权司法保护体制机制改革系统集成、协同推进。进一步加强与人民法院、公安机关以及行政执法机关的沟通协作，促进常态化协作机制落地落细，统一执法司法理念。加强司法保护与行政确权、行政执法、调解、仲裁、公证存证等环节的信息沟通和共享，促进行政执法标准和司法裁判标准统一，形成有机衔接、优势互补的运行机制。会同有关部门研究制定符合知识产权案件规律的诉讼规范，建立健全与审判机制、检察机制相适应的案件管辖制度和协调机制。加强对惩罚性赔偿制度执行情况的调查研究，严格规范惩罚性赔偿适用。"

## 七、结论

1. 从我国知识产权仲裁立法领域分布来看，涉及专利、著作权、计算机软件、技术合同及商标，基本涵盖知识产权领域。

2. 从知识产权立法活动的活跃性角度来看，2018 年是重大转折节点（见图 1-1），此前相关立法活动相对低迷，此时间节点之后相关立法活动进入快速道，尤其体现在地方法规的相继出台上。

3. 从地方法规立法层面来看，经济发达大省对相关立法的态度活跃，其中三个直辖市均已有相关地方立法。

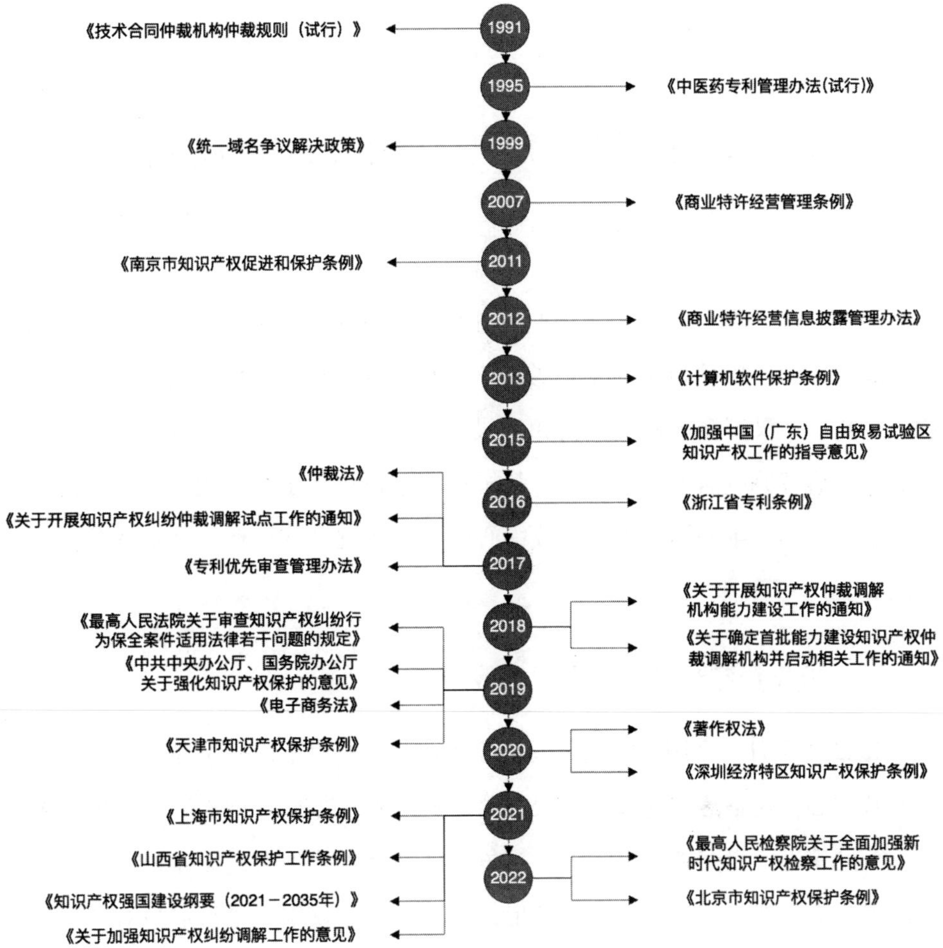
1991
《技术合同仲裁机构仲裁规则（试行）》
1995
《中医药专利管理办法(试行)》
1999
《统一域名争议解决政策》
2007
《商业特许经营管理条例》
2011
《南京市知识产权促进和保护条例》
2012
《商业特许经营信息披露管理办法》
2013
《计算机软件保护条例》
2015
《加强中国（广东）自由贸易试验区知识产权工作的指导意见》
2016
《浙江省专利条例》
2017
《仲裁法》
《关于开展知识产权纠纷仲裁调解试点工作的通知》
《专利优先审查管理办法》
2018
《关于开展知识产权仲裁调解机构能力建设工作的通知》
《关于确定首批能力建设知识产权仲裁调解机构并启动相关工作的通知》
2019
《最高人民法院关于审查知识产权纠纷行为保全案件适用法律若干问题的规定》
《中共中央办公厅、国务院办公厅关于强化知识产权保护的意见》
《电子商务法》
《天津市知识产权保护条例》
2020
《著作权法》
《深圳经济特区知识产权保护条例》
2021
《上海市知识产权保护条例》
《山西省知识产权保护工作条例》
《知识产权强国建设纲要（2021－2035年）》
《关于加强知识产权纠纷调解工作的意见》
2022
《最高人民检察院关于全面加强新时代知识产权检察工作的意见》
《北京市知识产权保护条例》

图 1-1：立法时间轴

## 第二节　我国近年知识产权仲裁案件数据统计

2007 年，中国大陆首个知识产权仲裁中心在厦门成立。[①] 2008 年，全国首家独立的知识产权仲裁院在上海成立。[②] 此后，广州、深圳、大连、重庆、天津、杭州、武汉等多地仲裁机构相继设立知识产权中心[③]，专门知识产权仲裁中心如雨后春笋般涌现。笔者以仲裁机构为单位进行了数据收集，便于读者进一步了解我国近年来知识产权仲裁中心的设立情况和知识产权仲裁案件的受理情况。

### 一、近年新增专门知识产权仲裁中心

2022 年 7 月，中国国际经济贸易仲裁委员会（以下简称贸仲）成立知识产权仲裁中心，这是落实《知识产权强国建设纲要（2021—2035 年）》的重要举措，有助于进一步完善我国知识产权争端解决制度，加大企业知识产权保护力度，参与国际知识产权保护规则制定，促进知识产权领域更高水平对外开放和更高质量发展。

近年来，我国新增的专门知识产权仲裁中心还有：辽宁丹东知识产权仲裁院、中国（深圳）知识产权仲裁中心、唐山知识产权仲裁中心、晋城知识产权仲裁院、阳泉知识产权仲裁中心、赣州知识产权仲裁中心、南昌知识产权仲裁服务中心。

---

① 参见中国政府网站，http://www.gov.cn/govweb/fwxx/kp/2007-02/27/content_534851.htm，2023 年 3 月 1 日访问。

② 参见上海仲裁委员会网站，http://www.accsh.org/story.html?id=37，2023 年 3 月 1 日访问。

③《国家知识产权局关于政协十三届全国委员会第三次会议第 0186 号（科学技术类 008 号）提案答复的函》，载国家知识产权局网站，https://www.cnipa.gov.cn/art/2020/9/29/art_516_152568.html，2023 年 3 月 1 日访问。

## 二、仲裁委员会受理知识产权仲裁案件的情况

2020年，共有42家仲裁委员会处理知识产权类案件1922件，案件标的额总计37.65亿元（人民币，下同）。受理纠纷类型包括著作权转让合同纠纷、商标合同纠纷、计算机软件开发合同纠纷、技术合作开发合同纠纷、技术服务合同纠纷等。①

2021年，共有68家仲裁委员会处理知识产权类案件近3000件，案件标的额近42亿元，主要涉及著作权转让等合同纠纷。②

### 1. 贸仲③

据不完全统计，贸仲处理的案件中有近15%涉及知识产权方面的问题。近5年来，贸仲受理知识产权案件近400件，所涉争议金额近200亿元，其中不少案件具有重大的社会影响。据窄口径统计，2022年，贸仲受理的专卖、专营、特许经营类案件，服务合同争议案件中涉及知识产权案件数量为111件，所涉争议金额达23.48亿元，平均标的额为2115.31万元，涉及来自美国、我国香港特区、意大利、日本、加拿大、新加坡、法国、韩国等共15个国家和地区的当事人。

近年来，贸仲审理的涉知识产权仲裁案件呈现出以下几个特点：一是典型知识产权案件数量较之前增长较快；二是涉知识产权的争议呈现愈加明显的综合化趋势，如涉及知识产权的股东纠纷、资产转让纠纷等，跨行业跨领域案件数量占比高，法律关系更加复杂，当事人来源面更广；三是涉外案件占比高，国际化特征更加凸显，也反映了仲裁在国际知识产权保护中的作用；四是知识产权纠纷对专业性、时效性和效率要求极高；五是对知识产权争议来说，可以发挥仲裁与调解相结合的优势，有时更有利于争议的妥善解决。

---

① 参见中国政府网站，http：//www.gov.cn/xinwen/2021-04/25/content_5602104.htm？_zbx_baidu_bk，2023年3月1日访问。

② 参见中国政府网站，https：//www.cnipa.gov.cn/art/2022/4/25/art_2436_175159.html，2023年3月1日访问。

③ 参见中国国际经济贸易仲裁委员会网站，http：//www.cietac.org.cn/index.php？m=Article&a=index&id=23，2023年3月1日访问。

### 2. 北京仲裁委员会[①]（以下简称北仲）

2020 年，北仲共受理知识产权纠纷案件 381 件，总标的额为 15.6 亿元，案件平均标的额为 409.45 万元。2020 年共办结知识产权合同纠纷案件 348 件。在 2020 年受理的知识产权案件中，北仲共办理 10 件国际案件，其中涉及爱尔兰、韩国、英国、澳大利亚、我国香港特区等国家和地区的主体。

2021 年，北仲共受理知识产权纠纷案件 502 件，占总收案量的 6.49%。[②]

2022 年，北仲已受理知识产权类案件 338 件，其中，影视娱乐类案件 305 件。[③]

### 3. 广州仲裁委员会（以下简称广仲）

2020 年，广仲首次实现知识产权仲裁案件标的额破亿元。2021 年第一季度，广仲受理知识产权仲裁案件数同比增长 66.7%。其中案件受理量同比增长超 6 倍，受案量占全国的 10%，标的总额达 3 亿元。2020 年，广仲受理涉外仲裁案件 281 件；2021 年第一季度共受理涉外案件 137 件，同比增长 75.6%，总标的额约 13.8 亿元，同比增长 245%，涉外仲裁业务继续保持全国第三。南沙国际仲裁中心作为广仲拓展国际商事仲裁业务的窗口，截至 2021 年 4 月 25 日，受理“南沙国际仲裁中心仲裁条款”的案件 95 件，是 2020 年的 3 倍。案件基本涵盖了技术委托开发合同纠纷等所有知识产权纠纷类型。[④]

2022 年 7 月，广仲设立了全球首家元宇宙仲裁院[⑤]；2022 年 11 月，元宇宙仲裁院 5 天内裁决了全球首宗虚拟世界财产纠纷案。[⑥]

---

① 《中国知识产权争议解决年度观察（2021）》，载北京仲裁委员会网站，http：//www.bjac.org.cn/news/view？id=4037。

② 《2021 年度工作报告》，载北京仲裁委员会网站，http：//www.bjac.org.cn/news/view？id=4105。

③ 《中国知识产权争议解决及中国影视娱乐争议解决年度观察（2022）发布会成功举办》，载北京仲裁委员会网站，http：//www.bjac.org.cn/news/view？id=4435，2023 年 3 月 27 日访问。

④ 参见广州仲裁委员会网站，https：//www.gzac.org/gzxw/888，2023 年 3 月 1 日访问。

⑤ 《全球首家“元宇宙仲裁院”入驻中国元宇宙“梦想之城”——元邦》，载广州仲裁委员会网站，https：//www.gzac.org/gzxw/365，2023 年 3 月 27 日访问。

⑥ 《元宇宙财产纠纷仲裁首案广州诞生》，载广州仲裁委员会网站，https：//www.gzac.org/gzxw/2321，2023 年 3 月 27 日访问。

### 4. 济南仲裁委员会①

2020年，济南仲裁委员会共受理知识产权纠纷案件186件，均为合同纠纷，标的额达到2228万元。截至2021年7月底，知识产权纠纷案件受理数量达203件，超过总案件受理数量的10%，案件总标的额超过2700万元。受理案件类型以特许经营合同为主，其余多为技术服务、技术转让、计算机软件开发、商标使用许可等合同争议。

### 5. 南京仲裁委员会②

2021年，南京仲裁委员会共受理知识产权仲裁案件225件，争议金额1.15亿元，结案414件，平均审理周期97.72天。2022年，南京仲裁委员会共办结知识产权仲裁案件150件，涉及争议金额1.1亿元。③

### 6. 深圳国际仲裁院④

2021年，深圳国际仲裁院受理知识产权仲裁案件165件，争议金额约7亿元。⑤ 深圳国际仲裁院近年来处理的知识产权仲裁案件类型包括技术转让合同纠纷、技术开发合同纠纷、知识产权出资合同纠纷、与出资合同相关的专利和技术秘密侵权纠纷、许可合同纠纷、与和解协议相关的商标侵权纠纷、软件开发合同纠纷、特许经营合同纠纷、竞业限制、商业秘密纠纷、图书出版合同纠纷、与销售合同相关的著作权侵权纠纷等。⑥

---

① 参见济南市人民政府网站，http://www.jinan.gov.cn/art/2021/8/31/art_81041_4891418.html，2023年3月1日访问。

② 参见江苏省知识产权局网站，http://zscqj.jiangsu.gov.cn/art/2022/4/24/art_75876_10425782/html，2023年3月1日访问。

③ 《2022年法治为民十件实事——"推动知产纠纷仲裁化解"取得明显成效》，载南京仲裁委员会网站，http://ac.nanjing.gov.cn/zczx/gzdt/202302/t20230221_3832165.html，2023年3月27日访问。

④ 深圳国际仲裁院等主编：《知识产权典型仲裁案例与实务精要》，北京大学出版社2021年版。

⑤ 《南山区知识产权宣传周系列活动精彩纷呈：推进知识产权建设、营造一流创新环境》，载深圳市人民政府网站，http://www.sz.gov.cn/cn/xxgk/zfxxgj/gqdt/content/post_9737618.html，2023年3月24日访问。

⑥ 需要说明的是，笔者通过各仲裁机构官方网站等公开渠道搜集以上数据，由于并非所有的仲裁机构都对知识产权仲裁案件情况进行了统计，且各仲裁机构对于知识产权案件类型的划分标准、统计维度、参考基准等不尽相同，因此各仲裁机构数据不具有可比性，笔者不便对数据进行横向对比，以上数据仅供读者参考。

## 三、分析与结论

分析已经收集到的仲裁案件数据，可以得出以下结论：

1. 我国目前知识产权仲裁案件受理数量少，大多仲裁机构未对知识产权仲裁案件进行专门的统计与分析研究，也未将知识产权仲裁案件按类统计，尤其由于仲裁具有极强的保密性，导致可参考数据较少。但也正是因为保密性强，选择仲裁作为知识产权纠纷的争议解决方式能够更好地保护权利人的相关权益。

2. 近年来，我国专门知识产权仲裁中心数量不断增长，知识产权仲裁案件受理数量也逐年递增。

3. 我国专门知识产权仲裁中心主要集中在东部和南部地区，侧面反映出东部和南部地区由于科创产业的快速发展，知识产权纠纷日益增多，鉴于仲裁的专业性与便利性，设立专门的知识产权仲裁中心能更好地服务于市场需求。

4. 从公开数据来看，目前我国仲裁机构受理的知识产权仲裁案件类型集中在知识产权合同纠纷领域，也涉及知识产权侵权纠纷，知识产权可仲裁范围有所扩大。

## 第三节　我国知识产权仲裁员情况

仲裁制度的存在与程序的公正核心在于“仲裁员的选聘”，仲裁员的选聘决定仲裁结果的质量。仲裁员如出现有损独立性与公正性的情形，公民便会失去对仲裁制度的信心。随着我国社会知识产权保护意识的增强，知识产权案件量与日俱增。知识产权法学作为新兴的法学研究方向，其事实认定和法律适用涉及复杂的、尖端的、具有战略前沿的技术，特别是在智能终端、信息通信、软件、集成电路、化工、医药等高新技术领域，综合性与技术性的双重叠加更加对知识产权仲裁员资格有着严格且全方位的要求。中国知识产权仲裁员的出现是“理工文学跨学科交叉”在法学领域的优秀实践，是法学进步的重要写真。

由于仲裁是由当事人意思自治而产生的，仲裁也高度尊重自治原则，当事人可以选择任何人担任仲裁员。目前，我国尚没有统一针对知识产权仲裁员资格的具体规定，具体资质要求仍然按照现行《仲裁法》第十三条的一般规定进行选聘。与有些国家不同，我国对于仲裁员的选聘作出的是正向性的具体规定，并非列出限制性范围。首先，《仲裁法》第十三条第一款要求“公道正派”成为知识产权仲裁员的第一准则。“公道正派”是世人所推崇的立人之本，也是中华民族传统美德之基，是维系人与人之间社会交往、社会持续稳定、社会经济持续发展的最根本基础与行为准则。仲裁制度与私力救济有着千丝万缕的内在联系，仲裁员的基本素养成为仲裁程序得以存在与延续的生命线，成为仲裁结果符合法律的基本公平与公正的责任线。但仅以“公道正派”这一基础道德标准要求，远远不能提高公众对知识产权仲裁的认知度与信任度。对于知识产权仲裁员的基本素养，还应从诚实信用、责任意识、察言善断、学习能力、协调能力等多维度进行要求。其次，《仲裁法》第十三条第二款同时要求知识产权仲裁员须具有下列条件之一：（1）通过国家统一法律职业资格考试取得法律职业资格，从事仲裁工作满八年；（2）从事律师工作满八年；（3）曾任法官满八年；（4）从事法律研究、教学工作并具有高级职称；（5）具有法律知识、从事经济贸易等专业工作并具有高级职称或者具有同等专业水平。从上述条件可知，仲裁员的选聘较为严苛，在资格上具有严格的限制。不仅要求扎实的法学理论基础与相应的法律资格，同时也要求丰富的法学实践经验。但对于知识产权领域的仲裁员来说，上述条件还不能满足知识产权仲裁所追求的价值。拥有法学专业知识与经验是基础，同时还应兼具技术专业领域的特殊要求，其专业水准应是法学与技术理论、知识与实践经验的多重结合。最后，《仲裁法》第十三条第三款规定“仲裁委员会按照不同专业设仲裁员名册”。中国仲裁员皆采用“机构聘任制”，按照上述硬性标准，由仲裁委员会统一选聘，并按专业不同编入所在仲裁委员会名册。我国知识产权仲裁员，大多按照仲裁员耕耘的领域不同进行行业划分，这样既符合仲裁制度的自主选择性，又不失知识产权仲裁的公正性。根据案件所涉及专业领域的不同，尊重当事人的意思自治，在众多专业的、经验丰富的专家中，选择对案件公正最大化的裁决者。以贸仲为例，其在册仲裁员中具有知识产权专长及实践经验的国内外仲裁员近 300 人，能够满足目前知识产权仲裁的需要。除仲裁案件外，贸仲还有 20 年的域名争议解决实践经验，至今已受理了近 4000 件域名案件，帮助大量的商标持有人取回了域名，有效维护了当事人的网上知识产权。① 自 1994 年《仲裁法》公布以来，我国各地纷纷组建仲裁委员会，使我国仲裁员出现地方化的特点。仲裁员与所在仲裁委员会联系密切，其实力也根据所在仲裁委员会的规模出现不均衡的现象。随着经济的发展，我国仲裁员的地方化逐渐出现行政化的趋势。由于我国并没有对仲裁员作出禁止性规定，1995 年国务院发布《重新组建仲裁机构方案》（国办发〔1995〕44 号），考虑到党政部门机关工作人员，特别是在法制建设、司法、工商等部门的国家工作人员具有较强的专业水平与权威，因此，只要符合《仲裁法》第十三条规定并经所在单位同意，公职人员即具有担任仲

---

① 参见中国国际经济贸易仲裁委员会网站，http：//www. cietac. org. cn/index. php? m = Article&a-show&id = 18750，2023 年 3 月 1 日访问。

裁员的资格。基于此，我国许多地方仲裁委员会公职人员比例过高。当然，对于大部分在实践部门的公职人员，其处理纠纷的能力与水平不亚于专业的法律工作者，为仲裁的普及推广做出了巨大的贡献。近年来，多元化的处理、解决知识产权争议对于知识产权仲裁是一个良好的契机，同时也要求知识产权仲裁员具有更强的专业性。《中共中央办公厅、国务院办公厅关于完善矛盾纠纷多元化解机制的意见》（中办发〔2015〕60号）、《国务院关于印发“十三五”国家知识产权保护和运用规划的通知》（国发〔2016〕86号）都要求提升仲裁裁决的认可度与认知度，强化知识产权保护体系的建设。要大力推进国际与中国知识产权领域交流与合作，提升中国知识产权裁决综合实力，为中国知识产权强国建设做出巨大的贡献。同时，要促进我国商业国际化营商环境的建设，不断提升我国知识产权仲裁中心的国际公信力和竞争力，为中外当事人解决知识产权纠纷提供一个新的路径选择。

第二章

# 国内外知识产权仲裁研究动态

# 第一节　国内知识产权仲裁立法成就与探索

与其他国家相比，我国仲裁发展的历史并不长。1995 年 9 月 1 日实施的《仲裁法》是与国际惯例接轨，适应社会经济发展需要的重要法律，确立了或裁或审、一裁终局制度，并且强调了当事人自愿原则。

2012 年至 2022 年十年来，中国仲裁事业成绩斐然。中国仲裁服务的当事人涉及 100 多个国家和地区，仲裁员的来源地也超过 100 个国家和地区。以贸仲为例，2011 年，贸仲共受理案件 1435 件，受理案件争议金额 156 多亿元，案件当事人涉及 55 个国家和地区；2021 年，贸仲受理案件突破 4000 件，案件争议额连续 4 年超千亿元，案件涉及 93 个国家和地区，首次被国外的《国际仲裁调查报告》评为全球最受欢迎的五大仲裁机构之一，体现了国际社会对以贸仲为代表的中国仲裁的广泛认可，彰显了中国仲裁的国际影响力。①

就知识产权仲裁机制而言，其具有广阔的发展前景。下文将以知识产权争议类型为切入点，汇总分析国内知识产权仲裁立法成就与探索。

## 一、知识产权争议的基本类型

知识产权争议按照性质可以划分为财产性质的争议和人身性质的争议。知识产权财产性质的争议主要可以分为以下四大类：权利得失争议、权利归属争议、权利交易争议以及权利侵害争议。实践中，在涉及人身性质的知识产权争议中不可避免地纠缠着利益问题，单纯提出人身问题的纠纷并不多见。学界也有观点将争议纠纷类型分为三类，即知识产权合同纠纷、知识产权侵权纠纷及

① 姜丽丽：《喜迎二十大丨仲裁这十年：厚积薄发 一苇以航》，载《中国贸易报》2022 年 10 月 10 日。

知识产权有效性纠纷。[1]

权利得失争议是指围绕权利取得以及权利灭失的争议。在该类型争议中，因商标、专利需要经过相关行政机关审查并授权，在权利灭失时也存在行政机关介入宣布无效或驳回的情况，故该类型争议的可仲裁性是最具争议的。权利归属争议是指如职务创作发明等的权属。权利交易争议通常围绕权利转让、许可进行。权利侵害争议是指侵权争议。[2]

## 二、学理层面不同争议类型的可仲裁性

### 1. 关于权利得失争议的可仲裁性

上述争议类型中，权利得失争议类型的可仲裁性引发的争议是最大的，其重要原因在于公权力在权利取得、灭失中所起到的作用。有观点认为：一项专利或者商标能否被授权仅仅是国家公共机构应当考虑的事，只有国家有权授予这种垄断权。任何关于其授权或者无效的争议都在仲裁范畴之外。[3] 又如一位评论家所强调的，知识产权仲裁和公共政策的关系部分源于公共机构授予的权利。[4] 因此，专利或商标授权后，仲裁庭作为典型的非行政机构，并不能得到授权来使这些国家产生的权利宣告无效，而且还有人主张，个人也不能享有通过私有程序处置国家行为的权利。[5]

我国大多数学者认为，鉴于专利或商标是否有效会涉及第三人和公众的利益，相关争议应当由国家授权的机关处理，因而如果争议涉及知识产权的有效性和对该权利提出的异议，是不可仲裁的。[6]

综上所述，主张权利得失争议不能通过仲裁解决的核心理由在于知识产权

---

① 王施施、王夷珠：《论知识产权纠纷解决的可仲裁下及其机制的重构——基于“一带一路”倡议背景下经贸共同体之建构》，载《上海法学研究》集刊第 17 卷。

② 倪静：《知识产权仲裁机制研究》，厦门大学出版社 2013 年版，第 112 页。

③ A. Redfem & M Hunter, *Law and Practice of International Commercial Arbitration*, London: Sweet and Maxwell, 2004: 139.

④ B. Hanotiau. L'arbitrabilite' des litiges de propriete intellectuelle: une analyse comparative, ASA Bulletin, 2003, 2 (u): 3-15.

⑤ K. H. Böckstiegel, Public Policy and Arbitrability, ICCA Congress Series, 1986 (3): 196.

⑥ 宋连斌：《国际商事仲裁管辖权研究》，法律出版社 2013 年版，第 65 页。

与一国公共政策或者公共利益有着密切相关的特殊性，因而围绕这类财产发生的争议并不属于当事人享有完全自主处分权的类型，当事人的意思自治应当受到公共政策的限制和约束，故上述争议的可仲裁性存在问题。

**2. 关于权利归属争议的可仲裁性**

对于著作权归属的争议，由于其并不涉及国家公权力，而纯属私权争议，因此其具有可仲裁性并无异议。至于专利与商标权归属的争议涉及在当事人的法律关系中谁才是真正的专利申请权人或者商标申请权人的问题，这类争议的解决虽然往往成为向国家机关申请取得权利或者撤销权利的基础，然而由于性质上仍然纯属私权争议，因此具备可仲裁性。①

**3. 关于权利交易争议的可仲裁性**

在该类型争议中，一般认为，如果涉及专属于主管机关管辖权力的范畴，不具有可仲裁性。其他争议，原则上应当具有可仲裁性，尤其是当事人之间的知识产权转让、授权协议中的条款，仅在当事人之间发生该条款（知识产权转让、授权协议中的条款）是否有效的争议时，应当具有可仲裁性。②

**4. 关于权利侵害争议的可仲裁性**

该类型争议中，对于没有协议的侵权行为是否具有可仲裁性尚有争议，其逻辑基础在于仲裁是争议当事人意思表示合意的结果。对于有协议前提下发生的争议，原则上具有可仲裁性。

**5. 关于涉及人身性质的知识产权争议的可仲裁性**

著作权领域涉及人身性质的知识产权争议，因为《著作权法》中规定了人身权，该类争议是否具有可仲裁性也存在很大的争议。法国上诉法院在 Zeldin v. St'e Editions Recherches 案③中肯定了通过仲裁解决与作者精神权利相关的知识产权纠纷的可能性，加拿大最高法院在 2003 年 ditions Chouette inc. v. Desputeaux 案④中也肯定了有关作者精神权利纠纷的可仲裁性。目前世界

---

① 倪静：《知识产权仲裁机制研究》，厦门大学出版社 2013 年版，第 115 页。

② 倪静：《知识产权仲裁机制研究》，厦门大学出版社 2013 年版，第 116 页。

③ Zeldin v. St'e Editions Recherches, Court d'appel de Paris. 26 mai 1993, Revue internationale du droit d'auteur 1994. 292.

④ ditions Chouette inc. v. Desputeaux, Cour Supreme du Canada. Rev Arb 2003, 473. 21 mars 2003.

上大多数国家对于涉及精神权利的知识产权争议是否可以仲裁没有立法规则和司法判例。[①]

在我国，有观点认为，涉及人身性质的知识产权争议具有可仲裁性。[②]《仲裁法》第二条将仲裁范围限定在“合同纠纷和其他财产权益纠纷”，而著作人格权纠纷能否纳入其他财产权益纠纷要考虑两个方面问题。一是著作人格具有的财产属性。二是财产权益纠纷的范围所在，立法者认为其他财产权益纠纷主要是侵权纠纷，且在知识产权领域较为常见。而 1987 年我国加入《承认及执行外国仲裁裁决公约》（以下简称《纽约公约》）时，在商事保留的声明中明确了“我国只对根据本国法律认定为属于契约性和非契约性商事法律关系所引起的争议适用该公约”。最高人民法院进一步明确“所谓‘契约性和非契约性商事法律关系’，具体是指由于合同、侵权或者根据有关法律规定而产生的经济上的权利义务关系”。所以“财产权益纠纷”的内涵要小于《纽约公约》中的“非契约性争议”，而更强调在经济上的权利义务关系。著作人格权本质上涉及商业流通和财产归属，是直接影响经济上权利义务的，因此应纳入其中。

## 三、国内立法层面关于具体争议类型可仲裁性的规定

本报告第一章已对我国知识产权仲裁立法情况进行了汇总，本部分将对我国已有相关立法具体内容进行梳理，目的在于明晰我国已有知识产权仲裁相关立法中对具体知识产权争议类型的规定。

---

① 倪静：《知识产权仲裁机制研究》，厦门大学出版社 2013 年版，第 117 页。
② 冯硕：《论我国著作人格权纠纷的可仲裁性》，载《北京仲裁》2017 年第 2 期。

**表二：关于具体争议类型可仲裁性的规定**

| 类别 | 数量 | 具体名称 | 规定可仲裁争议类型 |
|---|---|---|---|
| 法律 | 3部 | 《仲裁法》（2017年修正） | 第二条①明确财产权益纠纷可仲裁。 |
| | | 《著作权法》（2020年修正） | 第六十条②规定为“著作权纠纷”可仲裁。 |
| | | 《电子商务法》（2019年1月1日施行） | 第六十条③、第四十二条④规定：侵权。 |
| 行政法规 | 2部 | 《计算机软件保护条例》（2013年修订） | 第三十一条⑤规定软件著作权合同纠纷可仲裁。 |
| | | 《商业特许经营管理条例》（2007年5月1日施行） | 未就争议类型进行明确说明，但明确最近5年内与特许经营相关的诉讼和仲裁情况属于签订特许经营合同时须披露的信息。 |
| 司法解释 | 1部 | 《最高人民法院关于审查知识产权纠纷行为保全案件适用法律若干问题的规定》（2019年1月1日施行） | 未就争议类型进行明确说明，但明确法院要受理并处理知识产权纠纷中仲裁裁决生效前的行为保全申请。 |

① 《仲裁法》第二条规定：“平等主体的公民、法人和其他组织之间发生的合同纠纷和其他财产权益纠纷，可以仲裁。”

② 《著作权法》第六十条规定：“著作权纠纷可以调解，也可以根据当事人达成的书面仲裁协议或者著作权合同中的仲裁条款，向仲裁机构申请仲裁。当事人没有书面仲裁协议，也没有在著作权合同中订立仲裁条款的，可以直接向人民法院起诉。”

③ 《电子商务法》第六十条规定：“电子商务争议可以通过协商和解，请求消费者组织、行业协会或者其他依法成立的调解组织调解，向有关部门投诉，提请仲裁，或者提起诉讼等方式解决。”

④ 《电子商务法》第四十二条规定：“知识产权权利人认为其知识产权受到侵害的，有权通知电子商务平台经营者采取删除、屏蔽、断开链接、终止交易和服务等必要措施。通知应当包括构成侵权的初步证据。电子商务平台经营者接到通知后，应当及时采取必要措施，并将该通知转送平台内经营者；未及时采取必要措施的，对损害的扩大部分与平台内经营者承担连带责任。因通知错误造成平台内经营者损害的，依法承担民事责任。恶意发出错误通知，造成平台内经营者损失的，加倍承担赔偿责任。”

⑤ 《计算机软件保护条例》第三十一条规定：“软件著作权侵权纠纷可以调解。软件著作权合同纠纷可以依据合同中的仲裁条款或者事后达成的书面仲裁协议，向仲裁机构申请仲裁。当事人没有在合同中订立仲裁条款，事后又没有书面仲裁协议的，可以直接向人民法院提起诉讼。”

**续表**

| 类别 | 数量 | 具体名称 | 规定可仲裁争议类型 |
|---|---|---|---|
| 部门规章 | 4部 | 《专利优先审查管理办法》（2017年8月1日施行） | 第四条①规定：侵权。 |
| | | 《中医药专利管理办法（试行）》（1995年9月5日施行） | 第二十条②规定：权利交易。 |
| | | 《商业特许经营信息披露管理办法》（2012年修订） | 未就争议类型进行明确说明，但明确最近五年内与特许经营相关的诉讼和仲裁情况属于签订特许经营合同时须披露的信息。 |
| | | 《技术合同仲裁机构仲裁规则（试行）》（1991年11月1日施行） | 未就争议类型进行明确说明，但明确关于技术合同纠纷可仲裁。 |
| 地方法规 | 7部 | 《南京市知识产权促进和保护条例》（2011年11月1日施行） | 本条例第五十条③规定：职务发明创造纠纷可仲裁，但具体所指争议非权属纠纷。 |
| | | 《浙江省专利条例》（2016年1月1日施行） | 第二十四条④规定：专利侵权。 |

① 《专利优先审查管理办法》第四条规定："有下列情形之一的无效宣告案件，可以请求优先审查：(一) 针对无效宣告案件涉及的专利发生侵权纠纷，当事人已请求地方知识产权局处理、向人民法院起诉或者请求仲裁调解组织仲裁调解……"

② 《中医药专利管理办法（试行）》第二十条规定："签订专利许可实施合同后发生的纠纷，专利许可实施合同履行过程中产生的纠纷，可通过协商或调解解决；或依据合同中的仲裁条款或事后达成的书面仲裁协议，向仲裁机构申请仲裁。合同中未签定仲裁条款，事后又没有书面仲裁协议的，可向人民法院起诉。"

③ 《南京市知识产权促进和保护条例》第五十条规定："违反本条例规定，单位未履行法定或者约定义务，致使职务发明创造发明人、设计人以及知识产权完成人未能享有相关权益，经协商不成的，可以向知识产权行政管理部门申请调解、依法申请仲裁或者向人民法院提起诉讼。"

④ 《浙江省专利条例》第二十四条规定："请求专利行政部门处理专利侵权纠纷，应当符合下列条件：(一) 请求人是专利权人或者利害关系人；(二) 有明确的被请求人和具体的请求事项、事实和理由；(三) 当事人之间无仲裁协议；(四) 当事人未向人民法院提起诉讼；(五) 属于专利行政部门管辖范围。请求专利行政部门处理专利侵权纠纷，应当递交请求书、主体资格证明和联系方式、专利权有效证明等材料。"

续表

| 类别 | 数量 | 具体名称 | 规定可仲裁争议类型 |
| --- | --- | --- | --- |
| 地方法规 | 7部 | 《天津市知识产权保护条例》（2019年11月1日施行） | 虽无明确规定，但第三十四条①倡导通过仲裁解决知识产权纠纷。 |
| | | 《深圳经济特区知识产权保护条例》（2020年修正） | 侵权。<br>第四十四条第一款②、第五十六条③、第五十七条④规定展会知识产权纠纷可仲裁，纠纷类型是知识产权侵权纠纷。 |
| | | 《上海市知识产权保护条例》（2021年3月1日施行） | 侵权。<br>第四十一条⑤倡导通过仲裁解决知识产权纠纷，第三十九条第一款⑥明确展会知识产权纠纷可仲裁，纠纷类型是知识产权侵权纠纷。 |

① 《天津市知识产权保护条例》第三十四条规定："本市建立和完善知识产权纠纷多元解决机制，促进知识产权行政裁决、调解、仲裁、诉讼等纠纷解决途径的有效衔接，保护当事人合法权益，维护公平竞争的市场秩序。"

② 《深圳经济特区知识产权保护条例》第四十四第一款规定："支持仲裁机构、人民调解组织以及商事调解、行业调解组织开展知识产权纠纷仲裁、调解，公平、高效处理知识产权纠纷。"

③ 《深圳经济特区知识产权保护条例》第五十六条规定："展会举办时间三天以上的，展会主办单位或者承办单位应当自行或者与仲裁机构、行业协会、知识产权服务机构等设立展会知识产权纠纷处理机构，并在展会显著位置予以公示。展会主办单位、承办单位或者其设立的展会知识产权纠纷处理机构认为参展产品构成侵权，参展方无法在限定时间内证明未侵权的，展会主办单位或者承办单位应当立即责令参展方撤下参展的侵权产品，并移送市主管部门或者其他管理部门依法处理。"

④ 《深圳经济特区知识产权保护条例》第五十七条规定："参展方在同一展会主办单位举办或者承办单位承办的展会活动上再次侵犯他人知识产权，或者在展会期间两次以上侵犯他人知识产权的，展会主办单位或者承办单位应当在两年内禁止该参展方参加其举办或者承办的展会活动。"

⑤ 《上海市知识产权保护条例》第四十一条规定："支持本市仲裁机构开展知识产权纠纷仲裁。鼓励本市仲裁机构加强知识产权仲裁专业化建设，广泛吸纳知识产权专业人才参与仲裁工作。支持境外知名仲裁及争议解决机构在本市依法开展知识产权仲裁业务。"

⑥ 《上海市知识产权保护条例》第三十九条规定："本市举办大型展示、展览、推广、交易等会展活动，会展举办单位应当要求参展方提交未侵犯他人知识产权的合规性书面承诺或者知识产权相关证明文件。未按照要求提交的，会展举办单位不得允许其参加会展相关活动。会展举办单位可以根据会展规模、期限等情况，自行或者与仲裁机构、行业协会、知识产权服务机构等设立会展知识产权纠纷处理机构。市知识产权部门应当会同市商务等部门制定会展知识产权保护规则，推动知识产权保护条款纳入会展活动相关合同示范文本。"

续表

| 类别 | 数量 | 具体名称 | 规定可仲裁争议类型 |
|---|---|---|---|
| 地方法规 | 7部 | 《山西省知识产权保护工作条例》（2021年7月1日实施） | 侵权。<br>第十二条①倡导通过仲裁解决知识产权纠纷，第三十一条②明确展会知识产权纠纷可仲裁，纠纷类型是知识产权侵权纠纷。 |
| | | 《北京市知识产权保护条例》（2022年7月1日施行） | 1. 第五十三条③倡导通过仲裁解决知识产权纠纷，但未明确可仲裁的知识产权纠纷类型；<br>2. 第十条④鼓励境外知识产权仲裁机构开展业务。 |
| 政策性文件 | 7部 | 国家知识产权局印发《关于开展知识产权纠纷仲裁调解试点工作的通知》（2017年3月9日施行） | 鼓励发挥知识产权仲裁优势。贯彻实施《国务院关于新形势下加快知识产权强国建设的若干意见》，以促进产业发展、改善创新环境为出发点，遴选需求强、基础好的地方、机构、社会组织或者协会作为试点单位，探索将知识产权纠纷仲裁和调解工作共同纳入试点范畴。发挥知识产权仲裁高效便捷、专业性强、保密性好、无地域管辖限制等优势，服务国家“一带一路”建设和企业“走出去”。发挥知识产权调解快速、灵活、有效的特点，为相关行业、产业集聚区、自贸区及专业市场等提供知识产权纠纷快速解决渠道，不断完善知识产权纠纷多元化解决机制。 |

① 《山西省知识产权保护工作条例》第十二条规定：“本省建立和完善多元化知识产权纠纷处理机制，采取自行协商、行政裁决、调解、仲裁、诉讼等方式解决知识产权纠纷。鼓励知识产权纠纷解决机构利用网络信息技术，线上解决知识产权纠纷。”

② 《山西省知识产权保护工作条例》第三十一条规定：“展会主办单位或者承办单位应当在展会举办期间依法保护知识产权。参展产品、作品、技术或者宣传材料上标注知识产权信息的，参展方应当提供合法有效的知识产权权属证明；未提供的，展会主办单位或者承办单位应当取消其参展资格。展会举办时间三天以上的，展会主办单位或者承办单位应当自行或者与仲裁机构、行业组织、知识产权服务机构等设立展会知识产权纠纷处理机构，并在展会显著位置以及有关宣传资料上公布纠纷处理机构的联系方式、纠纷处理规则等信息。”

③ 《北京市知识产权保护条例》第五十三条规定：“支持仲裁机构加强知识产权纠纷仲裁服务能力建设，为当事人提供专业、优质、高效的仲裁服务。政府有关部门应当为仲裁机构开展涉外知识产权仲裁业务提供相关人员工作居留及出入境、跨境收支等方面的便利。”

④ 《北京市知识产权保护条例》第十条规定：“本市扩大知识产权领域开放合作，支持境外知识产权服务机构、仲裁机构等依法在本市设立机构、开展业务，推动建立国际知识产权交易、运营平台。”

续表

| 类别 | 数量 | 具体名称 | 规定可仲裁争议类型 |
|---|---|---|---|
| 政策性文件 | 7部 | 国家知识产权局印发《关于开展知识产权仲裁调解机构能力建设工作的通知》（2018年3月15日施行） | 肯定了知识产权仲裁的价值，并指出了目前面临的问题。当前，越来越多的仲裁调解机构面向市场开展知识产权仲裁调解业务，国内外创新主体对通过仲裁调解方式解决知识产权纠纷的需求日趋旺盛，但知识产权仲裁调解服务还存在工作运行机制不够高效顺畅，相关机构业务重点不够突出、能力有待提升等问题。为此，有必要通过遴选一批机构，重点支持其加强能力建设和提高化解知识产权纠纷的水平，进而提升仲裁调解工作的社会认知度和认可度，强化知识产权保护体系建设。 |
| | | 广东省自贸办关于印发《加强中国（广东）自由贸易试验区知识产权工作的指导意见》（2015年8月18日施行） | 完善知识产权纠纷调解和维权援助机制。建立知识产权纠纷仲裁、调解等多元化争端解决机制，引入国际仲裁机制，推进国内外知识产权仲裁机构开展合作。设立广东自贸试验区知识产权综合调解中心，引入第三方调解机制，鼓励行业协会、专业服务机构参与知识产权调解工作，进一步推动知识产权纠纷解决，构建包含行政调解、社会组织调解在内的多元化知识产权争端解决与维权援助机制。 |
| | | 中共中央办公厅、国务院办公厅印发《关于强化知识产权保护的意见》（2019年11月24日施行） | 建立健全知识产权仲裁、调解、公证、社会监督等人才的选聘、管理、激励制度。加强知识产权保护专业人才岗位锻炼，充分发挥各类人才在维权实践中的作用。 |
| | | 中共中央、国务院印发《知识产权强国建设纲要（2021—2035年）》（2021年9月22日施行） | 完善知识产权纠纷多元化解决机制。<br>培育和发展知识产权调解组织、仲裁机构、公证机构。鼓励行业协会、商会建立知识产权保护自律和信息沟通机制。 |

续表

| 类别 | 数量 | 具体名称 | 规定可仲裁争议类型 |
|---|---|---|---|
| 政策性文件 | 7部 | 国家知识产权局、司法部关于印发《关于加强知识产权纠纷调解工作的意见》（2021年10月22日施行） | 加强知识产权纠纷调解组织与行政执法部门、司法机关、仲裁机构等衔接联动，建立健全知识产权纠纷投诉与调解对接、诉调对接、仲调对接等工作机制。 |
| | | 《最高人民检察院关于全面加强新时代知识产权检察工作的意见》（2022年2月28日施行） | 明确了加强司法保护与行政确权、行政执法、调解、仲裁、公证存证等环节的信息沟通和共享，促进行政执法标准和司法裁判标准统一，形成有机衔接、优势互补的运行机制。 |

## 四、国内知识产权仲裁立法成就

### 1. 狭义立法层面的成就

首先，《仲裁法》第二条①的规定为知识产权仲裁发展奠定了法律基础，该规定亦是我国知识产权仲裁发展的基石。

其次，《商标法》《专利法》并不禁止通过仲裁解决纠纷。现代知识产权规范系统，以《民法典》为统领，以《著作权法》《专利法》《商标法》《反不正当竞争法》为主干，以行政法规、地方性法规为补充，同时辅之以其他行政规章、司法解释等规范性文件。② 虽然现行《商标法》《专利法》并未有如《著作权法》的规定，确定地将仲裁作为解决纠纷方式，但该两部法律也并未对仲裁采取断然否定的态度，并且均规定了纠纷可以由“当事人协商解决”，虽然是否可将这一规定作为当事人将其专利和商标的侵权争议提交仲裁解决的法律依据尚待研究，但在立法上未予禁止本身已是亮点。

再次，从现有法律规定所涉争议类型来看，目前我国关于知识产权仲裁的立法已初具体系，具体体现为在前文中提到的四类财产性争议类型，即权利得

① 《仲裁法》第二条规定：“平等主体的公民、法人和其他组织之间发生的合同纠纷和其他财产权益纠纷，可以仲裁。”

② 吴汉东：《中国知识产权法律体系论纲——以〈知识产权强国建设纲要（2021—2035年）〉为研究文本》，载《知识产权》2022年第6期。

失争议、权利归属争议、权利交易争议和权利侵害争议，已均有相关立法，详见表二。

最后，现有立法中已有关于通过仲裁解决展会知识产权纠纷的相关内容。众所周知，展会是招商引资的有力抓手，是主办方参与行业生存竞争的强大武器，是参展商塑造形象、推广品牌、拓展市场的营销平台，也是观展人员获取行业动态信息的有效途径，对我国国民经济的辐射和带动作用毋庸置疑。与此同时，展会知识产权侵权法律纠纷又具有侵权行为的高度集中性、侵权认定的紧迫性、侵权解决的复杂性等特点①，因此规范展会知识产权保护，并明确将仲裁作为纠纷解决方式，是知识产权保护落地非常重要的举措，也是立法具体成就之一，在《深圳经济特区知识产权保护条例》（2020 年修正）、《上海市知识产权保护条例》、《山西省知识产权保护工作条例》中均有体现。

**2. 政策导向层面的成就**

自 2018 年以来，中共中央、国务院印发多个关于知识产权保护内容的政策性文件，如《知识产权强国建设纲要（2021—2035 年）》中明确提出："完善知识产权纠纷多元化解决机制。培育和发展知识产权调解组织、仲裁机构、公证机构。鼓励行业协会、商会建立知识产权保护自律和信息沟通机制。"由此可知，知识产权仲裁事业的高度已达到国家战略层面。

此外，多个地方条例均明确仲裁是知识产权纠纷解决机制的组成部分，且着力推动、鼓励其发展。例如，北京市在知识产权保护条例中明确支持境外知识产权服务机构、仲裁机构等设立机构、开展业务，推动建立国际知识产权交易、运营平台。广东省在《加强中国（广东）自由贸易试验区知识产权工作的指导意见》中亦提到要建立知识产权纠纷仲裁、调解等多元化争端解决机制，引入国际仲裁机制，推进国内外知识产权仲裁机构开展合作。上述文件内容与知识产权仲裁国际化趋势相契合，紧跟国际市场需求。

---

① 刘莹、赵孝贤：《展会知识产权法律保护的完善》，载《法制与社会》2019 年第 16 期。

## 五、国内知识产权仲裁立法探索

### 1. 进一步探索知识产权争议的可仲裁性

探讨知识产权争议可仲裁性的核心就是明确仲裁庭是否可对如专利、商标等知识产权权利的效力作出认定。如前所述，产生这一探讨的基础在于商标、专利等知识产权权利的取得、灭失与国家行政机关有着密切的关系，而仲裁庭作为“民间组织”是否可以就上述属于公权力机关认定范畴内的事项进行评价存在疑问。

（1）全球视野下的知识产权争议可仲裁性

放眼全球，从各国仲裁立法和法院判例的发展情况来看，可以将各国对待知识产权纠纷可仲裁性的态度分为三大类：完全支持、部分支持及完全拒绝。美国、瑞士对知识产权纠纷可仲裁性持完全支持的态度；持部分支持态度的国家较多，如英国、荷兰、法国、德国、意大利、芬兰、加拿大、比利时及新加坡等；明确禁止的国家只有南非。① 其中知识产权可仲裁性是核心焦点之一，仍未形成统一认知。

德国、意大利、芬兰、加拿大等国家的规定与我国类似，也将专利无效等行政争议排除于仲裁范围之外。美国、荷兰、比利时等国家法律则允许将专利无效等纠纷付诸仲裁，但是裁决结果仅限在案件当事人之间有效。②

近年来，关于知识产权争议可仲裁性的显著趋势是，欧美国家法院和仲裁庭对公共政策问题采取非常宽松的态度，减少通过区分哪些事项和法律规范具有公共政策的方法来作为判定是否具有可仲裁性的标准，甚至对很大程度上涉及适用公共政策规范的案件允许仲裁，从而呈现出一种将可仲裁性问题与公共政策相脱离的趋势。各国用于判别可仲裁性的公共政策概念本身相当模糊，多数国家对公共政策并没有明确的法律规定，因此确定公共政策的内容有时是非常困难的事，甚至可以说公共政策的界限有时仅凭借法官的感觉来划定。而且，如果说原则上与公共政策有关的事项都是不可仲裁的，那么是否可以宽泛地解

---

① 倪静：《知识产权仲裁机制研究》，厦门大学出版社 2013 年版，第 97—106 页。

② 薛虹：《知识产权仲裁的特殊法律问题研究》，载《商事仲裁与调解》2021 年第 1 期。

释为，凡是具有公共政策特性的事项均是不可仲裁的？如果按照这种解释，那么将意味着几乎没有什么事项是可仲裁的，因为几乎没有什么争议所应适用的规范，完全不会牵涉公共政策。

总结而言，在可仲裁性事项的发展趋势中，各国趋向于采取有利于仲裁的政策，可仲裁事项的范围也将进一步扩大，公共政策对可仲裁性事项的限制越来越少，甚至知识产权有效性争议的可仲裁性问题已经与公共政策相脱离，知识产权效力争议的可仲裁性逐步被更多的国家所接受。①

（2）我国视野下的知识产权争议可仲裁性

理论界一般认为，在我国，纠纷具有仲裁性必须满足三个条件：①争议双方主体为平等民事主体；②案件争议属合同纠纷或财产权益纠纷；③争议事项是当事人可处分的实体权利。② 据此标准可知，涉及评价知识产权效力的争议是不具有可仲裁性的。

此外从立法层面而言，我国目前专利无效等行政争议排除于仲裁范围之外。法律依据是，《仲裁法》第三条③规定应当由行政机关处理的行政争议不属于可仲裁事项范围，《专利法》第四十五条④、第四十六条⑤规定了专利有效性争议的处理权限专属于国务院专利行政部门，国务院专利行政部门有权宣告专利权无效或者作出维持专利权的决定。

如果排除该类争议的可仲裁性，实践中就会产生一个问题：在大多数知识产权侵权案中，侵权人往往对权利人主张的权利基础提出挑战，以专利为例，在侵权纠纷中，被控侵权人在得知自己被控侵权后一般会针对权利基础专利提

---

① 刘晓红、许旭：《国际商事仲裁可仲裁性问题在欧美的发展趋势》，载《当代国际私法研究——21世纪的中国与国际私法》上海人民出版社2006年版，第639页。

② 倪静：《知识产权仲裁机制研究》，厦门大学出版社2013年版，第129页。

③ 《仲裁法》第三条规定："下列纠纷不能仲裁：（一）婚姻、收养、监护、扶养、继承纠纷；（二）依法应当由行政机关处理的行政争议。"

④ 《专利法》第四十五条规定："自国务院专利行政部门公告授予专利权之日起，任何单位或者个人认为该专利权的授予不符合本法有关规定的，可以请求国务院专利行政部门宣告该专利权无效。"

⑤ 《专利法》第四十六条规定："国务院专利行政部门对宣告专利权无效的请求应当及时审查和作出决定，并通知请求人和专利权人。宣告专利权无效的决定，由国务院专利行政部门登记和公告。对国务院专利行政部门宣告专利权无效或者维持专利权的决定不服的，可以自收到通知之日起三个月内向人民法院起诉。人民法院应当通知无效宣告请求程序的对方当事人作为第三人参加诉讼。"

出无效宣告请求。如果仲裁庭无对专利效力审查的管辖权，仲裁程序就可能面临中止的局面，通常行政审查时限较长，再加之后续的司法救济程序，就会使整个效力审查时间十分漫长，这样一来仲裁的高效性荡然无存。但如果承认仲裁庭可对如专利效力进行认定，又会出现与现行法律规定冲突的局面。

实践中确已存在知识产权仲裁的案件类型为侵权纠纷，根据前文对仲裁机构受理知识产权争议纠纷仲裁案件数量及类型的统计可知，我国仲裁机构已经开始受理包括知识产权合同争议、合同类侵权争议等，目前对于权利有效性，如专利、商标权利有效性争议尚未涉及①，虽然目前来看关于效力审查问题尚未实际出现，但本质上该类问题无法回避，需要未雨绸缪，早做准备。

总结而言，从全球视野回归到我国具体情况，知识产权可仲裁性的问题有很大的探讨空间，不完全处于接受、拒绝两者择一的境况，如何在国家公共政策与仲裁优势之间取得平衡至关重要。结合国际争端解决机制需求的大背景，我国立法者应就知识产权争议的可仲裁性作进一步的探索，具体来说，未来是否在《专利法》《商标法》中加入类似《著作权法》的条款，明确规定当事人可通过仲裁方式解决纠纷是需要思考的问题。

### 2. 建立健全知识产权多元化纠纷解决机制

上述多个广义立法活动均明确要建立多元化纠纷解决机制，仲裁是其中重要的组成部分，其中《知识产权强国建设纲要（2021—2035 年）》明确载明完善知识产权纠纷多元化解决机制。培育和发展知识产权调解组织、仲裁机构、公证机构。鼓励行业协会、商会建立知识产权保护自律和信息沟通机制。此外，国家知识产权局、司法部发布的《关于加强知识产权纠纷调解工作的意见》中亦明确建立健全知识产权纠纷调解衔接联动机制。采取联合调解、协助调解、委托移交调解等方式，建立知识产权纠纷人民调解、行政调解、行业性专业性调解、司法调解衔接联动工作机制。加强知识产权纠纷调解组织与行政执法部门、司法机关、仲裁机构等衔接联动，建立健全知识产权纠纷投诉与调解对接、诉调对接、仲调对接等工作机制。

---

① 深圳国际仲裁院：《知识产权典型仲裁案例与实务精要》，北京大学出版社 2021 年版。

目前，建立健全上述机制仍存在诸多困难。国家知识产权局印发《关于开展知识产权仲裁调解机构能力建设工作的通知》明确，当前，越来越多的仲裁调解机构面向市场开展知识产权仲裁调解业务，国内外创新主体对通过仲裁调解方式解决知识产权纠纷的需求日趋旺盛，但知识产权仲裁调解服务还存在工作运行机制不够高效顺畅，相关机构业务重点不够突出、能力有待提升等问题。

但实践中已有相关成功经验，2017 年 4 月最高人民法院与世界知识产权组织（WIPO）签署了谅解备忘录，建立合作框架，其中包括最高人民法院将与 WIPO 仲裁与调解中心在调解领域进行合作，以促进在中国的知识产权和技术争议的解决。自 2020 年以来，在这一合作下共有 37 起国际知识产权案件移送至 WIPO 调解，结案 13 起，涉及发明专利、商标、著作权、不正当竞争、技术服务合同等领域。①

综上可知，如何在现有立法基础上不断改进、提高，补足不足，早日建立健全知识产权纠纷仲裁、调解等多元化纠纷解决方式的衔接制度具有重要意义。

### 3. 明确人身性质的知识产权争议的可仲裁性

前文已述，知识产权纠纷类型中包含有很重要的一类，即涉及人身性质的知识产权争议。我国《著作权法》规定著作权争议可仲裁。著作权争议属上位概念，常见的争议类型包含权属、侵权以及许可等。因作者享有的人身性权利亦是著作权保护范畴的组成部分，因此人身性质的著作权纠纷也应属于可仲裁的纠纷类型，但考虑到人身性权利的特殊性，建议对该类争议的可仲裁性予以明确。

### 4. 完善权利归属争议可仲裁的适用范围

关于职务发明涉及的权利归属问题，尚未有规定，最接近该内容的已有立法行为的是《南京市知识产权促进和保护条例》，该条例第五十条规定：“违反本条例规定，单位未履行法定或者约定义务，致使职务发明创造发明人、设计人以及知识产权完成人未能享有相关权益，经协商不成的，可以向知识产权行政管理部门申请调解、依法申请仲裁或者向人民法院提起诉讼。”但显而易见的

---

① 参见中国保护知识产权网站：http：//ipr. mofcom. gov. cn/article/gjxw/gjzzh/sjzscqzz/202109/1965231. html，2023 年 3 月 1 日访问。

是，该规定也并非针对职务发明权属纠纷。

综上，完善权利归属争议可仲裁的适用范围是立法探索的内容之一。

### 5. 完善知识产权仲裁裁决执行制度

我国于 1986 年 12 月 2 日加入《承认及执行外国仲裁裁决公约》，该公约于 1987 年 4 月 22 日对我国生效，为知识产权仲裁裁决的跨境执行提供了制度保障。[①] 但如前所述，《仲裁法》第三条规定应当由行政机关处理的行政争议不属于仲裁范围，《专利法》第四十五条、第四十六条规定了专利有效性争议的处理权限专属于国务院专利行政部门，国务院专利行政部门有权宣告专利权无效或者作出维持专利权的决定，《民事诉讼法》第二百八十一条[②]规定涉外仲裁机构就无权仲裁的事项作出的裁决，法院有权裁定不予执行。简言之，仲裁裁决关于如专利效力的裁决在我国将面临无法执行的困境。

在上文中已论述，知识产权仲裁的国际化是发展趋势，也是其优势之一，如面临裁决无法执行的局面会导致我国知识产权仲裁无法与国际争议解决潮流接轨，发展空间将受到极大约束。

### 6. 完善专家证人制度

部分知识产权争议具有高度技术性和专门性的，如果特征纠纷的裁决者能够具备相应的专业或者技术背景，熟悉相关的行业规则及其商业实践，在很大程度上有利于争议的高效、公正解决。与诉讼不同，仲裁允许当事人自主选择在某一领域具有较长从业时间、相对精通某方面专业知识的人士作为裁判者，这也成为仲裁解决知识产权争议最大的优势之一。然而，在仲裁的实践中，由于各种主、客观原因的限制，当事人并没有聘请或者聘请到这样的专业人士来裁判案件。比如，部分仲裁机构有专门的仲裁名册，规定当事人只能从其中选

---

① 参见最高人民法院公报网站，http：//gongbao. court. gov. cn/Details/e4defa983a153b314590d73e5a0c60. html，2023 年 3 月 1 日访问。

② 《民事诉讼法》第二百八十一条规定：“对中华人民共和国涉外仲裁机构作出的裁决，被申请人提出证据证明仲裁裁决有下列情形之一的，经人民法院组成合议庭审查核实，裁定不予执行：（一）当事人在合同中没有订有仲裁条款或者事后没有达成书面仲裁协议的；（二）被申请人没有得到指定仲裁员或者进行仲裁程序的通知，或者由于其他不属于被申请人负责的原因未能陈述意见的；（三）仲裁庭的组成或者仲裁的程序与仲裁规则不符的；（四）裁决的事项不属于仲裁协议的范围或者仲裁机构无权仲裁的。人民法院认定执行该裁决违背社会公共利益的，裁定不予执行。”

择仲裁员，而这些仲裁员不一定就能够满足所有案件专业性的要求，或者一些专家虽然在自己的领域属于权威人士，但是对仲裁程序缺乏最基本的了解，难以适当履行仲裁员的职责等。[①] 因此，在知识产权纠纷仲裁中，为解决相关技术性或者专业性问题，就需要借助专家证人的力量。事实上，一个略懂专业且能够听懂专家证人证词的仲裁员完全可以根据专家证人的证词，结合自己的专业知识并依据其他证据对案件作出正确的裁决。由于仲裁员通常具备相关领域的专业知识和背景，因此专家可以更直接、便利的方式就相关技术问题与仲裁员沟通。仲裁员会以严肃的态度对待他们视为恰当的专家证言，并且将其作为重要的证据对待。因为依据大多数国家的仲裁立法，仲裁庭未采纳相关证据作为判案的依据是撤销仲裁裁决的理由之一。[②]

我国司法实践中存在专家证人。当事人向法院申请具有专门知识的人员出庭就案件的专门性问题进行说明，一般是在有关专门性的问题已经经法定鉴定部门或者根据情况由法院指定鉴定人作出鉴定的情况下，让具有专门知识的人员出庭以便在法庭上明确某些专业技术问题。这种具有专门知识的人员在形式上类似于英美法系国家的“专家证人”。[③] 但在仲裁机制中，涉及技术或专业问题的处理更常见的是鉴定制度。《仲裁法》第四十四条规定：“仲裁庭对专门性问题认为需要鉴定的，可以交由当事人约定的鉴定部门鉴定，也可以由仲裁庭指定的鉴定部门鉴定。根据当事人的请求或者仲裁庭的要求，鉴定部门应当派鉴定人参加开庭。当事人经仲裁庭许可，可以向鉴定人提问。”

专家证人与鉴定有着实质差异。第一，二者地位不同。前者是证人的一种，享受和承担与事实证人相似的权利义务。后者则是法官或者仲裁员的辅助者，接受其命令，运用知识和经验法则，独立对具体事实进行判断并向其报告。[④] 第二，两者的资格要求不同。在某些领域具有专门才能的一般人均可称为“专家”，而后者则往往需要通过有关部门的某种认证和批准，并取得某种资质证

① 杨良宜、杨大明：《国际商务游戏规则：英美证据法》，法律出版社 2002 年版，第 447 页。

② 9U. S. C. § 10（a）（3）; & T. H. Oehmke, 2Commercial Arbitration § 95; 6（2006）.

③ 倪静：《知识产权仲裁机制研究》，厦门大学出版社 2013 年版，第 244 页。

④ 江伟：《中国证据法草案（建议稿）及立法理由书》，中国人民大学出版社 2004 年版，第 165 页。

书。第三，鉴定人一般由司法机关聘请和指派，而专家证人可以由当事人自由选任，也可以由裁判机关选任，而且在实践中，当事人选任专家证人的情形更为常见。①

综上可知，虽然鉴定、专家证人二者之间存在极大差异，但彼此并不矛盾，我国仲裁制度如在鉴定之外再行增设专家证人制度，将更有利于案件的审理。

① 倪静：《知识产权仲裁机制研究》，厦门大学出版社 2013 年版，第 244—245 页。

# 第二节　境外知识产权仲裁立法成就

## 一、境外知识产权仲裁基本情况

知识产权中的“产权”，主要是对个体授予智力创造成果享有专有权利的一种规范形式，运作机制类似于有形的私人财产权。[①] 因此，一旦私人对知识性财产拥有了专有权利，那么，由这种私人专有权法律问题产生的争议是可仲裁的。目前有些普通法系国家或法域采纳这种观点，并通过立法来具体体现这一原则。在一个运行良好的司法支持仲裁生态系统中，当事人依据司法指引，可以对具体性质的知识产权进行仲裁，即使没有一个全面总体性的知识产权仲裁立法，但如果明确对某一类知识产权纠纷仲裁立法，澄清某类知识产权纠纷的可仲裁性，带动该国仲裁整体发展，也是非常有益的成就。事实上，世界两大法系绝大多数国家没有专门对知识产权仲裁立法。

下文将针对中国当事人参加国际仲裁最常涉及的主要国家和地区，按两大法系分类报告国外相关知识产权仲裁立法成就。

## 二、普通法系主要法域的知识产权仲裁立法成就

虽然许多普通法系国家和地区是《纽约公约》的签署方，但由于知识产权的国内法属性，各国和地区适用知识产权的法律制度不尽相同，特别是有关知识产权的注册和有效性做法不一，因此，虽然仲裁在许多国家或者法域已经较为普遍，但对于知识产权本身及其争议是否可仲裁的问题，因各国或各个不同法域法院判例法的具体指引而异。普通法系各法域高度重视司法判例，更多是

---

① Bently, Lionel & Sherman, Brad, Intellectual Property Law, 4th Edition, Oxford University Press, Chapter 1.

靠司法指引推动本国或所在法域的法律发展。事实上，普通法的司法指引对所在法域的成文法的解释是最重要的。在这种背景下，大多数普通法系国家或法域，没有关于知识产权仲裁的明确成文法或立法，由于司法判例已体现了某些知识产权类型仲裁性，法院或司法机关已经承认知识产权争议可仲裁原则，法律缺位普遍现象似乎可以理解。引人注目的是，新加坡和中国香港两地均实施了整体知识产权仲裁立法，明确厘清所有知识产权争议均可通过仲裁解决，相对于缺乏成文法保障的其他普通法系法域以及那些未实施知识产权仲裁立法的大陆法系国家而言，新加坡和中国香港两地无疑更方便进行国际知识产权争议仲裁。

**1. 新加坡**

新加坡在知识产权仲裁领域成就备受业内称道。2021 年，新加坡被评为全球最受欢迎的仲裁地（与伦敦并列第一），也是亚太地区最受欢迎的排名第一仲裁地。① 新加坡国际仲裁中心（SIAC）在 2021 年也被评为全球第二大首选仲裁机构②，该机构还有一份知识产权专家仲裁员名册。③ 此外，世界知识产权组织（WIPO）仲裁与调解中心于 2010 年在新加坡开设了全球唯一一个异地办事处，专门处理国际知识产权和技术争议，对亚洲及太平洋地区推广替代性争议解决程序机制。④ 该仲裁与调解中心有 2000 多名在册中立专家成员，来自 90 多个司法管辖区。⑤

早在 2019 年新加坡政府就认为，创新经济需要一套运作良好、信誉良好、值得信赖的知识产权制度作支撑，知识产权争议解决体系机制是其中关键部分，为了帮助知识产权权利人增加信心，保持知识产权受益人继续投资创新创意活

---

① Queen Mary University of London & White & Case, 2021 International Arbitration Survey: Adapting Arbitration to a Changing World.

② Queen Mary University of London & White & Case, 2021 International Arbitration Survey: Adapting Arbitration to a Changing World.

③ 参见新加坡国际仲裁中心网站，https://www.siac.org.sg/our-arbitrators/siac-panel#ip，2023 年 3 月 1 日访问。

④ 参见世界知识产权局网站，https://www.wipo.int/about-wipo/en/offices/singapore/about_wso/，2023 年 3 月 1 日访问。

⑤ 参见 https://www.wipo.int/amc/en/neutrals/index.html，2023 年 3 月 1 日访问。

动的动力，让新加坡经济和社会也从中受益，巩固新加坡作为国际知识产权仲裁中心的优势地位，就应当对知识产权争议解决体系进行重大改革①，在这一背景下，当年 8 月新加坡国会通过了《知识产权（争议解决）法》。2019 年 11 月，新加坡《知识产权（争议解决）法》有关知识产权争议仲裁部分正式生效实施，新加坡《仲裁法》和《国际仲裁法》中有关修订知识产权争议部分规定也同时生效，明确了知识产权争议可仲裁性的具体适用情形。

2019 年新加坡《知识产权（争议解决）法》第 2（52B）条款有关修订《仲裁法》知识产权仲裁、第 8（26B）条有关修订《国际仲裁法》知识产权仲裁，以及《仲裁法》修订后的第 52B 条、《国际仲裁法》修订后的第 26B 条，均作明确、对应、相同规定“知识产权争议可以仲裁”：

（1）知识产权争议标的，能够通过仲裁方式，在纠纷当事人之间解决。

（2）仲裁中的知识产权争议，无论是主要争点还是附带问题，第（1）款均适用。

（3）知识产权争议，不会仅因为新加坡或其他法域的下列法律而不能通过仲裁解决：

（a）赋予指定主体行使知识产权争议裁定管辖权；以及

（b）未述及知识产权争议可能通过仲裁方式解决。

（4）在第（3）款中，“指定主体”指新加坡或其他法域法律规定的下列任何一项主体：

（a）法院；

（b）仲裁庭；

（c）担任行政职位或执行职务的人；

（d）任何其他主体。

为强调知识产权及其争议概念在新加坡法律中的完整一致性，2019 年新加坡《知识产权（争议解决）法》《仲裁法》以及《国际仲裁法》三部法律均采

---

① 参见新加坡律政部网站，https：//www.mlaw.gov.sg/news/parliamentary-speeches/second-reading-speech-by-senior-minister-of-state-for-law-mr-edwin-tong-on-intellectual-property-dispute-resolution-bill，2023 年 3 月 1 日访问。

用相同的知识产权权利释义内容：专利、商标、地理标志、已注册的外观设计、版权、集成电路的受保护布图设计权利、对植物品种的保护权利、对机密信息或商业秘密或专有技术的权利、为保护商誉对假冒或类似的不正当竞争行为提起诉讼的权利或任何其他性质的知识产权权利。三部法律对“知识产权争议”也采用了相同的宽泛定义，争议涵盖：

（1）关于知识产权的可执行性、侵权、存在性、有效性、所有权、范围、期限或任何其他方面的争议；

（2）有关知识产权交易纠纷；和

（3）有关知识产权任何赔偿款项争议。

上述规定的目的[①]是明确“澄清知识产权争议能够通过仲裁解决，换言之，它们是可仲裁的”，上述规定同时也“澄清此类仲裁裁决仅对仲裁程序中的当事人具有约束力”。这意味着，虽然当事人可以通过仲裁解决其知识产权争议，但任何仲裁裁决只会约束参加仲裁的当事人（在仲裁当事人之间有效力），而不会影响知识产权登记机构在册的知识产权效力。例如，无论哪个国家颁发的专利，如果仲裁庭认定无效，那么，可能影响的是其中当事人专利许可费问题，这一认定仅影响仲裁中的当事人而不影响其他任何人，专利在原登记国仍然有效。

新加坡《仲裁法》第52C（3）条、《国际仲裁法》第26C（3）条，对于涉及知识产权仲裁裁决的效力均作相同的规定：对于一项仲裁裁决，第三方是知识产权担保权益相关的专利权人或被许可人的，该事实本身并不使得第三方通过裁决项下的任何一方仲裁当事人提出权利主张，第三方不可根据该项仲裁裁决提出权利主张，而且不影响第三方与仲裁裁决项下任何一方当事人之间，因其他合同关系或其他法律操作产生的权利或责任。

可见，新加坡仲裁裁决的效力（包括有关知识产权有效性裁决效力），仅限于仲裁双方之间才具有约束力，由于知识产权有效性仲裁裁决效力不具有普遍适用性，对于同一知识产权有效性问题，因个案当事人的不同，可能会出

---

① *Hansard Singapore Parliamentary Debates*, Vol. 94, Sitting No 107, August 5, 2019.

现多个类似仲裁案件的情形，也不排除因案情差异可能出现裁决相互矛盾的现象。

诚然，2019 年《知识产权（争议解决）法》作为新加坡第一部鼓励和促进知识产权仲裁的成文法，无疑是新加坡迈进全球知识产权仲裁中心目标的重要组成部分。《知识产权（争议解决）法》实施后两年，新加坡从 2019 年国际优选仲裁地排名第三位，一跃成为 2021 年度与伦敦并列第一，新加坡荣获该项国际仲裁声誉成就，知识产权仲裁立法的成果作用不可忽视。2021 年 4 月 26 日，新加坡知识产权局启动了 2030 年新加坡知识产权战略（SIPS）[①]，在原 2013 年知识产权中心总体规划基础上制定了 10 年蓝图[②]，其中一个关键策略特征是，发展新加坡国际知识产权争议解决机制，支持新加坡国际争议解决机构壮大，进一步加强新加坡立法框架建设，以确保新加坡法律与时俱进，密切回应国际商业需求。

### 2. 中华人民共和国香港特别行政区（以下简称香港特区）[③]

香港特区政府的一贯政策，是提升香港特区作为亚太区主要国际法律及解决争议服务中心及区内首屈一指的知识产权贸易中心的地位。为厘清知识产权仲裁在香港特区法律下的法律状况，吸引争议各方（包括国际当事人）在香港特区透过仲裁解决知识产权争议，亦利便在香港特区强制执行相关的仲裁裁决，香港特区政府颁布《2017 年仲裁（修订）条例》，澄清了香港特区的法律立场，即知识产权纠纷可予仲裁，而执行涉及知识产权的仲裁裁决并不违反香港特区的公共政策。事实上，前述新加坡《知识产权（争议解决）法》借鉴了香港特区《2017 年仲裁（修订）条例》。[④]

《2017 年仲裁（修订）条例》第 103B（1）条款规定，该法下的知识产权权利是指：专利，商标，地理标志，外观设计，版权或有关权利，域名，集成

① 参见新加坡知识产权局网站，https：//www. ipos. gov. sg/docs/default-source/default-document-library/singapore-ip-strategy-report-2030-18may2021. pdf，2023 年 3 月 1 日访问。

② Singapore IP Steering Committee，Intellectual Property（IP）Hub Master，Developing Singapore as a Global IP Hub in Asia，April 2013.

③ 中华人民共和国香港特别行政区属于普通法法域，故列入“境外知识产权仲裁立法成就”一节进行介绍。

④ *Hansard Singapore Parliamentary Debates*，Vol. 94，Sitting No 107，August 5，2019.

电路的布图设计（拓扑图），植物品种权利，对机密资料、商业秘密或工业知识享有的权利，藉提起有关于假冒的诉讼（或相类的针对不公平竞争的诉讼）以保护商誉的权利，或不论属何性质的任何其他知识产权。该法第 103C 条款还将知识产权争议定义为：（a）关于知识产权可否强制执行；侵犯知识产权；或知识产权的存在、有效性、拥有权、范围、期限或任何其他方面的争议。（b）关于知识产权交易的争议。（c）关于须就知识产权支付的补偿的争议。同时，《2017 年仲裁（修订）条例》第 103 条款进一步规定，香港特区的《专利条例》第 101（2）条，并不阻止任何一方在仲裁程序中，对某项专利的有效性提出争论。

《2017 年仲裁（修订）条例》最重要的成就，就是明确规定“可就知识产权争议进行仲裁”的成文立法，即该条例第 103D 条：

“（1）知识产权争议能藉仲裁，在争议的各方之间解决。

（2）在确定各方之间是否有第 19（1）条［《贸法委示范法》第 7（1）条的备选案文一是藉该第 19（1）条而具有效力］所指的仲裁协议时，各方如达成协议，将某项知识产权争议交付仲裁，该项协议即视为各方达成内容如下的协议：将各方之间一项确定的法律关系中已经发生或可能发生的争议，交付仲裁。

（3）不论有关知识产权争议在有关仲裁中，属主要争论点或附带争论点，第（1）款均适用。

（4）为施行第（1）款，某项知识产权争议不会仅因有以下情况，而不能藉仲裁解决——

（a）香港法律或其他地方的法律，给予某指明实体管辖权，裁定该项争议；及

（b）该等法律并无述明该项争议有可能藉仲裁解决。

（5）在第（4）（a）款中——

指明实体（Specified Entity）指香港法律或其他地方的法律下的任何以下实体——

（a）法院；

（b）审裁处；

（c）出任政务或行政职位的人；

（d）任何其他实体。

（6）根据第70条给予仲裁庭的、在裁定某项知识产权争议时判给补救或济助的权力，受该项争议的各方之间的协议所规限。”

可见，《2017年仲裁（修订）条例》第103D（1）条澄清了知识产权争议能藉仲裁，在争议的各方之间解决；第103D（4）条进一步订明，某项知识产权争议不会仅因有以下情况，而不能藉仲裁解决，即香港特区法律或其他地方的法律，给予某指明实体管辖权，裁定该项争议，而该等法律并无述明该项争议有可能藉仲裁解决。

香港特区标准专利可在第3年届满后每年续期一次，有效期最长达20年；短期专利则可在申请的提交日期起计4年后续期，有效期最长达8年。[①] 根据香港特区的《专利条例》第129（1）条款：“只有在以下情况下，短期专利的所有人方可为强制执行根据本条例就该项专利而赋予的权利，在法院展开法律程序（强制执行程序）——

（a）已有实质审查证明书就该项专利发出；

（b）已有人根据第127B条提出请求，请求对该项专利进行实质审查，而法院未有根据第101A（4）（b）条，命令终止该项审查；或

（c）已有由法院根据第84（1）条批给的证明书，核证法院以下裁断——

（i）该项专利属全部有效；或

（ii）（如该强制执行程序关乎该项专利的某一有关方面）该项专利在该方面属有效。”

相对地，根据《2017年仲裁（修订）条例》第103J条关于短期专利的仲裁程序规定，无论是否满足上述《专利条例》第129（1）条款的任何要求，都可以对短期专利权进行仲裁，除非专利权人在非正审程序中申请禁令。按照《专利条例》第129（2）条款，在仲裁程序中，短期专利权人负有举证证明专

---

① 参见香港知识产权署网站，https：//www.ipd.gov.hk/sc/intellectual_ property/patents/how_ to_apply.htm，2023年3月1日访问。

利有效性的责任，仍然需要在仲裁意见论证中确定专利的有效性，所谓已被授予专利的事实本身，并不是证明专利有效性的证据。[①]

随着《2017 年仲裁（修订）条例》颁布实施，香港特区从 2018 年国际优选仲裁地排名第 4 位[②]上升到 2021 年的第 2 位[③]，香港国际仲裁中心（HKIAC）也从 2018 年国际优选仲裁机构排名第 4 位上升到第 3 位[④]，而且，香港国际仲裁中心（HKIAC）自 2018 年至 2021 年受案量稳定在 483 件至 520 件之间，知识产权案件数量比例同比从 1.9%上升到 4%。[⑤]

值得注意的是，继《2017 年仲裁（修订）条例》之后，2022 年 6 月 30 日《香港特别行政区政府宪报》刊登《2022 年仲裁及法律执业者法例（与仲裁结果有关的收费架构）（修订）条例》。《2017 年仲裁（修订）条例》第 10B 条规定了“关乎仲裁且与结果有关的收费架构的协议”，包括为仲裁采用的按条件收费协议、按损害赔偿收费协议及混合式按损害赔偿收费协议，虽然这项最新的仲裁立法并不具体针对知识产权仲裁，但由于当事人对此等安排的需求很大[⑥]，无疑会吸引有此等财务资助需求的当事人选择香港特区作为仲裁地，使知识产权仲裁以及其他类型仲裁案件更方便在香港特区进行。

### 3. 英国

与新加坡和中国香港特区不同的是，英国没有关于知识产权仲裁的明确立法。在英国《仲裁法》中，没有以成文法形式承认知识产权争议的可仲裁性[⑦]，但英国仲裁的一般原则是，当事人只要在遵守公共利益所需的保障措施规定下，

---

① Matthew R Reed, et al., *Arbitrability of IP Disputes*, Global Arbitration Review, February 9, 2021.

② Queen Mary University of London and White & Case, 2018 *International Arbitration Survey*: *The Evolution of International Arbitration.*

③ Queen Mary University of London & White&Case, 2021 *International Arbitration Survey*: *Adapting Arbitration to a Changing World.*

④ Queen Mary University of London & White&Case, 2021 *International Arbitration Survey*: *Adapting Arbitration to a Changing World.*

⑤ 参见香港国际仲裁中心网站，https://www.hkiac.org/about-us/statistics，2023 年 3 月 1 日访问。

⑥ 参见香港法律改革委员会网站，https://www.hkreform.gov.hk/chs/docs/rorfsa_c.pdf，2023 年 3 月 1 日访问。

⑦ *Final Report on Intellectual Property Disputes and Arbitration*, 9 ICC International Court of Arbitration Bulletin 42-43, 1998.

应当有权自由约定如何解决各方争议。[①]

另外，1977 年英国《专利法》明确规定，只在很严格限制情形下才允许专利仲裁[②]，如在权利人反对强制性专利许可申请程序时，如果整个申请程序，或程序中出现的任何事实问题或争点，出现下列两种情形之一的，均可以通过仲裁方式解决：（a）当事人同意仲裁；（b）因需要花很长时间进行文件审查，或需要进行任何科学调查，或需要在当地进行调查，而专利审查员认为自己并不能很方便地进行审查调查。在此等情形下，专利审查员可以命令双方提交仲裁，且仲裁员须向其报告认定结论。[③]

尽管英国知识产权仲裁成文法缺位，但是，英国法院已经在很大程度上承认了知识产权争议的可仲裁性。[④] 商标侵权、版权侵权均可仲裁[⑤]，而且，根据英国法作出的有关专利有效性仲裁裁决，仅在仲裁当事人之间具有效力。[⑥] 这点与前述新加坡知识产权仲裁立法规定类似。

值得注意的是，为了更好地了解英国现行标准必要专利框架（SEP），在鼓励创造、创新和促进竞争方面发挥的作用效果，英国知识产权局于 2021 年 12 月发起了公开征集意见活动，其中一个关键问题，是“应如何进一步探索以行业主导的 SEP 特定领域的仲裁方法”。我们可以预测，随着英国脱欧，以及英国知识产权法与欧盟法律分离，不排除英国可能会像新加坡一样，颁布新的立法，以澄清知识产权争议的可仲裁性。

#### 4. 美国

在美国，也没有专门就全面总体性的知识产权仲裁立法。不过，1982 年《美国法典》第 35 篇（专利篇）中有关专利侵权救济的第 294 条规定（以下简

---

① UK Arbitration Act 1996, Section 1（b）.

② Kenneth R Adamo, *Overview of International Arbitration in the Intellectual Property Context*, 2 Global Bus. L. Rev. 7, p. 18.

③ UK Patents Act 1977, Section 52（5）.

④ Matthew R Reed, et al., *Arbitrability of IP Disputes*, Global Arbitration Review, February 9, 2021.

⑤ Kenneth R Adamo, *Overview of International Arbitration in the Intellectual Property Context*, 2 Global Bus. L. Rev. 7, pp. 18-19.

⑥ Kenneth R Adamo, *Overview of International Arbitration in the Intellectual Property Context*, 2 Global Bus. L. Rev. 7, pp. 18-19.

称35 U. S. C. 294)，允许当事人将专利纠纷问题作为仲裁的适格标的，自愿接受仲裁的约束。该项具体规定：

(a) 凡涉及专利或专利项下任何权利的合同，对于合同项下与专利有效性或与专利侵权有关的任何争议，合同可以包含有关此等争议须仲裁的规定。合同无此项规定的，当事人发生专利有效性争议，或专利侵权争议的，可以书面协议约定仲裁解决纠纷。此等合同规定或协议都是有效的、不可撤销的，而且，都是可执行的，除非存在法律或衡平法撤销合同的任何理由。

(b) 凡本法典第9篇（仲裁篇）规定内容，均适用于本项规定的争议仲裁、仲裁员裁决以及裁决确认事项，但与本项（35 U. S. C. 294）条款冲突的除外。此等仲裁程序中，如果任何一方提出本法典第282条（以下简称35 U. S. C. 282）项下的抗辩，仲裁员应予以考虑。

(c) 仲裁裁决应当为终局裁决，在仲裁各方当事人之间具有约束力，但对任何其他人并无任何效力。对于仲裁裁决标的是专利的情形，仲裁当事人各方还可以约定，事后如果对此项专利有管辖权的法院，最终裁定专利无效或不可执行，且当事人不能上诉或上诉不能的，任何一方仲裁当事人均可向任何有管辖权的法院申请修改裁决。自法院修改裁决之日起，仲裁当事人之间的权利义务适用法院修改后规定。

(d) 仲裁员作出裁决时，专利权人、专利权受让人或被许可人应向（美国专利商标局）局长发出书面通知。仲裁当事人应当就每项仲裁专利，单独准备通知。该通知应载明仲裁当事人的姓名和地址、发明人姓名、专利所有人姓名，还应当写明专利号，而且应当附上裁决副本。裁决经法院修改的，请求修改的一方当事人应向局长发出经法院修改的通知。局长在收到上述情形的任何一项通知后，应当在该项专利申请记录中录入相同的通知内容。上述通知未提交局长的，任何一方仲裁当事人均可向局长提供。

(e) 在局长收到上述第（d）款规定要求的通知之前，裁决不可执行。

可见，《美国法典》第294（a）条明确允许将专利有效性和侵权问题提交仲裁，据此，仲裁程序中被指称的专利侵权人，就能向声称专利权人的当事一方，提出不存在侵权，专利不具执行性，或专利无效等理由的抗辩。[①]

根据《美国法典》第294（c）条规定，专利仲裁裁决的约束效力仅限于仲裁当事人之间，对任何第三方都没有效力。换言之，即使一项美国仲裁裁决宣告专利无效，也并不会排除专利所有人向第三方主张同一专利的权利。[②] 这点与新加坡2019年《知识产权（争议解决）法》类似。值得注意的是，《美国法典》第294（c）条进一步规定，对于作为仲裁标的物的专利，如果美国法院随后裁定专利无效或不可执行，那么，根据仲裁当事人协议，仍然可以通过法院，修改该项具有约束力的专利裁决。鉴于有此等兜底立法规定，如果诉争专利所适用的合同中没有限制仲裁的字词，那么，所有与美国专利有关的问题，都适合在美国进行有约束力的仲裁。[③] 例如，在苹果诉比亚迪案（APPLE INC. V. BYD CO. LTD.）[④] 中，美国加州北区法院裁定支持有关专利侵权索赔强制仲裁令的动议。

与前述美国成文法规定许可专利仲裁不同的是，对于版权争议受仲裁约束问题，美国没有制定立法。但是，美国法院认为，因合同关系引起的版权有效性或版权侵权争议，联邦法律并未禁止版权争议受仲裁约束。另外，对于缺乏合同基础的版权纠纷，也很可能适合于约束性仲裁，因此，版权争议是可仲裁的。[⑤] 例如，美国联邦第七巡回法庭早在Saturcay Evening Post Co. v. Rumbleseat Press, Inc一案[⑥]中就认定：联邦法律不禁止版权有效性争议仲裁，只要诉争有效性成为合同纠纷仲裁的争点即可；美国加州北区法院在Packeteer, Inc. v. Valencia Systems, Inc. 一案[⑦]裁定中也提到，美国联邦第九巡回法庭已假定版权有效性是可仲裁的；而针对适用《数字千年版权法》（DMCA）的版权侵权通知争

---

① Matthew R Reed, et al., *Arbitrability of IP Disputes*, Global Arbitration Review, February 9, 2021.

② Matthew R Reed, et al., *Arbitrability of IP Disputes*, Global Arbitration Review, February 9, 2021.

③ Kenneth R Adamo, *Overview of International Arbitration in the Intellectual Property Context*, 2 Global Bus. L. Rev. 7, p. 15.

④ Apple Inc. v. Byd Co. Ltd., No. 15-CV-04985-RS.

⑤ Matthew R Reed, et al., *Arbitrability of IP Disputes*, *Global Arbitration Review*, February 9, 2021.

⑥ Saturcay Evening Post Co. v. Rumbleseat Press, Inc（816F. 2d1191, 7th Cir. 1987）.

⑦ Packeteer, Inc. v. Valencia Systems, Inc., No. 06-7342, 2997WL707501.

议，纽约州南区法院在 Boss Worldwide LLC v. Crabill 一案[①]中认定，DMCA 版权争议属于合同仲裁条款范围，法院否定了有关美国国会排除 DMCA 版权仲裁的抗辩观点。可见，美国与英国一样，在有关版权纠纷的可仲裁性问题没有立法的情况下，由法院判例法的司法指引作出澄清。

类似地有关商标争议仲裁问题，美国联邦法律以及各州法律均未规定。但是，美国联邦法院可能会认为商标有效性和侵权问题适用于约束性仲裁，尽管另有一些老套观点仍然会持不同意见。[②] 夏威夷地区法院在 Daiei，Inc. v. US Shoe Corp. 一案[③]中认定，案涉商标使用许可合同争议问题，应当依照仲裁协议约定的仲裁规则由仲裁员决定，法院不对诉争事项仲裁性发表意见。

虽然美国没有全面地制定知识产权仲裁法律，但是，随着 1982 年《美国法典》第 294 条的颁布和实施，美国有关知识产权权利纠纷主要通过国内法院审理的传统有所改变，2019 年前后开始大量转向仲裁[④]，2021 年美国仲裁协会受案量 9196 件，争议总金额超过 152 亿美元，其中科技和电信仲裁争议金额合计 5.9 亿美元。[⑤]

### 5. 加拿大

与英美两国类似，加拿大也没有全面的知识产权仲裁立法，但法院对有关知识产权仲裁态度似乎较严。

对于专利仲裁，加拿大没有明确立法赋权当事人通过仲裁解决专利纠纷，也没有任何成文法认可专利仲裁的法律地位。此外，有关影响专利注册的裁定权，因专利注册影响第三方权利的裁定权，以及裁定商标无效或裁定宣告无侵权行为的管辖权，均由加拿大联邦法院行使专属管辖权。[⑥] 尽管如此，当事人选择以加拿大为仲裁地进行仲裁的，仲裁庭涉及专利的仲裁裁决，通常可在仲

---

① Boss Worldwide LLC v. Crabill，2020 WL 1243805，S. D. N. Y 2020.

② Kenneth R Adamo，*Overview of International Arbitration in the Intellectual Property Context*，2 Global Bus. L. Rev. 7，p. 15.

③ Daiei，Inc. v. US Shoe Corp.，755F. Supp，299.

④ IP Arbitration on the Rise，Kluwer Arbitration Blog，July 16，2019.

⑤ 参见美国仲裁协会网站，https：//www. adr. org/research，2023 年 3 月 1 日访问。

⑥ The Canadian Patent Act 1985，Section 60（1）；Adam Haller，*IP Rights Enforcement in Canada*，May 15，2020.

裁当事人之间执行（裁决在当事人之间具有约束效力），但是，对于仲裁庭裁定专利无效的裁决，加拿大专利局不予承认①，甚至有观点认为，在加拿大专利有效性不可仲裁。②

关于版权纠纷的可仲裁性，加拿大最高法院在 Desputeaux v. Éditions Chouette 一案中③认定，仲裁协议项下当事人，实际上完全有权不受限制地自主界定仲裁争议标的；版权法主要与版权经济管理有关，并不禁止艺术家达成版权交易，甚至不禁止艺术家利用其精神权利获取收入。加拿大最高法院认定，立法机关承认版权交易的合法性，也承认仲裁解决此等交易纠纷的有效性；对于有关职业艺术家与推广人之间代理合同法令的解释问题，加拿大最高法院认定，立法机关明确规定在没有明确放弃仲裁的情况下，艺术家和推广人之间的每一项争议都应提交仲裁员。

在加拿大没有版权仲裁立法的情形下，加拿大最高法院通过对有关《职业艺术家与推广人之间代理合同法令》的解释，认定有关艺术作品合同解释引起的争议解决机制就是仲裁，除非艺术家和推广人另作约定，这显示出加拿大法院支持仲裁的司法观点。

在加拿大缺乏整体性的知识产权仲裁立法情形下，法院和知识产权主管部门在解决知识产权争议方面居于主导首要地位，相对而言，对有关知识产权纠纷可仲裁性问题采取了较为严格的限制态度，尽管知识产权纠纷当事人仍然可以自主地选择仲裁，但仅限于仲裁当事人之间可产生裁决约束效力。

### 6. 澳大利亚

与前述英美加三国类似，澳大利亚没有全面定性的知识产权仲裁立法。

澳大利亚新南威尔士州最高法院在 Larkden Pty Limited v. Lloyd Energy Systems Pty Limited 一案中认为，通常情况下，凡能成为可执行裁决标的的争议或索赔，都能够通过仲裁解决。④ 就有关知识产权纠纷而言，专利或商标是否应

---

① Matthew R Reed, et al., *Arbitrability of IP Disputes*, Global Arbitration Review, February 9, 2021.

② Kenneth R Adamo, *Overview of International Arbitration in the Intellectual Property Context*, 2 Global Bus. L. Rev. 7, p. 17.

③ Desputeaux v. Éditions Chouette (1987) inc., 2003 SCC 17 (CanLII), [2003] 1 SCR 178.

④ Larkden Pty Limited *v.* Lloyd Energy Systems Pty Limited [2011] NSWSC 268.

当予以许可的争议问题，属于不可仲裁事项，这纯属政府公共部门权力事务。专利和商标属于垄断权，只能由政府授予权利。[①] 法院裁定还表达出一个意思，对于专利使用权或发明使用权及其具体权利事项纠纷，权利人和被许可人可以授权仲裁员解决，并不受任何限制影响[②]；但是，有关专利局或联邦法院依据专利法宣告当事一方是否符合专利人条件，是否应当授予专利的任何情况，仲裁裁决不能也不可能对专利局或联邦法院发生约束效力。[③]

因此，尽管澳大利亚没有关于知识产权仲裁的明确立法，但类似于其他普通法系法域采取司法指引的做法，由澳大利亚法院判例法澄清知识产权纠纷的可仲裁性，选择澳大利亚作为仲裁地的，任何仲裁裁决都对仲裁当事人发生约束效力，但是，对于涉及专利授权的仲裁，不能约束第三方或公众。

## 三、大陆法系知识产权仲裁立法成就

与普通法系大多数国家法域一样，国外大陆法系其他国家在很大程度上认为，私人主体之间的知识产权纠纷是可仲裁的，特别是涉及知识产权的合同索赔、合同义务履行引起的纠纷仲裁。但对于专利有效性等知识产权本质性争议问题，仍由国家法院专属管辖，被视为不可仲裁。这主要是因为，专利是国家授予专利持有人的权利，仅限于专门具体的标的物、地域和时间期限。[④] 在德国等国家宣布公告专利权无效事宜的，只能由国家法院或国家专利机关发布。但大陆法系的瑞士、比利时等国，不仅允许当事人通过仲裁解决专利权有效性争议问题，而且仲裁裁决具有普遍适用性，对与专利有关的所有当事人（如未参加仲裁）均具有约束力。[⑤] 在意大利、葡萄牙和西班牙等国，相比瑞士和比利时而言，允许对专利有效性以及所有权仲裁，但增加了限制条件，仅在当事

---

① Larkden Pty Limited *v.* Lloyd Energy Systems Pty Limited [2011] NSWSC 268.

② Larkden Pty Limited *v.* Lloyd Energy Systems Pty Limited [2011] NSWSC 268.

③ Larkden Pty Limited *v.* Lloyd Energy Systems Pty Limited [2011] NSWSC 268.

④ Erik Schäfer, *Arbitration in Germany: The Model Law in Practice*, Kluwer Law International, 2015, p. 910.

⑤ Gabriel M. Lentner, *The Rumors of Arbitrability's Death Have Been Greatly Exaggerated: Revisiting Arbitrability of IP Disputes from a Transatlantic Perspective*, Stanford - Vienna TTLF Working Paper, No 71, pp. 14-16.

人以专利无效或撤销事项作为答辩理由时，仲裁员才能附带地裁定此等问题，且裁决仅在仲裁当事人之间有效力，不对国家拥有的专利有效性以及专利所有权的专属管辖权产生任何影响。[①]

对于创作完成即享有，无须登记即享有的知识产权的权利以及精神权利，如版权、未注册商标、未注册设计权利、商业秘密、技术诀窍等，因为不涉及前述专属管辖权问题，多认为是可仲裁的，但是，对于作者的精神权利，在法国、瑞士和葡萄牙受法律特别保护，有关文学艺术作品、科学作品著作权的所有权、真实性不可仲裁。[②]

总的来看，瑞士和德国等大陆法系国家有关专利纠纷解决程序的立法，并不表示“知识产权仲裁立法”，而是民事诉讼法或冲突法下没有明确禁止知识产权仲裁的解释应用。

### 1. 瑞士

在大陆法系司法管辖区中，瑞士是对知识产权仲裁持最开放、最支持态度的国家之一。[③] 瑞士联邦最高法院早在 1945 年裁定，瑞士联邦《专利法》第 76 条有关管辖权保留给州法院的规定，不具有排他性。1975 年瑞士联邦知识产权局决定，仲裁庭有权决定所有知识产权问题，包括专利、商标、设计的有效性问题[④]，长久以来瑞士司法实践都认为，在该国法下知识产权纠纷是可仲裁的，不受任何成文法律限制。[⑤]

如前所述，瑞士并没有针对知识产权仲裁专门立法。业界普遍认为，根据 1987 年瑞士《国际私法》第 177（1）条的宽泛定义，知识产权纠纷是可仲裁

---

① Gabriel M. Lentner, *The Rumors of Arbitrability's Death Have Been Greatly Exaggerated*: *Revisiting Arbitrability of IP Disputes from a Transatlantic Perspective*, Stanford - Vienna TTLF Working Paper, No 71, pp. 14-16.

② Gabriel M. Lentner, *The Rumors of Arbitrability's Death Have Been Greatly Exaggerated*: *Revisiting Arbitrability of IP Disputes from a Transatlantic Perspective*, Stanford - Vienna TTLF Working Paper, No 71, pp. 14-16.

③ David Rosenthal, *Arbitration in Switzerland*: *The Practitioner's Guide*, Kluwer Law International 2018, pp. 957-958.

④ Kenneth R Adamo, *Overview of International Arbitration in the Intellectual Property Context*, 2 Global Bus. L. Rev. 7, p. 18.

⑤ World Intellectual Property Organization, *Worldwide Forum on the Arbitration of Intellectual Property Disputes*, March 3, 1994.

的。瑞士《国际私法》第 177 条规定[①]：

“1. 任何涉及经济利益的权利争议主张均可提交仲裁。

2. 仲裁协议项下当事一方系一国政府，或由一国政府拥有企业，或由一国政府控制组织的，不得援引本国法律，对其仲裁行为能力或者对仲裁协议所涵盖的争议的可仲裁性，提出异议。”

可见，任何所有权利益纠纷均可在瑞士进行国际仲裁。

而就瑞士国内仲裁而言，瑞士《民法典》第 354 条规定，凡当事人有权自由处分的任何诉求权利，均可通过国内仲裁解决，当事人能够自由处分经济性质权利，就属此等情形。[②] 有关文学艺术或科学作品的所有权，或真实性的精神权利，如涉及创作者无处分权部分争议的，不可仲裁。[③]

1992 年 6 月 23 日，瑞士联邦最高法院就 Fincantieri Cantieri Navali Italiani SpA et OTO Melara Spa v. ATF 一案裁定，该案的可仲裁性不以索赔权利的实质性存在与否为基础。因此，如果仅适用强制性规则或公共政策实质性规定，就以当事人主张的权利无效或者无法执行权利为由，直接否定当事人该项权利的可仲裁性，是不可行的，只能根据瑞士法律理解的公共政策要求，在按规定应当保留外国权力机关对当事人有关权利主张行使专属管辖权的情形下，才能否定此等权利主张的可仲裁性。[④]

瑞士联邦最高法院还进一步明确指出，立法者在考虑选择有关可仲裁性适用实质性规则的解决方案上，明显不排除其他国家不执行瑞士仲裁裁决的可能情形，而对于裁决可能不予执行问题，只有当事人有权自行判断执行风险。因此，如果逆向考虑限制瑞士《国际私法》第 177 条的适用问题，只能是基于个案的某种双重条件的设想，通过援引某项公共政策，其中规定强制要求适用外

---

① 参见瑞士政府网站，https：//www. fedlex. admin. ch/eli/cc/1988/1776_ 1776_ 1776/en，2023 年 3 月 1 日访问。

② T. Legler，*Arbitration of Intellectual Property Disputes*，ASA Bulletin，2009，pp. 289-304.

③ Gabriel M. Lentner，*The Rumors of Arbitrability's Death have been Greatly Exaggerated：Revisiting Arbitrability of IP Disputes from a Transatlantic Perspective*，Stanford-Vienna TTLF Working Paper No. 71，p. 17.

④ World Intellectual Property Organization，*Worldwide Forum on the Arbitration of Intellectual Property Disputes*，March 3，1994.

国法，包含该国有关不可仲裁性的一般规则，此时，方可基于所指向的外国法下限制可仲裁性的一般规则，作为限制适用瑞士《国际私法》第 177 条的依据。①

此外，关于专利侵权和有效性争议的仲裁裁决，仲裁地为瑞士的，裁决在瑞士作出后可以执行。② 关于专利有效性的仲裁裁决，经瑞士法院宣告裁决可执行的，由专利登记机关进行必要的登录后，瑞士联邦知识产权局予以承认和执行。通过该项程序获承认的仲裁裁决，将具有普遍性的约束效力③，经法院宣告可执行的裁决，是修改或取消专利的依据，就这点而言，瑞士并不认为许可知识产权权利属于“主权行为”。④

实践中，只要仲裁庭专利裁决获得瑞士法院的可执行证明，仲裁裁决将予以普遍适用，并约束所有与该项专利权利有关的当事人。虽然 2012 年瑞士设立联邦专利法院，对专利有效性、专利侵权民事案件享有专属管辖权，但业界多数意见普遍认为，瑞士是允许专利仲裁的。⑤

瑞士《国际私法》并不构成一项知识产权仲裁立法，但如前所述，1987 年瑞士通过对《国际私法》成文法律编纂⑥，1992 年通过联邦最高法院案例司法指引，对《国际私法》第 177 条作宽泛解释，在国际私法层面上，解决了知识产权争议在瑞士是否可仲裁的问题，这是一项引人注目的国际私法立法成就，使瑞士较早地站在推动知识产权仲裁的前沿，通过在国际仲裁领域发挥国际私法作用，彰显了瑞士专利仲裁裁决具有普遍效力的独特性。

---

① World Intellectual Property Organization, *Worldwide Forum on the Arbitration of Intellectual Property Disputes*, March 3, 1994.

② Robert Baechtold, *The Intellectual Property Review*, Law Business Research Ltd.

③ Matthew R Reed, et al., *Arbitrability of IP Disputes*, Global Arbitration Review, February 9, 2021.

④ Gabriel M. Lentner, *The Rumors of Arbitrability's Death Have Been Greatly Exaggerated: Revisiting Arbitrability of IP Disputes from a Transatlantic Perspective*, Stanford - Vienna TTLF Working Paper, No 71, pp. 16–17.

⑤ David Rosenthal, *Arbitration in Switzerland: The Practitioner's Guide*, Kluwer Law International 2018, p. 959.

⑥ Kadner Graziano, *Journal of Private International Law*, 2015, Vol. 11, p. 585.

瑞士日内瓦多次被列为世界上前五位最受欢迎的仲裁地。[①] 瑞士商会仲裁机构仲裁案件数量可观，自 2004 年至 2019 年受理案件超过 1150 件。[②] 2009 年知识产权涉及许可纠纷及其他类型纠纷案件，占瑞士商会仲裁机构受案量的 4% 左右。[③] 为了加强全国不同仲裁组织作为瑞士仲裁机构的整体性，2021 年瑞士商会仲裁机构经调整成为瑞士仲裁中心，并修订了仲裁规则。瑞士仲裁中心 2020 年受理了 83 件、2021 年前十个月受理了 86 件仲裁案件。[④] 可以说，瑞士仲裁发展的主要成就，就是向国际仲裁界呈现出最开放的支持仲裁姿态。

### 2. 法国

与瑞士对知识产权仲裁的开放态度相比，法国过去曾采取较为限制性的处理方式[⑤]，近些年有所改善。2018 年巴黎上诉法院曾裁定，只要在合同纠纷仲裁答辩或反请求意见中主张专利有效性争议问题，该项个案专利纠纷就具有可仲裁性。[⑥] 但是在法国，有关专利有效性的仲裁裁决，对第三方不具有既判效力，只能在仲裁当事人之间发生约束力。[⑦]

2021 年 5 月 17 日法国颁布第 2011-525 号法律，对原 2011 年《知识产权法》进行修订，明确肯定专利法争议可仲裁性。[⑧] 现行法国《知识产权法》第 L 615-17 条规定[⑨]："与发明专利有关的民事行为和救济申请，包括本法第 L 611-7 条规定情形，或同时也涉及有关不公平竞争争议，均由司法机构法庭进

---

① Queen Mary University of London & White & Case, 2021 *International Arbitration Survey*: *Adapting Arbitration to a Changing World*; Queen Mary University of London & White & Case, 2018 *International Arbitration Survey*: *The Evolution of International Arbitration*.

② Caroline Ming, *Swiss Chambers' Arbitration Institution* (*SCAI*), Guide to Regional Arbitration, Vol. 7-2019, January 2, 2019.

③ Manuel Arroyo, Arbitration in Switzerland, *The Practitioner's Guide*, Wolters Kluwer, 2013, p. 29.

④ 参见瑞士仲裁协会网站，https://www.swissarbitration.org/update-from-the-swiss-arbitration-centre/，2023 年 3 月 1 日访问。

⑤ Matthew R Reed, et al., *Arbitrability of IP Disputes*, Global Arbitration Review, February 9, 2021.

⑥ Matthew R Reed, et al., *Arbitrability of IP Disputes*, Global Arbitration Review, February 9, 2021.

⑦ Dário Moura Vicete, *Arbitrability of Intellectual Property Disputes*: *A Comparative Survey*, Arbitration International, 2015, p. 155.

⑧ Dário Moura Vicete, *Arbitrability of Intellectual Property Disputes*: *A Comparative Survey*, Arbitration International, 2015, p. 155.

⑨ 参见世界知识产权网站，https://wipolex.wipo.int/en/text/582998，2023 年 3 月 1 日访问。

行排他性审理，法庭依据成文法规定作出裁定，但是在行政机构管辖范围内，当事人对工业产权部长行政决定的上诉除外。在法国《民法典》第2059条和第2060条规定条件下使用仲裁的，不受上述规定限制。”

值得注意的是，法国《知识产权法》有关版权、工业品外观设计或商标等其他章节，并没有类似专利争议仲裁规定。可见，法国《知识产权法》仅明确允许对专利法争议进行仲裁。有关文学艺术或科学作品的所有权，或真实性的精神权利，如涉及创作者无处分权部分争议的，不可仲裁，但是，在案件适用法律允许转让或者放弃作品人格权的情形下，一旦合同项下有关作品人格权发生转移，该项权利原则上就变成商业交易事项，应当视为可仲裁事由，那么，在继受权利范畴的复制权、发行权争议，在法国通常也是可仲裁的。①

但也有观点认为，鉴于法国早已践行专利法争议仲裁，而所谓对2011年法国《知识产权法》修订，不过是像普通法系做法那样，只是为了在成文法上确定专利法争议仲裁的法律地位。②

法国2021年修订其《知识产权法》，是推动本国作为全球知识仲裁中心，加强国际商会作为全球领先仲裁机构的总体战略组成部分。法国作为世界上历史最悠久的仲裁机构所在地之一，同时也是最早期践行机构仲裁的先行者之一，在全球国际仲裁领域一直处于领先地位。例如，国际商会国际仲裁院一直被评为全球最受欢迎的仲裁机构③，巴黎分别在2018年和2021年被评为世界排名第二和第四的国际仲裁地。④ 国际商会国际仲裁院受理案件数量多年来保持高数

---

① Gabriel M. Lentner, *The Rumors of Arbitrability's Death Have Been Greatly Exaggerated*: *Revisiting Arbitrability of IP Disputes from a Transatlantic Perspective*, Stanford - Vienna TTLF Working Paper, No 71, pp. 17-18.

② Stanislas Roux-Vaillard, *The Intellectual Property Review*: *France*, Hogan Lovells, April 24, 2022.

③ Queen Mary University of London & White & Case, 2021 *International Arbitration Survey*: *Adapting Arbitration to a Changing World*; Queen Mary University of London & White & Case, 2018 *International Arbitration Survey*: *The Evolution of International Arbitration*.

④ Queen Mary University of London & White & Case, 2021 *International Arbitration Survey*: *Adapting Arbitration to a Changing World*; Queen Mary University of London & White & Case, 2018 *International Arbitration Survey*: *The Evolution of International Arbitration*.

位，2020 年和 2021 年分别为 946 件[①]和 840 件[②]案件。

### 3. 德国

与法国类似，德国传统上也认为知识产权纠纷不可仲裁，专利诉讼一度是常态。[③] 这可能源于德国对专利纠纷采取的独特做法，即所谓“分离审理”或“分别审理”诉讼制度，亦即将专利有效性问题从专利侵权索赔诉讼程序中剥离出来，两部分诉因事项分别由不同法院审理。

根据德国《专利法》第 143（2）条规定，专利侵权索赔一审案件，由 12 个区域法院裁定，每个区域法院都有专利专审部门[④]。另外，根据德国《专利法》第 65 条和第 81 条规定，有关专利有效性争议（亦为专利撤销案），由慕尼黑联邦专利法院（FPC）行使专属管辖权。可见，联邦专利法院关于专利有效性裁定结果，特别是法院裁定专利无效并撤销专利的判决，对公众具有普遍效力。[⑤]

值得注意的是，德国各区域法院专利侵权索赔案被告，往往辩称诉争专利权无效，按照专利撤销争议专属管辖权规定，才另案向联邦专利法院提请撤销正在进行中的诉争专利。由于两个法院诉讼程序的开始时间先后不同、审理进度不同，侵权索赔案通常在撤销专利诉讼案审结之前结束，那么，专利持有人索赔胜诉的话，可强制执行胜诉判决，但待决专利存在事后被联邦专利法院宣告无效的风险，进而造成当事人处于法律不确定的状态，或者出现无效专利在被宣告无效之前就已经合法执行完毕的窘状。[⑥]

德国专利侵权诉讼与专利有效性诉讼的分离制度，过去常被用来解释为德国反对专利有效性仲裁[⑦]，但实际上，对于专利有效性争议是否可仲裁问题，德

---

① 参见国际商会网站，https：//iccwbo. org/publication/icc－dispute－resolution－statistic－2020/，2023 年 3 月 1 日访问。

② 参见国际商会网站，https：//iccwbo. org/media－wall/news－speeches/icc－unveils－preliminary－dispute－resolution－figures－for－2021/，2023 年 3 月 1 日访问。

③ Matthew R Reed，et al.，*Arbitrability of IP Disputes*，*Global Arbitration Review*，February 9，2021.

④ 参见德国联邦司法部网站，https：//www. gesetze － im － internet. de/englisch _ patg/englisch _ patg. html#p0832，2023 年 3 月 1 日访问。

⑤ German Patent Act，Sections 22（1），30（1）and 80（1）.

⑥ Katrin Cremers，et al.，*Invalid but Infringer? An Analysis of the Bifurcated Patent Litigation System*，Max Planck Institute for Innovation and Competition Research Paper，No. 14－14，2014，p. 2.

⑦ Matthew R Reed，et al.，*Arbitrability of IP Disputes*，Global Arbitration Review，February 9，2021.

国并没有明确的法律规定。[①] 现行德国《民事诉讼法》（1998 年修订）第 1030 条[②]，可以视为德国有关可仲裁性的一般原则规定：

“（1）任何涉及财产权利的索赔（vermögensrechtlicher Anspruch）均可成为仲裁协议标的。有关索赔仲裁协议不涉及财产权、仅就当事人有权处分了结争议标的部分的，具有法律效力。

（2）关于德国住宅空间存在租赁法律关系纠纷的仲裁协议无效。但凡《民法典》第 549（2）条第 1 款至第 3 款定义项下类型住宅，不适用本条款规定。

（3）本书中未包含的立法规定，即有关争议不得提交仲裁或仅限于有条件提交仲裁的规定，不受影响。”

可见，德国在有关可仲裁性的一般法律原则上，与上述的瑞士做法类似，凡索赔涉及财产权或经济利益的，均可受仲裁协议的约束。鉴于专利是专利持有人获得的专有利用权，由于利用专利权引起的纠纷，理应属于财产或经济利益索赔范畴，从一般法律原则这点来说，凡专利纠纷涉及财产权益的，在德国应该是可以仲裁的。

值得注意的是，德国《民事诉讼法》第 1030（1）条特别明确规定，仅当事人有权处分的权利争议方可提交仲裁，就此而言，有关强制许可专利的无效和撤销争议，就不能仲裁[③]，有关文学艺术或科学作品的所有权，或真实性的精神权利，如涉及创作者无处分权部分争议的，也不可仲裁。[④]

而对于第 1303（3）条规定排除可仲裁的争议，其确切范围并未有定论。但一般认为，某些与雇佣法、家庭法和破产法等有关的争议是不可仲裁的（或虽可仲裁但受限制），也有观点认为，德国《民事诉讼法》第 1303（3）条本

---

① Matthew R Reed, et al., *Arbitrability of IP Disputes*, Global Arbitration Review, February 9, 2021.

② 参见德国联邦司法部网站，https://www.gesetze-im-internet.de/englisch_zpo.html#p3554，2023 年 3 月 1 日访问。

③ Kenneth R Adamo, *Overview of International Arbitration in the Intellectual Property Context*, 2 Global Bus. L. Rev. 7, p. 16.

④ Gabriel M. Lentner, *The Rumors of Arbitrability's Death Have Been Greatly Exaggerated: Revisiting Arbitrability of IP Disputes from a Transatlantic Perspective*, Stanford - Vienna TTLF Working Paper, No 71, p. 17.

身，就可能排除了专利法争议[①]，因为即使仲裁庭受理了专利有效性争议，但联邦专利法院或执行法院另行审理，最终得以法院认定结论为准。目前，尚未见有关德国民诉法第 1303（3）条规定排除可仲裁的法院案例指引。[②] 与此针锋相对的意见认为，虽然德国法律仅限于联邦专利法院才能行使专属管辖权撤销专利，但鉴于并未明确禁止知识产权仲裁，因而知识产权纠纷是可仲裁的，况且，仲裁裁决效力仅限于纠纷仲裁当事人之间，这不同于联邦专利法院专属管辖权下撤销专利所具有的普遍性的约束效力。[③] 因此，如果仲裁被申请人被指称侵权，但答辩意见主张专利有效性争议论证措辞到位的话，仲裁庭也以准确表述的裁定宣布专利不可执行或限制性执行的条件，那么，被指称侵权的一方当事人也有可能在仲裁中获胜。[④]

除上述德国《专利法》第 65 条和第 81 条规定联邦专利法院行使宣告专利无效的专属管辖权外，商标争议涉及登记效力、无效、商标权失效的，也被一些人认为不可仲裁。[⑤] 可见，在德国没有一部全面总体性的知识产权仲裁立法的情形下，对于需登记许可知识产权的权利纠纷，其可仲裁性没有明确定论，尚处于争议状态。

近十年来，德国仲裁院（Deutschen Institution für Schiedsgerichtsbarkeit）受案量保持在 100 余件[⑥]，尚不清楚其中涉及专利纠纷仲裁案件的比例。在缺乏知识产权争议仲裁立法的情形下，德国法院有关专利争议仲裁案件所发挥的司法指引作用，对于厘清和提升德国知识产权仲裁的法律地位显得十分重要。因此，关于知识产权仲裁争议在德国法律下是否可仲裁的问题，寄希望于将来出现较

① Boris Kasolowsky & Carsten Wendler, *Commercial Arbitration: Germany*, Freshfields Bruckhaus Deringer, May 2, 2022.

② Matthew R Reed, et al., *Arbitrability of IP Disputes*, Global Arbitration Review, February 9, 2021.

③ Matthew R Reed, et al., *Arbitrability of IP Disputes*, Global Arbitration Review, February 9, 2021.

④ Jochen Pagenberg & World Intellectual Property Organization, *Worldwide Forum on the Arbitration of Intellectual Property Disputes*, March 3, 1994.

⑤ Gabriel Lentner, *The Rumors of Arbitrability's Death Have Been Greatly Exaggerated: Revisiting Arbitrability of IP Disputes from a Transatlantic Perspective*, Stanford - Vienna TTLF Working Paper, No 71, pp. 18-19.

⑥ 参见德国仲裁协会网站，https://www.disarb.org/en/about-us/our-work-in-numbers，2023 年 3 月 1 日访问；参见全球仲裁新闻网站，https://www.globalarbitrationnews.com/2021/10/12/arbitration-statistics-2020/，2023 年 3 月 1 日访问。

具体明确案例，最好是出现全面性的知识产权仲裁立法，以此来厘清知识产权争议仲裁的法律地位。

## 四、结论

当前，知识产权仲裁正成为国际仲裁热点，国际新技术层出不穷，加强了发展知识产权仲裁的必要性。

境外大多数法域未颁布知识产权仲裁立法，无论是普通法系还是大陆法系主要国家，在知识产权仲裁立法缺位情形下，都主要通过法院司法指引来解决实务中有关知识产权仲裁问题。由于仲裁裁决原则上仅限于仲裁当事人之间发生约束效力，仲裁庭能够通过措辞确切的表述，确保裁决的可执行性，所谓知识产权争议是否可仲裁的问题，或许已经变得不那么重要了。[①] 尽管如此，知识产权仲裁立法的重要性不容忽视。因为如果在成文法规中明确规定了知识产权仲裁的法律地位，那么当事人在决定将其知识产权争议提交仲裁之前，就会少一个可仲裁性法律意见不确定的障碍，方便当事人有信心确定选择仲裁。

对于一个国家或者法域来说，如果成文立法全面规定知识产权仲裁，不论规定知识产权仲裁裁决效力范围仅限于在仲裁当事人之间约束效力，还是规定普遍地对于所有与知识产权权利有关的当事人均具有约束效力，此等知识产权仲裁立法本身就是一项突破、一项成就，是朝着知识产权仲裁发展正确方向迈出的一大进步。目前新加坡和中国香港特区两地颁布实施了全面性的知识产权仲裁立法，不仅提升了仲裁生态系统的程序透明稳定性，国际仲裁案件受案量也有所提高，而且带动了两地整个国际仲裁服务产业链发展。

随着新技术和新的知识产权形式与问题的出现，境外各法域可能会认为有必要放宽知识产权纠纷解决机制的限制，制定更有力、更明确的知识产权仲裁立法，我们也期待各国知识产权仲裁立法充满光辉前景，共同促进国际仲裁跨越性发展。

---

① 参见全球仲裁新闻网站，https：//www. globalarbitrationnews. com/guide/the-guide-ip-arbitration/article/look/the/future-of-international-ip-arbitration，2023 年 3 月 1 日访问。

# 第三节 知识产权仲裁的理论研究趋势

## 一、知识产权仲裁之必要性

在经济全球化持续深入、知识经济方兴未艾的今天，创新已经成为促进经济发展和推动社会进步的支柱性力量。旨在激励和保护创新的知识产权制度也日益成为国家发展的战略性资源和国际竞争力的核心要素。在 2018 年的博鳌亚洲论坛年会上，习近平总书记明确指出："加强知识产权保护……是完善产权保护制度最重要的内容，也是提高中国经济竞争力最大的激励。"① 知识产权争议解决是知识产权制度中的重要一环。知识产权争议解决的能力与效率，不仅对保护知识产权相关权利人的权益具有举足轻重的作用，同时也是一个国家知识产权保护和发展水平的生动体现。在当前多元化争议解决机制背景下，通过法院诉讼解决知识产权争议仍然是最常见、最权威、最主流的争议解决方式。但随着知识经济近乎爆炸式的增长，知识产权争议案件的数量也大幅增加，给各级法院带来了沉重的负担和巨大的压力。最高人民法院发布的《中国法院知识产权司法保护状况》（2021 年）白皮书显示，2021 年人民法院受理、审结知识产权案件数量均创历史新高。其中，人民法院新收的一审、二审、申请再审等各类知识产权案件达 642968 件，比 2020 年增加 22. 33%；审结的各类知识产权案件达 601544 件，比 2020 年增加 14. 71%。表三是 2014—2021 年人民法院新收以及审结的知识产权案件数量统计。从表三可知，在过去的几年间，人民法院审理的各类知识产权争议案件数量处于井喷式增长状态。仅八年间，人民法院受理和审结的各类知识产权案件数量增长近 5 倍。人民法院面临较大的知识

① 习近平：《开放共创繁荣 创新引领未来——在博鳌亚洲论坛 2018 年年会开幕式上的主旨演讲》，载人民网，http：//cpc. people. com/cn/nl/2018/0410/c64094-29917187. html。

产权案件审判压力，知识产权案件积压和久拖不结的情况也时有发生。

**表三：2014—2021 年人民法院新收以及审结的知识产权案件数量统计①**

| 年份 | 新收案件数量（件） | 比上年增加 | 审结案件数量（件） | 比上年增加 |
|---|---|---|---|---|
| 2021 年 | 642968 | 22. 33% | 601544 | 14. 71% |
| 2020 年 | 525618 | 9. 10% | 524387 | 9. 10% |
| 2019 年 | 481793 | 44. 16% | 475853 | 48. 87% |
| 2018 年 | 334951 | 41. 19% | 319651 | 41. 64% |
| 2017 年 | 237242 | 33. 50% | 225678 | 31. 43% |
| 2016 年 | 177705 | 19. 07% | 171708 | 20. 86% |
| 2015 年 | 149238 | 11. 49% | 142077 | 11. 76% |
| 2014 年 | 133863 | 19. 52% | 127129 | 10. 82% |

此外，知识产权争议解决中的一些特殊属性，也使得通过法院诉讼解决知识产权纠纷不总是最佳的争议解决方式。比如，一些知识产权争议具有高度技术性特征，对于缺乏特定领域专业知识和专业背景的法官来说，准确理解和判断相关知识产权争议的性质是较为困难的。在一些知识产权争议案件中，当事方对知识产权争议涉及的技术秘密和商业秘密等信息有保密需求，而这与诉讼过程中的公开原则存在一定的冲突。另外，诉讼过程需要严格遵守法定的程序要求，诉讼中的严格程序形式要求可能导致争议解决在时间上的冗长和拖延，在时效上可能与部分知识产权争议解决紧迫性要求存在冲突。② 维权成本高、维权周期长、缺乏灵活性是以诉讼方式解决知识产权纠纷面临的共性问题。③如果相关知识产权争议涉及国际因素，那么以诉讼方式获得的法院判决在外国获得承认和执行是非常困难的，因为世界上还没有关于外国判决在不同司法体系下获得执行的公约或协定，曾由海牙国际私法协会倡议的民商事外国判决的

① 《中国法院知识产权司法保护状况》，载最高人民法院官网，https：//www. court. gov. cn/zixun-xiangqing-355841. html，2023 年 4 月 13 日访问。

② 倪静：《知识产权仲裁机制研究》，厦门大学出版社 2013 年版，第 2 页。

③ 浙江省高级人民法院联合课题组：《知识产权纠纷多元化解机制问题研究》，载《中国应用法学》2019 年第 2 期，第 127—146 页。

承认与执行公约草案也以失败告终。①

显然，单一的诉讼机制难以满足全社会纠纷解决实践的需要，根据不同类型纠纷的特点探寻相应适宜的解决机制，是实现国家治理能力现代化、促进社会公平正义的重要举措。《中共中央关于全面推进依法治国若干重大问题的决定》提出，要“健全社会矛盾纠纷预防化解机制，完善调解、仲裁、行政裁决、行政复议、诉讼等有机衔接、相互协调的多元化纠纷解决机制”。② 依循知识产权争议自身的固有特点寻求多元化的纠纷解决机制是完善知识产权保护的必要举措。2017 年 6 月 23 日，国务院知识产权战略实施工作部际联席会议审议通过《2017 年深入实施国家知识产权战略加快建设知识产权强国推进计划》③，其中提出要“提升知识产权对外合作水平，建立知识产权仲裁机构，完善知识产权争议解决机制”。2020 年 5 月 13 日，国务院知识产权战略实施工作部际联席会议审议通过《2020 年深入实施国家知识产权战略加快建设知识产权强国推进计划》④，其中提出要“大力培育知识产权仲裁机构和调解组织”。因此，基于知识产权争议解决的急迫性、专业性、保密性、效益性、国际性等特点，以仲裁作为诉讼外纠纷解决机制，在合理分流知识产权案件、缓解法院的知识产权案件审判压力、提高知识产权争议解决效率、维护当事人合法利益等方面，都具有重要的理论和现实意义。

## 二、知识产权仲裁之理论研究梳理

关于知识产权仲裁的理论研究，国内学者的关注时间相对较晚，研究成果也相对较少。以“知识产权”为主题词，并以“仲裁”为关键词在“中国知网”进行检索，获得的文献数量较为有限。从已有的典型文献来看，关于知识产权仲裁的理论研究主要涉及以下几个方面的内容：

---

① 特雷弗·库克、亚历山德罗·加西亚：《国际知识产权仲裁》，王傲寒、许晓昕译，知识产权出版社 2020 年版，第 19—20 页。

② 《中共中央关于全面推进依法治国若干重大问题的决定》，载人民网，http：//www.npc.gov.cn/zgrdw/npc/zt/qt/sbjszqh/2014-10/29/content_ 1883449.htm。

③ 国知战联办〔2017〕12 号。

④ 国知战联办〔2020〕5 号。

### 1. 关于知识产权纠纷解决的特点

知识产权纠纷解决的特点包括：（1）知识产权盈利周期具有鲜明的时效性。知识产权的客体具有无形性，智力成果的相关产品与技术更新换代快速，市场淘汰周期短暂。也即知识产权的有效盈利周期相对有限，如不能迅速解决纠纷将必然影响知识产权的单位时间有效盈利，这就要求其争议解决必须满足紧迫性的需要。（2）知识产权客体的技术性要求纠纷解决具有专业性。知识产权纠纷中的技术性问题通常非常复杂，但厘清这些技术性问题对于纠纷解决又十分关键，这需要裁判者兼具法律素养与专业技能。知识产权纠纷不仅涉及范围较广，而且本身与普通的民商事纠纷相比，更为复杂和难以把握。在各类知识产权纠纷中需要厘定的专业技术性问题通常都比较多。（3）知识产权纠纷通常具有较大的社会影响，并且除已经面向社会公开的智力成果外，纠纷中还存在商业秘密等大量处于保密状态的内部信息。为避免在知识产权纠纷解决过程中产生广泛的负面社会影响以及因信息泄露而导致不可逆转的商业损失，需要特别强调保密性。（4）知识产权纠纷的解决更加强调效益层面的互利共赢而非法律层面的绝对公平。这种以效益最大化为追求的市场导向型纠纷解决诉求有别于一般的财产争议，这是由知识产权客体的无形性与权利存续期间的时效性所决定的。（5）世界经济联系日益紧密，知识产权的转化与利用必然是全球化的。知识产权客体能够轻易克服区域的限制在世界范围内得以迅速广泛的传播。知识产权的跨界流动日益增加，跨国知识产权争议频发，要求争议解决结果能够得到国际认可并在世界范围内得到有效执行。[①] 此外，知识产权的特性决定了知识产权纠纷具有高度复杂性、利益保护紧迫性和市场关联性。构建知识产权纠纷解决机制应当重点考虑到效率与市场利益的关系，并遵循以下基本取向：效率、保密性、市场导向、兼顾消费者利益。尽管仲裁与诉讼相比具有专业性、保密性和灵活性等特点，但在实践中，知识产权的仲裁案件仍保持在低位态势，原因在于当事人对仲裁机制缺乏了解、仲裁裁决的履行尚依赖于法院、我国当前专业的知识产权仲裁专家尚为稀缺等。为解决上述问题，应建立知识产权的

---

① 杜焕芳课题组：《知识产权仲裁机构建设：理论证成、域外借鉴和制度设计》，载《商事仲裁与调解》2021 年第 1 期，第 96—115 页。

专业仲裁机构，进一步放宽当事人对仲裁员的选择权，完善仲裁立法等。①

### 2. 关于知识产权仲裁的优势

知识产权仲裁的优势包括：（1）由技术专家担任仲裁员，具有一定技术性；（2）仲裁以不公开审理为原则，最大限度地减少了商业秘密和技术秘密在审理中的再次受损，有利于对知识产权的保护；（3）仲裁程序实行一裁终局，且审理期限较短，程序相对灵活，有利于当事人迅速解决纠纷；（4）仲裁具有很强的对话性，更有利于维持纠纷主体之间正常的商贸关系等。② 此外，将仲裁在内的替代性纠纷解决机制（ADR）应用于知识产权案件具有的优势包括：（1）彰显自治理念，不仅使当事人对纠纷解决的过程具有更强的控制能力，也使纠纷各方在具体的利益分歧点上有更大的商讨余地；（2）程序与救济更加灵活，对于有重大利益牵涉其中、专业性较强而当事人又不希望通过诉讼解决的纠纷，知识产权专业仲裁机构的仲裁应当是最佳的选择；（3）节约时间和经济成本，由于无须像诉讼一样对纠纷事实的细节精确认识，可以帮当事人省去不少专家鉴定或者技术鉴定的费用；（4）保密性更强，在调解或者仲裁程序中，只要纠纷当事人达成一致意见，甚至纠纷的存在本身都可以是保密的；（5）纠纷解决的结果具有平和性和互利性等。③ 在涉及跨国知识产权争议解决方面，有学者认为以仲裁方式解决争议能够克服诉讼管辖权、法律适用以及判决不具有域外效力等弊端，并且能够满足部分知识产权争议解决专业性等需求。④ 通过仲裁方式解决知识产权纠纷的优势还体现在：（1）相较于冗长复杂的诉讼程序，仲裁程序更加高效快捷；（2）严格的遴选标准保证了仲裁员的专业性；（3）仲裁具有严格的保密性；（4）仲裁强调当事人意思自治，具有极强的灵活

---

① 梁平、陈焘：《论我国知识产权纠纷解决机制的多元构建》，载《知识产权》2013 年第 2 期，第 54—58 页。

② 卢青峰：《论知识产权纠纷的仲裁解决》，载《特区经济》2010 年第 5 期，第 252—253 页。

③ 李宗辉：《论知识产权案件的替代性纠纷解决机制》，载《暨南学报（哲学社会科学版）》2015 年第 2 期，第 84—91 页。

④ 倪静：《仲裁解决知识产权争议之利弊探析——从仲裁的基本特征出发》，载《知识产权》2012 年第 3 期，第 29—34 页。

性；（5）仲裁方式将使知识产权纠纷解决结果获得更为普遍的效力与执行力。[①]

### 3. 关于知识产权争议的可仲裁性

可以从法理基础和现实基础两个维度来分析，对知识产权争议的可仲裁性进行探讨：从法理基础来看，纠纷主体的平等性和对争议权利的可处分性是某一特定纠纷具有可仲裁性的必要条件；从现实基础来看，界定纠纷可仲裁性的决定性因素是一国的经济发展情况，但作为国际社会中的一员，各国除了要考虑到本国的具体国情，还必须考虑到国际社会的习惯做法。将上述判断一般纠纷可仲裁性的规则适用于知识产权仲裁后，尤其是实践中争议较多的知识产权侵权纠纷后，通过立法明确规定知识产权侵权纠纷的可仲裁性是我国仲裁立法发展的一个必然趋势。[②] 通常认为，知识产权有效性仲裁问题是束缚知识产权仲裁制度发展的瓶颈。从理论角度来看，首先，通过澄清公法和私法的内涵，说明不应仅因为知识产权受到来自公共权力的限制就主张其具有公权属性；其次，通过探究知识产权国家授权的确权本质，认为知识产权的私权性取决于知识财产私人占有的基本品性、权利的国家授予性，并不能说明权利本体的公权意义；最后，通过否认权利的垄断性等同于垄断本身，以知识产权是垄断权而否认知识产权有效性可仲裁的观点是没有说服力的。[③] 从比较法的角度来看，世界各国对待专利有效性争议可仲裁性的态度大相径庭。到目前为止，国内立法明确否定专利有效性争议可仲裁的国家或地区只有南非，其余国家或直接予以承认，或取决于司法机关对于公共政策的理解。其中，反对专利权有效性争议可仲裁的公共政策理由包括专利来源于国家授权、存在审查专利效力的专门机构以及专利效力与公共利益密不可分等。但是仲裁裁决仅对仲裁当事人发生法律效力，并不影响社会大众利益，也不涉及对公共政策的损害，因而在专利争议仲裁过程中，若一方当事人以专利无效提出抗辩，则仲裁庭可以就专利效

---

① 杜焕芳课题组：《知识产权仲裁机构建设：理论证成、域外借鉴和制度设计》，载《商事仲裁与调解》2021 年第 1 期，第 99—100 页。

② 卢青峰：《论知识产权纠纷的仲裁解决》，载《特区经济》2010 年第 5 期，第 252—253 页。

③ 刘瑾：《论知识产权有效性仲裁的认识误区及相关救济制度重塑》，载《知识产权》2016 年第 11 期，第 36—40 页。

力进行审理，但审理结果仅对仲裁当事人发生法律效力。[①] 此外，在法律依据方面，从我国加入《纽约公约》时所作“商事保留”的声明来看，知识产权纠纷显然属于“依据中国法律属于商事法律关系所引起的争议”；而从国内立法来看，《仲裁法》没有明确排除知识产权纠纷的仲裁解决，《著作权法》第六十条也已经部分承认了知识产权纠纷的可仲裁性；并且在实践中，贸仲已经受理了多起知识产权纠纷仲裁案件，国内业已相继设立了多个知识产权仲裁中心，表明知识产权纠纷的可仲裁性在我国得到了事实上的承认。[②] 但是，专利等知识产权争议在我国是否可仲裁尚不确定，《仲裁法》《专利法》等都未有明确规定；实践中，仲裁中心受理的绝大多数也是知识产权合同争议，类型单一，数量也很有限。为实现仲裁在解决专利纠纷案件中的恰当性和优越性，一方面，在暂不修改立法的情况下可以通过最高人民法院对《仲裁法》有关争议可仲裁范围进行司法解释的方式来明确仲裁庭对专利等知识产权有效性争议审理的权力；另一方面，根据《纽约公约》第 5 条第（2）款规定，我国法院不宜以专利权有效性争议不可仲裁作为拒绝承认和执行外国有关专利权仲裁裁决的事由。[③]

### 4. 关于知识产权争议的仲裁机构

我国目前受理知识产权案件的仲裁机构主要有两种类型：一种是综合性仲裁机构，主要是贸仲和各地方仲裁委员会；另一种是近几年逐步建立的专门知识产权仲裁中心。这些专门性的知识产权仲裁中心主要集中于经济较为发达、知识产权资源丰富并具备较高知识产权管理水平的地区，但尚未建立独立的仲裁体系，一般是作为当地仲裁委的下设或附属机构存在。从整体数据来看，仲裁制度的运行并没有充分实现分流知识产权纠纷的作用，知识产权案件受理量不尽理想，部分知识产权仲裁中心的主要任务还限于理论研究，主要开展一些知识产权仲裁方面的法律咨询和宣传活动。配套制度不健全、机构设置零散、运行模式不统一以及对于纠纷解决机构的认可度不高等都是前述现象出现的原

---

① 倪静：《论专利权有效性争议之可仲裁性》，载《知识产权》2013 年第 3 期，第 37—41 页。
② 卢青峰：《论知识产权纠纷的仲裁解决》，载《特区经济》2010 年第 5 期，第 252—253 页。
③ 倪静：《论专利权有效性争议之可仲裁性》，载《知识产权》2013 年第 3 期，第 37—41 页。

因。据此，我国可采取的改进措施包括：加强制度建设，在充分研究他国实践并结合我国知识产权仲裁制度以及专业化仲裁队伍建设的情况下，可对受案范围作适度扩大；强化对现有的知识产权人才资源、信息资源和财物资源的整合；注重宣传工作等。[①] 世界贸易组织（WTO）和世界知识产权组织（WIPO）是世界上用非诉方式解决知识产权争议的最有影响力的国际组织。从二者争议处理的数据来看，专利是最容易产生争议的知识产权领域。从二者的适用范围来看，WTO 主要解决涉及国际公法的争端，而 WIPO 主要处理私权主体之间涉及知识产权纠纷的仲裁和调解。通过比较上述两种争端解决机制，可以从以下几个方面完善我国的知识产权仲裁体系：一是加强知识产权立法，包括加强举证能力、拓宽知识产权的可仲裁范围及在仲裁程序中给当事人更多的选择权；二是加强知识产权执法，包括履行《TRIPS 协定》，提高知识产权执法透明度，突出交易会加强知识产权执法的窗口效应；三是加强合作，提高知识产权保护水平，包括顺应 DSB[②] 的价值取向，准确理解《TRIPS 协定》，推动 WIPO 在上海设立亚太地区中心等。[③] 借鉴域外经验，我国应当构建独立的外设知识产权仲裁机构，由中国国际商会单独或牵头组建国家层面的专门的知识产权仲裁机构。前期通过国家投入部分资金协助建构、宣传、引导、支持，后期由知识产权仲裁机构自负盈亏。就设立独立知识产权仲裁机构的数量而言，兼顾国际、国内两个层面，应按区域设立若干独立的具有标志性、影响力的知识产权仲裁机构。可以先行在北京、上海、广州等具有国际知名度、知识产权案件密集、仲裁资源和专业人才丰富的地区设立，此后逐步推广。知识产权仲裁机构的程序性规范，既应遵循一般的程序性规范，亦应针对知识产权纠纷设计契合其特性的规则。具体来看：一是知识产权仲裁机构应在“合同纠纷和其他财产权益纠纷”的限定下尽量拓宽其受案范围，如专利和商标侵权纠纷、知识产权有效性纠纷；二是知识产权仲裁机构应选任专业性、技术性较强的仲裁员、仲裁秘书等仲裁人

---

① 詹映、邱亦寒：《我国知识产权替代性纠纷解决机制的发展与完善》，载《西北大学学报（哲学社会科学版）》2018 年第 5 期，第 75—83 页。

② WTO 争端解决实体。

③ 冯军、黄洁：《WTO 和 WIPO 知识产权国际争端仲裁比较研究》，载《国际经济合作》2012 年第 11 期，第 71—75 页。

员，知识产权仲裁机构仲裁员任职资格应宽松化，并设立技术专家咨询委员会等；三是知识产权仲裁机构应拓宽仲裁简易程序的适用范围，即便适用一般的审理程序，也应尽量在遵循当事人意思自治的基础上简化程序；四是应扩大临时措施的种类，明晰申请临时措施的具体标准，赋予知识产权仲裁机构临时措施决定权；五是应该逐步实现知识产权仲裁机构的信息化、国际化。[①]

## 三、知识产权仲裁之各国家和地区最新实践及发展

来自主要仲裁机构的数据以及由一些学术机构组织实施的实证调查均表明，当事人通过国际仲裁方式解决了大量的知识产权争议。[②] 知识产权纠纷包括侵权纠纷、所有权纠纷、合同纠纷以及有效性纠纷等，其中合同纠纷和侵权纠纷在绝大多数国家都被认为具有可仲裁性，但有效性纠纷在不同的国家有不同的规定。一些国家通过立法明确规定了知识产权争议中涉及有效性的纠纷可以通过仲裁予以解决，但也有一些国家持不同看法。[③] 南非是目前为止明文禁止对所有涉及该国授权专利相关争议进行仲裁的国家。[④] 以下对主要国家和地区涉及特定知识产权争议的仲裁立法和实践进行梳理。

### 1. 美国

美国是典型的通过立法明确赋予某些特定知识产权争议可仲裁的国家。就专利纠纷而言，按照美国联邦法律的规定，争议双方可以合意通过仲裁解决纠纷。这种合意既可以体现为双方在涉及专利的合同（如许可协议、联合开发协议等）中包含的仲裁条款，也可以是双方事后就专利纠纷达成的仲裁协议。美国《专利法》规定："涉及专利或者专利权的合同可以规定对因合同发生的专利效力纠纷或者侵权纠纷进行仲裁。当事人就已经发生的专利效力纠纷或者侵权纠纷，没有约定的，可以书面约定通过仲裁解决。除法律上或衡平法上存在

① 杜焕芳课题组：《知识产权仲裁机构建设：理论证成、域外借鉴和制度设计》，载《商事仲裁与调解》2021 年第 1 期，第 96—115 页。

② 特雷弗·库克、亚历山德罗·加西亚：《国际知识产权仲裁》，王傲寒、许晓昕译，知识产权出版社 2020 年版，第 42 页。

③ Thomas Legler, *Arbitration of Intellectual Property Disputes*, ASA Bulletin, Kluwer Law International, 2019, pp. 291-292.

④ 南非 1978 年《专利法》第 18（1）条。

的可撤销合同的任何理由外，任何此类规定或协议均应有效的、不可撤销的和可执行的。”[①] 该法还进一步规定，按照该法进行的仲裁所产生的仲裁裁决仅在当事人之间具有效力：“仲裁员的裁决是终局的，对仲裁双方均有约束力，但对其他任何人没有效力或影响。”[②] 值得注意的是，不同于专利纠纷，美国法律没有明文规定可以对版权纠纷进行有约束力的仲裁。然而，美国法院通过判例认为，版权纠纷，包括依据《美国千禧年数字版权法》（the Digital Millennium Copyright Act）产生的纠纷，是可以仲裁的。版权纠纷也包括版权有效性纠纷。[③]

### 2. 英国

与美国不同，英国没有明确认可知识产权争议可仲裁性的成文法。英国1950年、1979年以及1996年的《仲裁法》（Arbitration Act）均没有对知识产权争议的可仲裁性作出规定。英国1977年的《专利法》（UK Patents Act 1977）允许在非常有限的情况下就相关专利纠纷提交仲裁。比如，当强制专利许可申请遭到反对时，如果双方同意仲裁，专利总审计长（Comptroller General of Patents）可以命令将相关程序，或程序中的任何问题或相关事实，提交给仲裁员进行审理。[④] 与成文法不同的是，英国的司法系统在很大程度上认可知识产权争议的可仲裁性。按照英国法院的观点，商标和版权纠纷都是可以仲裁的，有关专利有效性的纠纷也是可以仲裁的，当然有关有效性的裁决只在当事人之间具有效力。[⑤]

### 3. 德国

在德国，尚未有法律明文规定涉及专利有效性的争议是否可以仲裁。可以明确的是，在德国，通过法院以诉讼方式解决知识产权争议仍然是主流和常态，而以仲裁方式解决知识产权争议则是少数。尤其是在涉及专利有效性问题方面，

---

① 35 U. S. C. § 294（a）.

② 35 U. S. C. § 294（c）.

③ Packeteer, *Inc. v. Valencia Systems, Inc.*, 2007 WL 707501, 82 U. S. P. Q. 2d 1216（N. D. Cal. 2007）.

④ UK Patents Act 1977, Section 52-（5）.

⑤ GAR, *The Guide to IP Arbitration*, Law Business Research 2021, p. 29.

由于德国采取了“二元”专利诉讼机制，使得传统上认为专利有效性在德国不可仲裁。所谓“二元”专利诉讼机制，就是将专利侵权问题和专利有效性问题分别置于不同裁判的机关进行审理。在专利侵权诉讼中，专利权人就被指控侵权人的侵犯专利权的行为提出停止侵权或赔偿损失的诉求。按照德国专利权法的规定，分布在德国各地的 12 个专门地区法院对专利侵权诉讼行使管辖权。① 在专利有效性诉讼（通常也称为专利撤销之诉）中，被侵权人对权利人的专利有效性提出挑战。按照德国法律的规定，位于慕尼黑的联邦专利法院（Federal Patent Court）对专利有效性争议行使专有管辖权。② 并且，联邦专利法院作出的部分或全部撤销其认为无效的专利的裁决具有普遍性的效果。德国的“二元”专利诉讼机制长期以来受到多方诟病，因为在专利侵权程序中，被侵权人往往无法基于专利有效性提出抗辩或反驳，这使当事人承担的费用和争议解决的效率都出现不小的问题。③ 虽然德国法律未明确规定专利有效性争议的可仲裁性问题，但修改后的《德国民事诉讼法典》（the German Code of Civil Procedure）为今后在德国进行专利有效性仲裁提供了可能的法律依据。根据该法第 1030 条的规定，在德国可仲裁的事项包括：“（1）根据物权法的任何索赔均可成为仲裁协议的主题。有关非金钱请求权的仲裁协议，在争议当事人有权就争议标的达成和解的范围内，具有法律效力。”④ 因此，按照德国法律规定，所有与所有权和金钱索赔有关的争议都可以进行仲裁。专利权作为专利所有人的独占权，就属于这一类。

### 4. 新加坡

2019 年，新加坡颁布了《知识产权（争议解决）法》[the Intellectual Property (Dispute Resolution) Act]，明确规定知识产权纠纷可以进行仲裁。该法修改和完善了之前新加坡《仲裁法》（the Arbitration Act）和《国际仲裁法》（International Arbitration Act）中的相关规定。按照《知识产权（争议解决）法》的

---

① German Patent Act, Section 143 (2).

② German Patent Act, Section 22 (1), 65 (1), 81 (1) and 81 (4).

③ European Patent Office, *Patent Litigation in Europe: An Overview of National Law and Practice in the EPCContracting States*, 5th edition, 2019.

④ German Code of Civil Procedure, Section 1030.

规定，当事方之间发生争议时，无论知识产权问题是争议的核心问题还是附带问题，均可在新加坡通过仲裁予以解决，但有关知识产权的仲裁裁决仅在当事人之间具有效力。① 该法规定的知识产权包括：专利、商标、地理标志、获得注册的外观设计、版权、受保护的集成电路布图设计、植物品种、机密信息、商业秘密或专有技术、保护通过假冒或类似不正当竞争行为侵害商誉的权利，或任何其他性质的知识产权。该法明确规定下列纠纷属于知识产权纠纷：（1）关于知识产权的可执行性、侵权、存在、有效性、所有权、范围、持续时间或任何其他方面的纠纷；（2）关于一项知识产权交易的争议；（3）有关知识产权赔偿的争议。可以看出，新加坡法律对知识产权以及知识产权争议进行较为宽泛的定义，并且明确规定了对专利有效性争议的可仲裁性。

### 5. 中华人民共和国香港特别行政区

香港特区是在世界范围内有较大影响力的国际仲裁中心。为了进一步巩固其国际仲裁中心的地位，香港特区在 2017 年 6 月 23 日发布了《仲裁（修订）条例》[Arbitration（Amendment）Ordinance]，明确了知识产权争议可以进行仲裁，并且执行涉及知识产权的仲裁裁决并不违反香港特区的公共政策。按照该条例，知识产权争议可在争议各方之间通过仲裁予以解决，无论知识产权争议在仲裁中构成主要问题还是附带问题。② 此外，《仲裁（修订）条例》还对香港特区《专利条例》（Patents Ordinance）进行了修改。除标准专利（权利人可获得最长 20 年的保护期）外，香港特区法律也为短期专利提供保护（短期专利在申请 4 年后可续期，但最长保护期限为 8 年）。按照香港特区《专利条例》的规定，短期专利权人只有在符合特定条件下，才可在法院启动相关程序以维护自己的权利。③《仲裁（修订）条例》对短期专利权人的行权方式进行了修改，规定短期专利权人可以通过仲裁方式解决相关争议，无论《专利条例》中的“特定条件”是否满足，除非权利人是在中间程序中寻求禁令。④

---

① Singapore Intellectual Property（Dispute Resolution）Act 2019.

② Hong Kong Arbitration（Amendment）Ordinance 2017.

③ Hong Kong Patents Ordinance（Cap. 514），Section 129（1）.

④ Hong Kong Arbitration（Amendment）Ordinance 2017.

第三章

# 知识产权仲裁案件概览

## 第一节　知识产权仲裁案件特点

仲裁是一种古老的争议解决方式，具有悠久的历史，其出现早于诉讼，是民众在生产生活过程中逐渐形成的非官方的争议解决方式，在发生争议时，双方当事人均同意由一位双方认可的第三方进行评判，裁决结果对双方均有终局约束力，双方不再寻求其他救济。随着商品经济的发展，仲裁在商业领域得到了广泛的应用，成为国际贸易中通用的争议解决方式。

作为一种独立、非司法的争议解决方式，仲裁与知识产权的保密性、时效性、专业性等特点完美契合。一些国家在知识产权仲裁领域已经形成了比较完备的法律和制度保障。我国知识产权保护起步较晚，知识产权仲裁尚属于新兴类型案件。近年来，随着我国改革开放的不断深化，法治化进程的逐步推进，人们保护知识产权的意识逐渐增强，知识产权仲裁的范围逐渐扩大，仲裁认知度以及公信力也逐渐提高。

2021 年 9 月，中共中央、国务院印发了《知识产权强国建设纲要（2021—2035 年）》。该纲要提出，我国要“建立完善知识产权仲裁、调解、公证、鉴定和维权援助体系，加强相关制度建设”。2021 年 10 月，国务院《“十四五”国家知识产权保护和运用规划的通知》中指出要“加强知识产权协同保护，完善知识产权纠纷多元化解决机制”。上述两个纲领性文件，指明了知识产权仲裁的发展道路，相信随着法律和制度的完善，知识产权仲裁必将成为我国知识产权保护多元化机制中的重要组成部分。

作为协同解决上述问题以及构建知识产权的多元化解决机制的一环，我国各地成立了一些专门的知识产权仲裁中心，处理知识产权仲裁案件。2019 年，上海设立了世界知识产权组织（WIPO）仲裁与调解上海中心。该中心是世界知识产权组织在中国的分支机构，主要业务为在中国境内开展涉外知识产权争议案件的仲裁与调解服务。该中心是首家国际组织仲裁机构在中国设立的专业机构，对我国仲裁业务对外开放具有里程碑意义。2022 年 7 月，贸仲知识产权仲裁中心在北京成立。设立专门的知识产权仲裁中心能更好地服务于市场需求，必将为中外当事人提供更加优质的仲裁服务，推进我国知识产权仲裁的加速发展。

仲裁是一种民间的、准司法的争议解决机制，更多体现个体意志，是民商事主体私权利的表现。仲裁作为国家司法权的有益补充，在解决民商事争议中发挥着重要的作用。而仲裁机构，无论是国内仲裁机构、国际仲裁机构还是专业仲裁机构，都是独立于国家行政机构的中立机构，具有非官方性质。各仲裁机构依据自身发展需要，在不同地区设立分支机构。但是应当明确的是，各分会机构之间无隶属关系以及上下级的行政管辖关系，仲裁机构的设立也并非以行政区划为依据。各分会均使用相同的仲裁规则和仲裁员名册。当事人可以根据需要，自行约定选择仲裁机构和仲裁地点。

我国在法律制度上确立了仲裁机构的中立性。《仲裁法》第十四条明确规定：仲裁委员会独立于行政机关，与行政机关没有隶属关系。仲裁委员会之间也没有隶属关系。自 1995 年我国第一部《仲裁法》实施以来，截至 2021 年 9 月，依据法律设立的仲裁委员会已有 270 多个。①

以贸仲为例，随着业务的发展，其分别在深圳、上海、天津、香港特区、加拿大温哥华等多地设立了分会/仲裁中心。《中国国际经济贸易仲裁委员会章程》中明确指出，贸仲的分会/仲裁中心是一个统一的仲裁委员会，分会/仲裁中心是贸仲的派出机构，根据贸仲的授权接受并管理仲裁案件。贸仲各分会均适用相同的《仲裁规则》和《仲裁员名册》。② 自成立以来，贸仲坚持中立原则，每个分会/仲裁中心都在贸仲的授权范围内独立办案，保持中立性。

首先，仲裁机构要保持其中立性。仲裁机构作为独立机构，其运行情况与所在地的投资环境有一定关系。根据《仲裁法》规定，仲裁机构的设立不根据

---

① 数据来源 2021 年 9 月中国仲裁高峰论坛。

② 参见中国国际经济贸易仲裁委员会网站：http：//www. cietac. org/index. php？ m = Page&a = index&id = 2，2022 年 11 月 28 日访问。

行政区划进行。当事人选择仲裁机构时，会综合考虑各种因素，包括仲裁机构的地理位置、时间成本等。各地政府为了吸引投资，大多愿意在本地设立仲裁机构，以期构建良好的营商环境。该举措在一定程度上推动了仲裁的发展。但是，有些地区希望通过设立仲裁机构来提升本地的形象，但如果经济发展不到位，不具备设立仲裁机构的经济基础和客观条件，仲裁机构仍无法持续发展。

其次，仲裁员也具有中立性。

《仲裁法》第十三条规定：

仲裁委员会应当从公道正派的人员中聘任仲裁员。仲裁员应当符合下列条件之一：

1. 通过国家统一法律职业资格考试取得法律职业资格，从事仲裁工作满八年的；

2. 从事律师工作满八年的；

3. 曾任法官满八年的；

4. 从事法律研究、教学工作并具有高级职称的；

5. 具有法律知识、从事经济贸易等专业工作并具有高级职称或者具有同等专业水平的。

仲裁委员会按照不同专业设仲裁员名册。

根据上述规定，我国法律对仲裁员的聘任标准，首先要求仲裁员公道正派。公道正派是对仲裁员道德品质的要求，法律将该项要求写在仲裁员的专业背景及业务能力之前，可见对其重视程度。

如前所述，仲裁机构并非国家行政机构，其主要收入来源是当事人交纳的仲裁费用。因为当事人有权选择仲裁机构及仲裁员，所以仲裁机构在行业内的信誉就显得尤为重要。仲裁员的道德品质及专业素养是仲裁机构建立行业信誉的基石。仲裁制度设立之初，就是基于当事人的信任，选定有较高威信的第三方对争议事项进行裁判。

《仲裁法》第三十一条规定：当事人约定由三名仲裁员组成仲裁庭的，应当各自选定或者各自委托仲裁委员会主任指定一名仲裁员，第三名仲裁员由当事人共同选定或者共同委托仲裁委员会主任指定。第三名仲裁员是首席仲裁员。

当事人约定由一名仲裁员成立仲裁庭的，应当由当事人共同选定或者共同委托仲裁委员会主任指定仲裁员。

《仲裁法》第三十二条规定：当事人没有在仲裁规则规定的期限内约定仲裁庭的组成方式或者选定仲裁员的，由仲裁委员会主任指定。

根据上述规定，仲裁庭由当事人选定的仲裁员组成或者委托仲裁委员会主任指定的仲裁员组成。如果在办案过程中，仲裁员不能严格按照法律的规定及仲裁员守则的约定保持中立的立场，无法公平、公正地对案件进行评判，必然会失去当事人的信任，对仲裁机构的信誉造成严重的影响，也会严重影响仲裁员的职业生涯。

除了从道德品质方面进行衡量，法律和制度层面也有各项具体措施，保障仲裁员的中立。《仲裁法》第四章第二节仲裁庭的组成中规定了仲裁庭的组成及仲裁员的回避制度。根据法律规定，当事人有权从仲裁员名册中选定仲裁员，组成仲裁庭。仲裁员虽然可以由当事人选定，但是当事人选定的仲裁员并非当事人利益的代表。无论是哪一方选定的仲裁员，仲裁员都应当平等地对待当事人。当事人也清楚其选定的仲裁员，并不代表其利益，仅表明当事人对仲裁员的信任，相信仲裁员会遵守相关法律，依据职业操守，凭借其专业知识，对仲裁案件作出公正的裁决。

各仲裁机构均制定自己的仲裁员守则，对仲裁员的中立性进一步加以明确及细化，作为仲裁员的行为规范以及保持中立性的制度保障。贸仲 2021 年最新修订的《仲裁员守则》第七条规定：仲裁员与案件有利害关系或其他关系，可能引起对其公正性和独立性产生合理怀疑的，应当主动向本委员会披露。如果与当事人存在近亲属关系、财产与金钱关系、业务与商业合作关系等，仲裁员应当主动请求回避。此条关于仲裁员的回避制度以及披露义务的规定，进一步保证了仲裁的中立性和公正性，增强了当事人的信心，有利于提高仲裁的公信力。

仲裁机构是非官方组织，其收入主要来源于案件的仲裁费。若想谋求更好的发展，体现其专业性及公正性，仲裁机构制定的仲裁规则及仲裁员守则非常重要。因此，仲裁机构在制定相关规则时，均充分考虑仲裁的独立性、中立性及可实施性。

随着法律和制度的完善，知识产权仲裁在纠纷解决中的作用日趋凸显。知识产权仲裁案件主要特点如下：

## 一、知识产权仲裁案件数量迅速增长

近年来，我国知识产权涉案数量迅速增长。涉及知识产权案件的增多是多方面因素共同作用的结果。伴随着全球一体化进程的深入，国际间贸易合作及交往日益增多，涉及知识产权的纠纷呈上升趋势。国际贸易中，仲裁作为一种客观、独立、高效的纠纷解决机制，受到各国广泛认可。我国对知识产权的保护，也开始从单一的诉讼渠道向多元化解决机制探索。知识产权保护是国家核心竞争力的体现。“十三五”期间，为增强核心竞争力，我国把知识产权保护工作的重要性提到了一个新高度，有效提升了知识产权的保护水平。

从各方面的统计数字来看，知识产权案件呈现出快速增长的趋势。根据最高人民法院2022年4月公布的数字，2021年全国法院受理、审结的知识产权案件数量双双突破60万件。2021年新收一审、二审、申请再审等各类知识产权案件642968件，审结601544件（含旧存），比2020年分别上升22.33%和14.71%。[①] 与之相应，知识产权仲裁案件也迅猛增长。根据2022年4月26日举行的广州市知识产权工作专题新闻发布会上公布的数据，广仲受理的知识产权仲裁案件标的额连续两年破亿元，广仲近三年知识产权仲裁受理量平均增幅达37%，2021年案件受理量同比增长超过40%。[②] 根据贸仲发布的工作报告，其2015年受理的知识产权案件为7件[③]，2018年受理的知识产权案件为12件。至2021年，贸仲受理的知识产权案件已增加到22件。但涉及技术领域的知识产权类案件数量远高于此。

知识产权案件涉案金额巨大。最高人民法院发布的2021年中国法院10大

---

① 参见最高人民法院官网，https：//www.court.gov.cn/zixun-xiangqing-355861.html，2023年3月1日访问。

② 参见搜狐网，https：//www.sohu.com/a/541465681_ 161795？g=0，2023年3月1日访问。

③ 参见中国国际经济贸易仲裁委员会网站，http：//www.cietac.org.cn/index.php？m=Article&a=show&id=13630，2023年3月1日访问。

知识产权案件和 50 件典型知识产权案例中，其中的“涉‘惠氏’商标惩罚性赔偿案”①，适用了《民法典》中的惩罚性赔偿原则，对原告提出的 3000 万元的诉讼请求予以全额支持，涉案金额巨大。根据 2022 年 4 月 26 日举行的广州市知识产权工作专题新闻发布会上公布的数据，广仲受理的知识产权案件标的额连续两年破亿元。② 2020 年北仲共受理涉及知识产权合同纠纷案件 381 件，总标的额 15.6 亿元，案件平均标的额 409.45 万元。③

## 二、知识产权仲裁案件国际化因素突出

基于知识产权的地域性以及仲裁的可执行性，知识产权仲裁案件的国际化因素更为突出。当事人、准据法选择、仲裁语言、仲裁地选择等方面具有较多的国际因素。

出于保护本国司法主权和本国公民利益的考量，各国政府对执行外国法院判决的意愿较低。司法权是国家权力体系的核心组成部分，除非国家间签订了双边或多边的条约，否则一国法院判决很难在另一国的司法体系下得到执行。对于具有涉外因素的知识产权，如果裁决不能执行，则权利无法实现。

国际上公认仲裁的民间属性，认为仲裁机构独立于司法体系之外。相对诉讼判决而言，仲裁对司法权的潜在威胁更小，外国法院对仲裁裁决的认可度高，基本对裁决的审查只集中于程序问题，因此仲裁裁决更容易得到外国司法体系的认可和执行。可执行性使仲裁成为有吸引力的解决国际知识产权纠纷的渠道之一。

《纽约公约》是多边条约，加入该公约的国家均可执行符合各国仲裁法作出的仲裁裁决，缔约国承认仲裁裁决具有强制执行力，一方不履行仲裁裁决的，另一方可以请求法院强制执行。我国于 1987 年加入该公约。到目前为止，已有 150 多个国家签署或加入该公约。知识产权裁决的可执行性，也是具有涉外因

① 参见最高人民法院官网，https：//www.court.gov.cn/zixun-xiangqing-355881.html，2023 年 3 月 1 日访问。

② 参见北青网，https：//t.ynet.cn/baijia/32679345.html，2023 年 3 月 1 日访问。

③ 参见北京仲裁委员会官网，http：//www.bjac.org.cn/news/view？id=4037，2023 年 3 月 1 日访问。

素的当事人选择仲裁的考虑之一。

就涉外知识产权案件而言，仲裁更加灵活。如当事人选择诉讼解决争议，可供双方选择的空间很小。合同双方经过磋商与博弈，选择的管辖地必会对一方比较有利。而对另一方来讲，无论是法律还是语言可能都比较陌生。在诉讼过程中，双方必须严格遵守法律程序，无法进行任何磋商，在该种情况下，会给不利一方带来比较大的障碍。

如选择仲裁，双方当事人有较大的选择权。当事人可以合意约定仲裁机构，选定仲裁员、使用的仲裁语言和准据法等。在仲裁庭上，双方可以充分阐明自己的观点和立场，可以就一些程序问题与仲裁庭沟通，还可以选择专家作为仲裁员，最大限度地维护交易的稳定性，达到双赢。

仲裁程序中证据的使用也更加灵活。例如，根据贸仲《证据指引》第十四条第一款的规定，文字的书证是否需要翻译，可由仲裁庭与当事人协商决定，可全部翻译或者部分翻译。根据此条规定，仲裁当事人提供的外文书证，可以不用翻译成中文。在诉讼中，根据《民事诉讼法》的规定，我国人民法院审理涉外民事案件时，应当使用我国通用的语言和文字，使用中文进行审理、制作诉讼文书，当事人及其诉讼代理人、其他诉讼参与人实施的各种诉讼行为，无论是提交起诉状、答辩状，还是对证人、鉴定人和勘验人员进行询问等活动，无论是书面形式还是口头形式，都应当以汉语、中文进行。《最高人民法院关于民事诉讼证据的若干规定》第十七条对此也进行了规定。因此，相比诉讼，仲裁程序会更加灵活，对合同纠纷的当事人更加友好。

## 三、知识产权仲裁案件专业性突出

就知识产权本身而言，有别于其他权利的显著特点就是其专业性，尤其是专利案件。一项发明创造如果取得了专利，已经证明其是某个领域的技术、产品或方法等的新技术或新方案，具有创造性，对本专业内部人士来讲具有先进性、保密性，对于法官来讲更是全新的领域。

根据最高人民法院 2021 年发布的《中国法院知识产权司法保护状况》白皮书，近五年内全国新收知识产权案件增幅呈现出逐年扩大趋势。其中，专利、商标、著作权及技术合同类案件数量增长较快。专门法院受案数量远远超过预期，审判压力巨大。审理知识产权案件的法官都具备过硬的法学素养和多年审判经验，但是对于知识产权案件来说，办案法官仍然需要花费较长时间学习一些专业知识。与此同时，涉及复杂技术事实认定和法律适用的疑难案件大量涌现，对法官提出了新的挑战。以上情况均加大了司法审判的难度，延长了案件的审判周期，当事人权利保护和实现的周期也相应延长。

仲裁允许当事人选定仲裁员或者委托仲裁委员会主任指定仲裁员。随着知识产权与国际贸易的联系日益紧密，我国对知识产权强国战略的认识愈加深入。近年来，一些仲裁机构在知识产权仲裁员储备、经验和制度方面都有一定的发展。根据《仲裁法》的规定，对仲裁员的聘任除一部分法律人士外，还兼顾选聘一部分经济贸易领域及技术领域的专业人士，并按不同专业设立仲裁员名册。长期以来，在知识产权仲裁方面，一些仲裁机构已经积累了大量的经验，储备了大批的专家仲裁员。在目前贸仲提供的仲裁员名册中，已有超过 200 名在知识产权方面有专长的仲裁员。

贸仲《仲裁规则》第二十六条规定了仲裁员的选定或指定：

1. 仲裁委员会制定统一适用于仲裁委员会及其分会/仲裁中心的仲裁员名册；当事人从仲裁委员会制定的仲裁员名册中选定仲裁员。

2. 当事人约定在仲裁委员会仲裁员名册之外选定仲裁员的，当事人选定的或根据当事人约定指定的人士经仲裁委员会主任确认后可以担任仲裁员。

除名单内的专家外，双方当事人可协商选定具有专业背景的人士作为仲裁员。

根据上述规定，仲裁当事人可以选定技术或国际贸易专家作为仲裁员，组庭进行仲裁。专家仲裁员对案件涉及的专业知识、核心技术、交易惯例、商业合作模式等有更深的了解，会将专业与法律相结合，作出裁决。行业内的技术专家和法官对某一项技术的解读可能有很大出入。即使就同一个问题向同一专家咨询，行业内的技术人员与法官因专业背景的差异，得到的结论可能也有所偏差。就解决知识产权争议而言，业内专家的判断和说理更能让当事人信服。专家仲裁员会以业内人士的角度，依据法律，对技术问题进行充分评估，结合实际情况，对案件进行更加全面、客观的剖析与评判，充分体现仲裁的专业性。仲裁在专业性方面具有更大的优势。

与此同时，我们也应该意识到，我国在知识产权保护方面起步较晚，专业人才储备尚不够充分，尤其是擅长专利审理的仲裁员数量还不够，不足以支撑庞大的知识产权仲裁案件需求。我们相信，随着一系列高屋建瓴的纲领性文件的贯彻和落实，会有更多具有专业背景的高素质人才充实到仲裁员队伍中，推动知识产权仲裁的长足发展，知识产权仲裁的专业性会得到更充分的体现。

## 四、知识产权仲裁案件当事人对保密性有更高要求

在知识产权仲裁案件中，双方当事人对案件的保密性要求比较高。有些是出于合同标的本身的要求，有些是出于当事人对自身商业信誉的要求。

在知识产权争议涉及商业秘密以及发明创造的核心技术的专利案件中，保密非常重要。某些商业机密一旦泄露，会给当事人带来巨大的经济损失。

我国司法审判的原则是公开审理。依照2022年1月1日起施行的《民事诉讼法》第一百三十七条之规定，人民法院审理民事案件，除涉及国家秘密、个人隐私或者法律另有规定的以外，应当公开进行。离婚案件，涉及商业秘密的案件，当事人申请不公开审理的，可以不公开审理。

而与此相对应的，仲裁的原则是不公开审理。《仲裁法》第四十条规定：仲裁不公开进行。当事人协议公开的，可以公开进行，但涉及国家秘密的除外。

贸仲《仲裁规则》第三十八条规定：

1. 仲裁庭审理案件不公开进行。双方当事人要求公开审理的，由仲裁庭决定是否公开审理。

2. 不公开审理的案件，双方当事人及其仲裁代理人、仲裁员、证人、翻译、仲裁庭咨询的专家和指定的鉴定人，以及其他有关人员，均不得对外界透露案件实体和程序的有关情况。

对比以上法条得知，诉讼的原则是公开审理，而仲裁的原则是不公开审理。诉讼中，如涉及商业秘密的，当事人需提出申请，才可以不公开审理，法官具有裁量权。仲裁中，不公开审理是原则，但同时依然尊重当事人的意思自治，

当事人协议公开的，可以公开进行，涉及国家秘密的除外。

诉讼的公开原则不仅指开庭审理公开进行，其审判流程以及判决、裁定、调解书等法律文书也是公开的，可以查询。案件一旦进入审判程序，当事人必须严格遵守法律的规定。法院当然不会故意泄露当事人的商业秘密，但是在审判过程中，法官的法律判断可能与当事人的商业判断不能完全吻合。审理过程中可能会披露一些当事人不愿为公众知晓的商业秘密或核心技术等，基于缔约需要，有些当事人甚至不愿让商业伙伴或竞争对手知晓其涉诉情况。基于审理或判决时说理需要披露的一些技术细节，也有可能涉及一些商业秘密。鉴于诉讼的公开原则，上述信息是公开的。

相比诉讼，仲裁的保密性更强。根据现行贸仲《仲裁规则》规定，双方当事人及其仲裁代理人、仲裁员、证人、翻译、仲裁庭咨询的专家和指定的鉴定人，以及其他有关人员，均不得对外界透露案件实体和程序的有关情况。在仲裁中，潜在缔约伙伴或者竞争对手对其争议具体情况无从得知，仲裁当事人的商业秘密及商业信誉能得到更好的保护，当事人可获得更多的缔约机会。仲裁案件的实体信息及程序信息均不公开。即使为了研究及学习需要，使用一些仲裁中的典型案例，也必须对案件进行脱密处理，隐去必要信息，以保护当事人的权利。

在合同履行过程中，双方发生争议时，某些情况下双方合作的基础依然存在，当事人还存在继续履约的可能。双方合意申请仲裁，保密原则使当事人遭受商业信誉损失的可能性降到最低。同时庭上双方倾向于辩论技术及商业问题，对抗性较弱，双方合作的基础仍能延续，在此种情况下，解决争议后，双方仍然有可能继续履行合同。在此种意义上，仲裁保证了商业活动的稳定性。

## 五、知识产权仲裁案件更注重时效性

对时效性有较高要求的当事人倾向于选择仲裁解决纠纷。知识产权具有较强的时效性。随着电子信息技术的迅猛发展，新产品更迭的速度越来越快，产品的生命周期越来越短，获利期也随之缩短。有些专利技术虽然还没有到保护期，但由于新技术的不断涌现，其在事实上已经失去了保护价值。因此，一旦发生侵权争议，当事人对快速、高效解决争议的需求更为迫切。解决争议的时间越长，产品在市场上被淘汰的风险就越大，可预期获利就越小。如果能快速解决争议，就会相应减少当事人的损失。

从程序上来讲，仲裁的程序更为简化，案件处理的时间会大大缩短，当事人的权利能够及时得到救济。

《仲裁法》第九条第一款规定：仲裁实行一裁终局的制度。裁决作出后，当事人就同一纠纷再申请仲裁或者向人民法院起诉的，仲裁委员会或者人民法院不予受理。

仲裁为一裁终局制，仲裁庭作出的裁决是终局的，对双方当事人均有约束力。任何一方当事人均不得向法院起诉，也不得向其他任何机构提出变更仲裁裁决的请求。如当事人之间存在有效的仲裁协议，在作出裁决后，争议即告解决。

相比之下，诉讼的二审终审以及存在较大争议可以申请再审的程序设定，延长了审理时间，使一些案件久拖不决。相对于诉讼的二审终审，以及申请再审的程序，一裁终局所耗费的时间更短、更高效。如果在等待案件审理结果的过程中，市场竞争情况发生较大变化，如新竞争对手、新产品或新技术的出现，如不能及时应对，会给当事人带来经济损失。当事人希望尽早解决纠纷，把更多的时间和精力投入其他商业活动中，获得更多的商业利益。如果花费较高的时间成本，对涉及时效性较强的知识产权案件而言，当事人会损失较多的经济收益。

效率是知识产权仲裁吸引当事人的一个重要原因。仲裁机构在各自的仲裁规则中，明确规定了作出裁决的期限。如贸仲《仲裁规则》第四十八条规定了作出裁决的期限：

1. 仲裁庭应在组庭后 6 个月内作出裁决书。

2. 经仲裁庭请求，仲裁委员会仲裁院院长认为确有正当理由和必要的，可以延长该期限。

3. 程序中止的期间不计入上述第 1 款规定的裁决期限。

关于国内程序，贸仲《仲裁规则》第七十一条规定了作出裁决的期限：

1. 仲裁庭应在组庭后 4 个月内作出裁决书。

2. 经仲裁庭请求，仲裁委员会仲裁院院长认为确有正当理由和必要的，可以延长该期限。

3. 程序中止的期间不计入上述第 1 款规定的裁决期限。

关于简易程序，贸仲《仲裁规则》第六十二条规定了作出裁决的期限：

1. 仲裁庭应在组庭后 3 个月内作出裁决书。

2. 经仲裁庭请求，仲裁委员会仲裁院院长认为确有正当理由和必要的，可以延长该期限。

3. 程序中止的期间不计入上述第 1 款规定的裁决期限。

2022 年 2 月 1 日开始实施的北仲《仲裁规则》第四十八条规定了裁决作出期限：仲裁庭应当自组庭之日起 4 个月内作出裁决。有特殊情况需要延长的，由首席仲裁员提请秘书长批准，可以适当延长。

关于简易程序，北仲《仲裁规则》第五十九条规定了简易程序的裁决作出期限：仲裁庭应当自组庭之日起 75 日内作出裁决。有特殊情况需要延长的，由独任仲裁员提请秘书长批准，可以适当延长。

从以上规定可以看出，仲裁作出的期限分别为 6 个月和 4 个月，简易程序时间更短，比起诉讼的二审终审节约了很多时间。此外，部分仲裁机构还制定了一些特殊规则，进一步缩短仲裁期限。《世界知识产权组织快速仲裁规则》第 53 条第 2 款规定："如举行听证，应在申诉人收到请求答辩书和答辩状后三十天内进行。仲裁庭应将听证日期、时间和地点提前通知当事人。除非情况特殊，听证不应超过三天。各当事人应传唤为仲裁庭充分熟悉争议情况所必需的人士到庭。"此条规定了听证的时限，从而相应缩短了裁决作出的期限。

从以上规定可以看出，一裁终局以及其他一些相关程序的设定，使仲裁程序更简便，效率更高，更符合知识产权高效解决争议的特点。如当事人合意选择仲裁，可以选择具有相关专业背景的仲裁员，组成仲裁庭进行审理。相关专业的仲裁员会节省学习专业知识的大量时间成本。即使需要学习一些新知识，所需时间也会缩短。审理人员的专业性也会间接提高仲裁的高效性。

## 六、知识产权仲裁案件对抗性较低

因为仲裁具有民间性、准司法性，是双方当事人赋予第三方的私权利，而非国家公权力，且争议标的主要是商业利益，因此双方在庭审中不像在诉讼中那样针锋相对。仲裁庭的组成人员有些是商业贸易领域的专家或者某个技术领域的专家，而非全部是法律专家。在审理过程中，除法律问题外，仲裁庭会更多考虑商业行为以及技术问题。仲裁庭在组织审理时，也会经常询问当事人的意见，保证当事人能够充分阐述自己的立场和观点。上述种种原因，使双方当事人在仲裁中的对抗性大大减弱，双方在开庭时更多倾向于讨论商业合作、行业惯例或技术问题，气氛相对和谐。仲裁庭会充分了解案件的具体情况，依据法律作出公正的裁决。仲裁庭在作出裁决时，不仅考虑“以法律为依据，以事实为准绳”，还会综合考虑双方的商业地位、缔约情况等，对于赔偿数额，也会考虑当事人的意见。双方在仲裁中均有充分表达的机会。

因对抗性较低，仲裁也更加灵活，实行当事人意思自治，更加尊重当事人意愿。仲款条款可以在争议发生前确定，也可以在争议发生之后协商一致确定。如果合同中仲裁条款约定不明确，也可以补充达成协议。许多国家均允许当事人就仲裁地、仲裁机构/仲裁员、仲裁语言、仲裁规则和准据法等事项作出约定。有些国家仲裁的实体法规则允许双方当事人事先约定选择，当事人事先没有约定的可以协商选择，协商不成的，仲裁庭可能会按照其仲裁机构仲裁规则规定的最密切联系地、冲突法等原则确定。而诉讼的当事人必须严格根据法律的规定，选择有管辖权的法院。诉讼当事人对法官、适用法律等没有选择权。

仲裁程序灵活。《仲裁法》第五十一条规定：仲裁庭在作出裁决前，可以先行调解。当事人自愿调解的，仲裁庭应当调解。调解不成的，应当及时作出裁决。调解达成协议的，仲裁庭应当制作调解书或者根据协议的结果制作裁决书。调解书与裁决书具有同等法律效力。

根据上述规定，仲裁庭可以在作出裁决前先行调解。调解与仲裁同时进行，提高了仲裁效率，节约了法律资源。调解比仲裁更加灵活，更注重双方的协商一致。这也是争议多元化解决机制的体现。

仲裁对证据的使用、质证等方面也比较灵活。

贸仲在制定现行《仲裁规则》之外，还制定了《中国国际经济贸易仲裁委员会证据指引》（以下简称《证据指引》），其中对证据的使用更加灵活、高效。例如，现行《证据指引》第二条免证事实中规定：

“（一）下列事实，无需当事人举证，仲裁庭可依职权予以认定：

1. 双方当事人没有争议的事实；

2. 自然规律及定理；

3. 众所周知的事实或常识；

4. 根据法律规定、已知事实或日常生活经验法则，能推定出的另一事实。

（二）前款各项，当事人有相反证据足以推翻的除外。”

第三章第十六条“对书证的质证”中规定，“当事人应仅针对有争议的书证发表意见，并集中说明哪些书证不应被仲裁庭采纳为证据”。第四章“证据的认定”中，第二十条规定了对符合一定条件的无原件的书证，仲裁庭可根据具体案情，综合判断予以采纳：“对当事人提出质疑的无原件的书证，仲裁庭可结合其他证据、当事双方的事实主张以及全部案情，决定予以采纳。”

上述规则对双方无争议事实无需举证等约定，使证据的认定更加灵活、高效。对当事人已经认可的证据，经仲裁庭在庭审中说明后，可以不经出示。

# 第二节　知识产权仲裁案件热点及难点

我国知识产权仲裁机制经过一段时期的发展，已形成了相对较为成熟与完整的体系。但随着案件量的增加，其中一部分较为特殊的问题常常引发业内的关注与讨论。不论是从整个仲裁体系的进一步建设而言，还是从具体案件的处理而言，对于这些问题的认识与解决都是知识产权仲裁领域的难点，也具有极高的热度。

## 一、知识产权仲裁范围问题

与司法机制不同，从案件类型来说，并非所有种类的案件均可提交仲裁解决。我国现行《仲裁法》将可仲裁案件的范围规定为除了婚姻、收养、监护、扶养、继承纠纷以及依法应当由行政机关处理的行政争议之外的，平等主体的公民、法人和其他组织之间发生的合同纠纷和其他财产权益纠纷。具体到知识产权领域，何种类型的知识产权争议可以提交仲裁，无疑是最为基础也引发最多讨论的问题之一。

### 1. 知识产权合同纠纷与侵权纠纷

目前，我国对于知识产权合同纠纷以及知识产权侵权纠纷的可仲裁性均予以认可。

（1）知识产权合同纠纷

知识产权合同的基础为平等主体之间的意思自治，符合仲裁本身的平等、自治属性，因此该种类型的纠纷可被纳入仲裁范畴在实践初期已成为共识。这一点在我国 1990 年颁布的《著作权法》相关规定中即有明确体现。[①] 在 1994

---

① 1990 年《著作权法》第四十九条第一款明确规定，著作权合同纠纷可以调解，也可以依据合同中的仲裁条款或者事后达成的书面仲裁协议，向著作权仲裁机构申请仲裁。

年颁布的《仲裁法》中，也从整体层面明确了可提交仲裁的纠纷类型，即平等主体间的合同纠纷和其他财产权益纠纷。由于知识产权合同纠纷显然属于前述可仲裁纠纷类型，且未被其他条款予以排除，因此对于该种纠纷的可仲裁性，鲜有质疑观点出现。在实践中，只要合同中存在合法有效的仲裁条款，各仲裁机构对于知识产权合同纠纷的受理也并无阻碍。以北仲为例，其2021年所受理的案件中，知识产权合同纠纷数量为502件①，足见实践中对于知识产权合同纠纷可仲裁性的认可。

从其他国家的仲裁实践来看，基于仲裁强调的当事人意思自治的基本理念，各国对于通过仲裁解决知识产权合同纠纷也普遍予以认可。②

（2）知识产权侵权纠纷

早在1958年签订的《纽约公约》中，相关成员国便已认可，不论是不是合同关系所产生的纠纷，只要符合特定条件均可提交仲裁。③ 这无疑为侵权纠纷的可仲裁性奠定了一定的基础。

具体到各国实践，以美国为例，从20世纪80年代开始，其即通过成文法及判例对于包括著作权、商标、专利在内的知识产权侵权纠纷可仲裁性予以确认。此外，法国、德国、瑞士等国家也对该类型纠纷的可仲裁性予以确认，可见，支持知识产权侵权纠纷的可仲裁性是目前国际社会的普遍做法。④

在我国，《仲裁法》虽一直未把该类型纠纷排除在可仲裁范围之外，但在知识产权仲裁发展初期，也并未有任何法律依据明确确认相关侵权纠纷的可仲裁性。在1990年《著作权法》中，更是直接通过法条明确将可提交仲裁的纠纷类型限定为“著作权合同纠纷”。⑤ 直至2001年《著作权法》修正后，才将“著作权合同纠纷”明确扩展为“著作权纠纷”，知识产权侵权纠纷可仲裁性的

---

① 参见北京仲裁委员会官网，https：//www. bjac. org. cn/news/view? id=4105，2022年2月7日访问。

② 杨涛、杨斌：《知识产权仲裁制度的困境与出路》，载电子知识产权2011年12月刊，第80页。

③ 《纽约公约》第2条规定：“当事人以书面协定承允彼此间所发生或可能发生之一切或任何争议，如关涉可以仲裁解决事项之确定法律关系，不论为契约性质与否，应提交仲裁时，各缔约国应承认此项协定。”

④ 黄晖：《知识产权可仲裁性的发展趋势论》，载仲裁研究第三十一辑，第20—26页。

⑤ 1990年《著作权法》第四十九条第一款规定：“著作权合同纠纷可以调解，也可以依据合同中的仲裁条款或者事后达成的书面仲裁协议，向著作权仲裁机构申请仲裁。”

法律基础得以初步建立。虽然《商标法》《专利法》等并未明确纳入类似内容，但由于不存在相反规定，加之仲裁本身性质并不与之相排斥，相关侵权纠纷在取得仲裁协议的情形下可提交仲裁的做法在理论及实践中已基本获得认可。例如，在某化学物理研究所、某能源材料有限公司侵害商业秘密纠纷一案[①]中，最高人民法院就明确指出，“因合同从订立到履行再到终止后的全部环节，合同当事人之间均有可能发生纠纷，因此基于合同成立、效力、变更、转让、履行、违约责任、解释、解除等产生的纠纷，均属于可以通过仲裁解决的平等主体的当事人之间的合同纠纷，即使当事人以侵权为由提起诉讼，但仍属与合同有关的争议，应当受合同中有效仲裁条款的约束”。可见，就知识产权侵权纠纷的可仲裁性而言，我国目前的整体态度也与国际主流趋势相一致。

### 2. 涉知识产权效力纠纷

与前述两种纠纷类型有所不同，对于涉及知识产权有效性相关争议的可仲裁性问题，目前国际上仍存在较大争议，我国所持态度也与很多国家不同。

以美国、瑞士、英国、意大利、法国、日本、新加坡等为代表的国家，对于知识产权有效性争议的可仲裁性基本持认可态度。但在这一类国家中，对于该类型争议可仲裁性的接受方式及具体接受程度也有一定差别。从接受方式来看，美国[②]、新加坡[③]等在成文法中明确规定了知识产权效力的可仲裁性，而英国、法国、瑞士等则是以判例或行政决定的形式予以确认。[④] 从接受程度来看，举例而言，作为仲裁制度发展较好的国家之一，瑞士在该问题上也表现出相对积极的态度。在瑞士，不仅各类知识产权效力问题均可通过仲裁予以裁断，而且，仲裁庭作出关于专利有效性的仲裁裁决后，该仲裁裁决可以经由相关行政部门予以认可和执行。[⑤] 在美国，根据其1983年《专利法》的规定，在仲裁庭针对专利效力作出裁判后，该仲裁裁决对双方当事人有终局效力，但是对任何

---

① 最高人民法院（2021）最高法知民终1934号民事判决书。

② 35 U. S. C. , Section 294（a）.

③《新加坡知识产权（争议解决）法令》，52A.（3）。

④ 倪静：《论知识产权有效性争议的可仲裁性——对公共政策理由的反思》，载《江西社会科学》2012年2月刊，第176—177页。

⑤ 高升、李珂珂：《专利有效性仲裁裁决与行政认定的衔接机制比较研究》，载《山东科技大学学报（社会科学版）》2021年6月刊，第33—34页。

第三方都没有拘束力。[①]与之类似的，在日本，针对专利有效性所作出的裁决的效力大多数情况下也被限制在双方当事人之间。[②]

在我国，知识产权有效性仲裁目前缺乏法理依据和制度支持。以专利领域为例，根据《专利法》的规定，专利授权、确权属于行政行为，由相关专利行政部门专门进行审查。虽然当事人可以针对行政决定向法院提起行政诉讼，但司法机关仅就行政行为本身进行审查，而非直接对专利效力作出裁定。可见，我国知识产权有效性裁断的权力被赋予行政机关。对于此类依法应由行政机关处理的行政纠纷，《仲裁法》第三条明确将其排除在可仲裁事项范围之外。

### 3. 评述与展望

就知识产权有效性问题的可仲裁性而言，由于其在一定程度上涉及公共政策等因素，各国态度的差异实际上是对社会发展状况、基本制度体系差异等的反映。因此，我国对于该问题的处理态度具有合理性。

然而，从实践层面来看，全然否定该类型问题的可仲裁性事实上也可能会面临不可忽视的负面影响。

首先需明确的是，基于仲裁自身属性以及我国法律制度体系的特点，对于纯粹的知识产权确权案件，采用仲裁方式予以解决与我国国情不相符合，因此，仍应通过行政程序予以解决。而在上述背景之下，若知识产权有效性问题仅作为案件一方的抗辩理由出现，对于这一部分争议事实仲裁庭是否可以处理尚且存疑。

在大量知识产权纠纷案件当中，所涉知识产权的有效性问题常常是解决相关纠纷的重要前置问题，若不能优先对于该问题进行裁断，整个案件事实上将无法得到解决，或将产生严重的拖延。以专利侵权案件为例，我国法院现行的做法是对被告提出专利无效抗辩不作审理，采取推定专利有效的原则；如果专利被复审委员会认定无效、如果不是终局决定，则要求原告先撤诉或者裁定驳回起诉；如果无效决定最终被法院判决撤销的，原告可以再行起诉。而这套规

---

① 崔国斌：《美国专利有效性仲裁制度评析》，载《世界知识产权》1998 年 6 月刊，第 46—47 页。

② 张林、刘永光：《日本知识产权纠纷的仲裁解决机制——兼论我国知识产权纠纷仲裁的困境与出路》，载《法律研究》2014 年第 3 期，第 66—67 页。

则并不适宜直接引入仲裁体系中。

仲裁与诉讼相比，优势在于解决纠纷的期限比较短，就专利侵权诉讼而言，如果被告启动专利无效程序（一般在6个月左右会作出行政裁决），考虑到被告往往会提出管辖权异议，所以侵权诉讼基本可以等待行政裁决的结果作出后再进行审理。但这可能不适用于仲裁程序。例如，在专利侵权纠纷中，若被控侵权人以涉案专利无效提起抗辩，但未启动相应行政程序，仲裁庭可否采取推定专利有效的原则？如果在仲裁裁决作出后，该专利被宣告无效，裁决应如何执行？法院判决在此情形下如何执行有专门规定，但仲裁能否直接引入则具有较大的不确定性。即使当事人启动了专利无效宣告的行政程序，在相应行政决定未能符合其预期的情况下，往往会就行政决定提起诉讼，并经历一审、二审等程序。若在该行政诉讼过程中，法院认为相关行政决定确有错误，还可能对该决定予以撤销，并判决相关行政部门重新作出行政决定。若仅以行政机关最终的决定作为依据确定涉案专利的有效性，仲裁程序可否中止并等待前述程序的最终结果，还是参照目前法院的做法仅等待行政裁决即可，也具有不确定性。并且，与司法程序不同的是，如果当事人撤回仲裁请求，尤其是裁决驳回仲裁请求的话，显然申请人无法参照法院的做法，待专利权被确认有效后再提起仲裁。因此，仲裁若对该问题持全然拒绝态度将直接导致相当一部分涉及知识产权有效性的争议事实上无法通过仲裁方式予以解决，或无法在合理期限内得到解决。这可能会导致将部分包含此类问题的纠纷案件排除在可仲裁范围之外，同时也可能使部分当事人对于仲裁程序缺乏信心，从而不愿选择此种争议解决方式。这既不利于相关知识产权纠纷得到更为专业化的解决，也不利于仲裁机制本身充分发挥其特有优势。

同时，由于仲裁的国际化属性，当事人常常面临仲裁裁决异国执行的问题。如我国对于涉及有效性问题的案件持全面否定态度，当事人跨境进行裁决执行的可行性将不可避免地受到一定程度的影响，这将不利于我国知识产权仲裁机制的国际化发展。

事实上，在我国知识产权诉讼体系中，无法对侵权纠纷中出现的效力问题予以妥善解决的问题一直存在。大量学者观点均指出，在特定场景之下，行政裁决与法院判决之间、民事侵权诉讼与行政确权诉讼之间，重复审理或循环诉讼，审理周期过长，权利人维权成本过高，也造成行政和司法资源的大量浪费。①

而就仲裁机制而言，其与司法机制有所不同，系基于当事人的合意而适用，充分体现当事人的自由意志。因此，在此类争议解决模式当中，可以考虑根据实践需要，在充分尊重当事人自由意志的基础之上对知识产权有效性的裁判问题作出一定的突破。

例如，可以考虑借鉴部分国家，如美国、日本等所采取的方式，在设置前提条件的基础之上允许仲裁庭对于知识产权有效性问题作出裁判，从我国实践来说或具有较强的合理性及可操作性。如前文提到的日本仲裁经验，仲裁庭可以在特定案件中针对专利有效性问题作出裁决，但该裁决大多数情况下不具有普遍效力，而是仅对争议双方当事人生效；也就是说，仲裁庭可以在案件中对涉案专利权的有效性进行评价，或者是对双方关于有效性的争议进行裁决，但这种裁决或者评价仅在本案中对双方当事人产生效力，并不发生决定在其他场合权利有效或者无效的作用。此种解决方式既能够保证各方当事人之间的知识产权争议得到专业化、便捷化的解决，又不会有损专利本身所涉及的公共利益。目前，我国相关法律中并没有类似规则，这使得我国实践中大量适合以仲裁方式解决的专业性知识产权争议难以通过该途径予以解决。

因此，对于此类规则进行借鉴，在除单纯确权外的案件，尤其是知识产权侵权案件中，一定程度上放宽对于有效性判断的限制，是目前较为可行且实践中需求较高的改善举措，对于我国知识产权仲裁机制的进一步发展以及国际化程度的提升均将产生促进作用。而且，这种尝试可以有效凸显仲裁相对于诉讼的不同特点，从而促进知识产权仲裁的发展。

## 二、知识产权侵权与违约纠纷竞合情形下的处理难点

仲裁机制具有国际化、高度专业化、保密性强、高效率等特殊优势，因此，

---

① 易继明：《构建知识产权大司法体制》，载《中外法学》2018 年第 30 卷，第 1273 页。

对大部分知识产权侵权案件，比较适宜采用仲裁方式予以解决。而在实践中，侵权纠纷却鲜有进入仲裁领域。这一问题的关注和解决，对于知识产权仲裁的进一步发展具有重要意义。

### 1. 现状与评述

如上文所述，目前，我国立法并未将知识产权侵权纠纷排除在可仲裁范围之外。而在实践中，由于仲裁机构需要通过仲裁协议才可获得对于相关争议的管辖权，同时侵权行为人也往往缺乏与权利人达成仲裁协议以解决侵权纠纷的意愿，因此单纯的侵权纠纷较难进入仲裁领域，更为多见的形式是违约纠纷与侵权纠纷相竞合的情况。例如，在知识产权许可等类型的合同纠纷当中，当事人超出许可期限继续使用合同约定的知识产权，这种情形一方面构成对于双方间许可合同的违反；另一方面也因为在缺乏权利基础的情况下使用他人知识产权而构成侵权。在此种情况下，即使双方在签订合同时约定了仲裁条款，也可能会出现一方当事人以案涉争议不属于仲裁条款约定的范畴等为由进行抗辩或向法院提起诉讼以否认仲裁管辖的情况。而由于相关法律中并没有具体规定以供参考，在实践中，不同法院的判断标准可能也会有所差异。因此，在存在仲裁协议的纠纷中，如何妥善处理违约与侵权相竞合的情况，对于法院及仲裁机构而言均较为重要，也具有一定的挑战性。

我国相关法律中目前并未明确规定对于此类情形的处理方法。《民法典》中虽规定了在侵权和违约相竞合时，受损害方有权选择请求对方承担违约责任或者侵权责任，但对于在涉及仲裁协议的情形下法院与仲裁机构的管辖权问题，却未予明确。

在实践中，基于案件情况的不同，此类案件的处理结果也不尽相同。在一些案件中，法院所采取的是反对当事人通过起诉以逃避仲裁管辖的态度。例如，在某轻工纺织公司诉某集团有限公司、某发展有限公司侵权损害赔偿纠纷上诉案[①]中，最高人民法院认为，双方当事人在合同中明确约定发生纠纷通过仲裁方式解决，在该合同未经有关机关确认无效的情况下，当事人均应受该合同条

---

① 参见《最高人民法院公报》1998 年第 3 期。

款的约束；即使本案涉及第三人，在仲裁庭不能追究第三人责任的情况下，轻工纺织公司可以第三人为被告向人民法院另行提起诉讼，当事人的合法权益仍然可以得到维护。因此，该案件应通过仲裁解决，人民法院无管辖权。在后续出现的某药业有限公司与某生物医药有限公司侵害技术秘密纠纷①等案件中，最高人民法院也采用了类似的观点。

但在部分案件中，法院却对该问题采取了全然不同的处理方法。在某化学工业股份有限公司与某醋酸有限公司侵权损害赔偿纠纷上诉案②中，最高人民法院就明确表示，由于当事人之间的仲裁条款不能约束第三人，并且该案并非基于合同的违约之诉，而是侵权之诉，因此，某化学工业股份有限公司关于案件应基于合同约定移送仲裁机构管辖的上诉理由不应予以支持。在某技术进出口公司诉某工业资源公司侵权损害赔偿纠纷上诉案③中，法院也曾否定侵权纠纷受仲裁协议管辖的合理性。

当然，有些案件囿于仲裁条款约定范围的限制，也有不宜由仲裁管辖的情形。例如，在某超导有限公司诉某风电科技（集团）股份有限公司、某电气有限公司侵害计算机软件著作权纠纷一案④中，当事人之间仲裁条款约定的内容为："因执行本合同所发生的或者与执行本合同有关的一切争议将由双方通过友好协商解决。如果不能协商一致，则应对争议进行正式仲裁，并提交北京仲裁委员会并按其仲裁规则通过仲裁加以解决。"在该案中，原告主张两被告擅自修改了其母公司享有著作权的风力发电机组电控软件，并未经授权在风力发电机组中复制、安装、使用，侵犯了其著作权。根据《采购合同》，原告应依约向被告提供涉案部件及其软件，而被告有权自行修理或消除缺陷或不符合合同之处。对于仲裁协议范围问题，一审法院认为，要判断被告的行为是否构成侵权，首先必须依据《采购合同》判断其对产品及软件所享有的修理或消除缺陷的权利范围，故该案属于与执行合同有关的争议，应提请仲裁解决。二审法院亦对

① 最高人民法院（2020）最高法知民终1360号之一民事判决书。
② 最高人民法院（2005）民四终字第16号民事判决书。
③ 参见《最高人民法院公报》1989年第1期。
④ 最高人民法院（2013）民提字第54号民事裁定书。

一审法院的认定予以维持。而后，该案被最高人民法院提审，最高人民法院经审理认为，由于原告主张的复制与修改软件的行为，并未包含在《采购合同》内容中，因此原告对被告提起的侵害计算机软件著作权主张并非执行双方合同有关的争议，不应受到该合同仲裁条款的约束。

### 2. 展望

如上文所述，侵权案件往往难以事后达成仲裁协议，且即使是在事前已达成仲裁协议的情况下，由于缺乏明确规定，实践中情况也不尽统一，当事人仍有可能通过诉讼等方式否认仲裁管辖。这种情形无疑会使侵权纠纷能否进入仲裁程序具有一定的不确定性，仲裁机制针对知识产权案件的优势也难以充分发挥。

对此，首先应考虑对侵权与违约竞合这一问题进行较为具体的规制，明确在二者相竞合的情形下，应结合哪些因素来判断仲裁庭能否取得案件的管辖权，特别是应如何对案涉仲裁协议的范围进行解释和判断。这或许可以在一定程度上避免因判断标准不统一而导致仲裁管辖的不确定。

另外，在当事人间不存在仲裁协议的情况下，也可考虑加强仲裁机构与行政机关间的配合以处理知识产权侵权案件。根据我国现行法律规定，行政管理机关调处此类案件无须当事人合意，其可直接对知识产权侵权行为进行认定并责令停止侵权行为。但行政管理机关无权就侵权赔偿数额进行认定，仅能够就该数额进行调解，调解不成的，当事人可向法院另案起诉。这就导致当事人在经历行政执法程序之后，还可能面临漫长的诉讼程序，不利于纠纷的灵活高效解决。因此，可考虑将行政调处程序与仲裁程序有机结合，形成资源互补。具体而言，可以在行政执法的调解程序中引入仲裁机制，在双方当事人无法就侵权赔偿数额达成一致的情形下，其可直接借助仲裁解决纠纷。从实际操作层面来说，此种模式的建立可参考 WIPO 的调解—仲裁程序。在该程序下，当事人将首先利用调解程序来尝试解决争议，如相关争议经过调解程序无法得到解决，则可直接转入仲裁程序予以解决。通过在知识产权领域，特别是专利领域建立该种机制，既有利于提升争议解决的专业性、高效性，同时也可促使双方针对侵权纠纷进行积极善意的沟通与调解，从而有利于其纠纷的合理解决。①

## 三、证据规则在知识产权仲裁案件中的适用

在知识产权相关案件中，证据的呈现具有至关重要的作用。不论是对于违约、侵权行为的确定，还是对于赔偿额的计算，均需要当事人提供大量且有效的证据予以支撑。因此，如何能够建立健全完善的规则体系，以最大限度地便利当事人的举证，不论对于诉讼还是仲裁机制而言均为需要重点关注的问题。

### 1. 现状与评述

虽如上文所述，各类证据在知识产权案件中具有重要的作用，但事实上在此类案件中，承担举证责任的当事人可能往往无法自行提供特定证据以支撑其主张。例如，在涉及赔偿计算的侵权案件中，若权利人希望以侵权获利为基础计算赔偿额，由于相关账簿、交易数据等掌握在侵权人手中，权利人无法自行获取，从而也就难以自行举证。又如，在涉及知识产权许可费率裁判的案件中，当事人往往需要提交另一方当事人与第三人间所签订的同类协议，以证明其关于合理费率的主张，显然，该部分协议也掌握在对方当事人手中，难以自行获取。

针对上述问题，我国民事诉讼司法体系中设置了一定的特殊规则予以平衡。例如，我国《民事诉讼法》第六十七条第二款就明确规定，当事人及其诉讼代理人因客观原因不能自行收集的证据，或者人民法院认为审理案件需要的证据，人民法院应当调查收集。《最高人民法院关于适用〈中华人民共和国民事诉讼法〉的解释》中也进一步规定，书证在对方当事人控制之下的，承担举证证明责任的当事人可以在举证期限届满前书面申请人民法院责令对方当事人提交。申请理由成立的，人民法院应当责令对方当事人提交。并且，类似规定也明确出现在最高人民法院专门针对知识产权案件举证问题而出台的《最高人民法院关于知识产权民事诉讼证据的若干规定》当中。更值得注意的是，根据相关规定，对于经法院要求拒不提交证据的情形，法院还可以推定对方当事人就该证

① 谢冠斌：《知识产权仲裁及相关问题研究——构建专利行政处理之仲裁机制的建议》，载《北京仲裁》第82辑，第11—13页。

据所涉证明事项的主张成立。[①]

就知识产权案件而言，前述规则具有不可忽视的积极作用，对于知识产权案件中公认的“举证难”问题的解决具有一定的意义。

而在知识产权仲裁案件的举证方面，我国《仲裁法》仅在第四十三条中进行了原则性的规定，即当事人应当对自己的主张提供证据，并明确仲裁庭认为有必要收集的证据，可以自行收集。至于仲裁庭具体在何种情形下应当或可以自行收集证据，以及当事人能否在特定情形下请求仲裁员收集证据或要求对方提供证据等问题，该法并未予以明确。从仲裁规则角度看，以贸仲现行《仲裁规则》（2015 版）为例，其中第四十三条第一款明确规定，仲裁庭认为必要时，可以调查事实，收集证据。该规则一定程度上明确了仲裁庭自行收集证据的前提，但仍然缺乏足够的明确性及可适用性。并且，对于是否可要求当事人提交特定证据以及其拒绝提供的后果，也并无相关规定予以明确。

因此，在知识产权仲裁之中，由于民事诉讼程序中特定的规则无法直接予以套用，且仲裁领域缺乏明确具体的规则及指引，特定当事人可能需承受繁重的举证负担。

### 2. 展望

在证据规则方面，与民事诉讼制度相比，仲裁制度应在符合实际情况的基础之上，做到持平或突破。

首先，应至少保证与民事诉讼制度持平。具体而言，可考虑在《仲裁法》中明确细化相关证据规则，如增加书证提出命令等特定规则，并明确在当事人拒绝提供其所持有的证据的情形之下的推定规则，从而缓解特定知识产权案件中当事人举证难的问题。

---

① 《最高人民法院关于知识产权民事诉讼证据的若干规定》第二十五条规定：“人民法院依法要求当事人提交有关证据，其无正当理由拒不提交、提交虚假证据、毁灭证据或者实施其他致使证据不能使用行为的，人民法院可以推定对方当事人就该证据所涉证明事项的主张成立。当事人实施前款所列行为，构成民事诉讼法第一百一十一条规定情形的，人民法院依法处理。”

《最高人民法院关于民事诉讼证据的若干规定》（2019 年修正）第四十八条规定：“控制书证的当事人无正当理由拒不提交书证的，人民法院可以认定对方当事人所主张的书证内容为真实。控制书证的当事人存在《最高人民法院关于适用〈中华人民共和国民事诉讼法〉的解释》第一百一十三条规定情形的，人民法院可以认定对方当事人主张以该书证证明的事实为真实。”

其次，鉴于仲裁系基于双方当事人自由意志以及对于仲裁规则的认可，也可考虑在目前民事诉讼制度所确立的规则基础之上进行一定的突破。例如，可以在结合仲裁自身特点的基础之上，通过《仲裁法》或各仲裁委员会仲裁规则对于相关证据规则作进一步细化与明确，也可根据需要增设诉讼体系中尚未规定的新规则，以最大限度地适应仲裁特性，为当事人在仲裁中的举证提供便利。

## 四、临时措施在知识产权仲裁案件中的适用

对于知识产权案件来说，各类临时措施具有较为重要的作用。例如，知识产权案件具有时效性强的典型特征，在许多情况下，如不能及时制止侵权行为，权利人将会遭受难以挽回的损失，且由于该种损失可能难以进行准确衡量或充分举证，即使最终侵权行为被认定成立，权利人所获赔偿额可能也无法完全覆盖该部分损失。基于此，利用行为保全措施要求被告立即停止侵权行为具有重要意义。又如，在特定类型的知识产权案件，如计算机软件著作权侵权案件中，侵权证据往往掌握在被告手中，权利人难以自行取得。在此种情况下，利用证据保全措施进行取证，对案件具有决定性的作用。因此，不论就何种争议解决机制而言，临时措施的有效适用对解决知识产权争议均具有不可忽视的作用。

### 1. 现状与评述

作为独立的非公权力机构，仲裁机构作出的裁决虽具有法律效力及执行力，但我国仲裁机构自身不具有决定临时性措施的权力，无法自行对案件采取保全、强制执行等措施。

在我国目前的仲裁机制下，仲裁庭仅可能在国际商事仲裁及特定区域仲裁事项中对临时措施享有决定权，对于绝大部分国内仲裁事项则无权决定相关临时性措施，更无法自由实施。在国际商事仲裁方面，《联合国国际贸易法委员会国际商事仲裁示范法》（UNCITRAL Model Law on International Commercial Arbitration）作为协调世界各国国际商事仲裁立法的范例，规定了仲裁庭可以经当事人一方请求，裁定认为必要的临时性保全措施。这一规则为我国贸仲以及北仲

所吸收借鉴，在各自的国际商事仲裁特别规定[①]、国际投资争端仲裁规则[②]中予以明确。另外，上海自贸区仲裁院在其2014年仲裁规则中也明确了仲裁庭具有临时措施的决定权，这一规定后被上海市第二中级人民法院予以认可。[③] 2022年，贸仲作出紧急仲裁员决定两份。在2015年率先规定了紧急仲裁员程序的基础上，使临时性措施在仲裁实践中与国际接轨的探索创新真正落地。“很显然，在中国紧急仲裁员可以就临时措施作出决定。”上述案件申请方的代理律师事务所——瑞士文斐律师事务所评价道：“就中国仲裁实务来看，这是里程碑式的进展。根据现行的仲裁法，至少在贸仲，当事人可以得到及时的法律救济措施，这无疑让仲裁界人士如释重负。”[④] 而在国内仲裁方面，对于证据保全及财产保全，我国现行《仲裁法》中明确规定，当事人应向仲裁机构提交申请，再由仲裁机构将申请转交给具有管辖权的人民法院。对于行为保全，《仲裁法》中并无明确规定，但《最高人民法院关于审查知识产权纠纷行为保全案件适用法律若干问题的规定》中明确规定，在符合相关条件的情形下，仲裁当事人可在仲裁裁决生效之前向人民法院申请行为保全。总之，不论何种保全类型，最终能否成功进行保全的决定权均掌握在司法机关手中。

这种情形在实践中会带来弊端。若相关争议已由仲裁机构受理，仲裁庭对案件具体情况已形成较为完整的认知，这有利于正确地处理当事人所提出的保全申请。然而，由于对保全申请的决定权归属于法院，法院在作出相关裁定前还需自行对所涉背景情况进行了解，这在一定程度上增加了当事人机会成本的负担，降低了仲裁审查效率，并且也造成了司法资源的浪费。

### 2. 展望

如前文所述，在仲裁案件涉及保全等强制性措施时，仲裁机构不得不借助于司法强制力进行解决，但由于在此过程中仲裁庭与司法机关的沟通存在脱节，

---

① 《仲裁规则》，载北京仲裁委员会官网，http：//www. bjac. org. cn/page/zc/guifan2019. html，2023年3月1日访问。

② 《中国国际经济贸易仲裁委员会国际投资争端仲裁规则》，载中国国际经济贸易仲裁委员会官方网站，http：//www. cietac. org/index. php？ m=Page&a=index&id=389，2023年3月1日访问。

③ 张聪聪：《论仲裁与司法之协同合作》，载《北京政法职业学院学报》2015年第2期，第52页。

④ 张维：《2022，贸仲国际化探索再上新台阶》，载法治网，http：//www. legaldaily. com. cn/index/content/2023-02/03/content_ 8818472. html，2023年3月1日访问。

法院在审查强制措施申请时还需独立对案件情况进行了解，这将不可避免地带来实践中的一些问题。

因此，为完善仲裁机制在解决知识产权纠纷中的职能，对于知识产权案件中常见的保全等强制措施的开展，应考虑赋予仲裁庭一定的决断权，仲裁庭基于对案件背景的充分了解，确定保全等措施的实施必要性。在此过程中，司法机关可对强制措施的具体实施予以支持，无须对案件背景进行了解，也无须决定是否实施强制措施。

退一步讲，即使无法实现直接将决断权移交给仲裁庭，在强制措施的申请、实施过程中，也至少应考虑在现有基础上完善相关程序与规则，加强仲裁机构与司法机构间的沟通与对接，使仲裁机构不仅充当当事人申请提交的“中介”角色，而是与司法机关就案件背景等情况进行充分沟通，提供对于实施强制措施必要性的意见，从而在节约司法机关独立了解案件背景所需时间的同时，避免因双方理解出现偏差而使相关案件的审理及强制措施的处理难以协调。

从仲裁机制层面来看，上述措施的开展可提升仲裁在解决知识产权争议领域的优势地位，并加强案件处理与强制措施实施间的协调性。从司法层面来看，仲裁机构对强制措施程序中部分义务的分担可以提升效率，避免因重复工作而造成的资源浪费。

值得肯定的是，目前针对这一问题，我国立法机关已经予以关注，在 2021 年发布的《仲裁法》修订征求意见稿中专门设置了“临时措施”一节，明确了仲裁庭应对当事人的保全申请及其他临时措施申请及时作出决定。如前述规定可以及时落地，相信知识产权仲裁案件将迎来新的发展阶段。

# 第三节　知识产权争议解决发展趋势

## 一、知识产权仲裁的发展存在良好契机

知识产权保护的是无形客体，权利人本就难以通过实际占有的方式维护自身对这类无形客体的专有权利。同时，在经济全球化背景下，知识产权的流通范围不断扩大，流通速度不断加快，进一步加大了权利人维权难度。可见，无论从静态的财产保护还是动态的财产流通来看，知识产权争议的大量出现在所难免。[①] 知识产权争议主要包括合同争议、侵权争议和有效性争议三个方面。在中国，争议解决机制主要包括诉讼、调解（法院调解、人民调解、行政调解等）和仲裁等。

诉讼方面，首先，法院面临着巨大的审判压力。全国法院受理各类知识产权一审案件从 2013 年的 10.1 万件增长到 2020 年的 46.7 万件，年均增长 24.5%，比全国法院受理案件总量年均增幅高出 12.8 个百分点。[②] 与此同时，多地法院面临“案多人少”的窘况，加之知识产权案件存在专业性强、案情复杂等特点，导致诉讼解决机制审理周期长、维权成本高。其次，高新技术广泛运用使知识产权争议更加国际化，诉讼的裁决在他国得到承认和执行的难度大，不利于跨国知识产权争议的实质性解决。

调解方面，知识产权争议的调解机制主要包括诉讼调解、人民调解、行政调解、行业调解、律师调解等，主持调解的主体虽有不同，但该机制均存在共

① 李宗辉：《论知识产权案件的替代性纠纷解决机制》，载《暨南学报（哲学社会科学版）》2015 年第 2 期，第 91 页。

② 《最高人民法院关于人民法院知识产权审判工作情况的报告——2021 年 10 月 21 日在第十三届全国人民代表大会常务委员会第三十一次会议上》，载中国人大网，http：//www.npc.gov.cn/npc/c30834/202110/2adb18d160c945e989bc20df3641cffc.shtml，2023 年 3 月 1 日访问。

性的问题，包括缺乏程序性、调解协议约束性不强等。[①]

仲裁方面，民间性的仲裁机制获得了比法院诉讼更多的施展机会[②]，相比于其他争议解决机制，仲裁在争议解决的公正性、成本性、机会性、专业性、保密性、效率性等方面具有较大的优势。2019 年 11 月中共中央办公厅、国务院办公厅发布的《关于强化知识产权保护的意见》提出，完善知识产权仲裁、培育和发展仲裁机构是建立健全知识产权"大保护"工作格局的重要政策措施与针对性创新举措。因此，知识产权仲裁的发展存在良好契机，是中国知识产权争议解决机制中重要的一环。本节将主要围绕知识产权仲裁发展趋势展开。

## 二、全球知识产权仲裁发展趋势

### 1. 境外知识产权仲裁发展趋势

（1）专利有效性的可仲裁性问题

综观全球，知识产权争议仲裁解决机制的最大障碍之一就是公共政策[③]，各国均将其作为司法控制的主要手段。[④] 基于公共政策，一些国家不允许仲裁庭就专利有效性争议作出裁决。[⑤] 这些国家认为专利有效性争议涉及重大公共利益，这些争议必须由法院来解决。公共政策否定专利有效性争议可仲裁性的常见理由包括：专利权来源于国家授权、专利权具有垄断性、存在审查专利权效力的专门机构。[⑥] 在这些国家，法院将拒绝执行涉及专利有效性争议的仲裁裁决，并且这些裁决可能会被撤销。[⑦] 因此，拟定仲裁条款时，当事人必须考

① 梁平、陈焘：《论我国知识产权纠纷解决机制的多元构建》，载《知识产权》2013 年第 2 期，第 58 页。

② 左冰、刘家瑞：《论国际商事仲裁在知识产权领域的运用》，载《国际贸易问题》1999 年第 10 期，第 56 页。

③ 龚佳慧：《知识产权问题的国际商事仲裁发展》，载《商业时代》2014 年第 20 期，第 106 页。

④ 陈治东、沈伟：《国际商事仲裁裁决承认与执行的国际化趋势》，载《中国法学》1998 年第 2 期，第 115 页。

⑤ Julia A. Martin, *Arbitrating in the Alps Rather than Litigating in Los Angeles: The Advantages of International Intellectual Property-Specific Alternative Dispute Resolution*, 49 Stanford Law Review 917 (1997).

⑥ 倪静：《论知识产权有效性争议的可仲裁性——对公共政策理由的反思》，载《江西社会科学》2012 年第 2 期，第 177—178 页。

⑦ Matthew A. Smith et al, *Arbitration of Patent Infringement and Validity Issues Worldwide*, 19 Harvard Journal of Law and Technology 299 (2006).

虑拟定仲裁地的国内法是否允许仲裁庭就专利有效性争议作出裁决，以及针对这些问题的仲裁裁决是否可以被执行。①

在美国，法律允许仲裁庭对专利侵权、有效性、可执行性问题进行裁决。②仲裁裁决仅对当事人具有约束力，对当事人以外的第三人没有约束力，具有“一裁终局性”。③ 虽然在仲裁裁决中认定专利无效具有向被控侵权人授予免费永久许可的效力，但专利权人仍可以通过司法程序对第三方提起侵权诉讼。④同样，比利时《专利法》第51条也明文规定，允许仲裁庭对专利效力问题进行裁决，并且裁决具有终局性。

在加拿大，虽然法律没有明文规定专利有效性争议的可仲裁性，但通过判例可见一斑。1987年，在 Desputeaux v. éditions Chouette Inc. 一案中，加拿大最高法院驳回了加拿大魁北克省上诉法院认为版权争议由于公共政策原因不能申请仲裁的裁决，同时指出不能任意对限制争议可仲裁性的公共政策进行扩大解释，这会违反尊重当事人意思自治的基本原则。⑤ 可见，加拿大最高法院认为仲裁协议的当事人在解决仲裁标的方面的争议时具有几乎不受限制的自主权。⑥无独有偶，虽然瑞士法律同样没有明文规定专利有效性争议的可仲裁性，但1975年12月15日，瑞士联邦知识产权局曾作出一项同意执行一份确定专利权无效的仲裁裁决的行政决定，撤销了该项专利登记。可见，在瑞士，包括专利有效性和侵权诉求在内的所有诉求都是可仲裁的，仲裁庭的裁决对颁发和维护

---

① M. Scott Donahey, *Arbitration of Patent Disputes Internationally and in the United States*, The Practical Litigator (May. 16, 2008), http://files.ali-aba.org/thumbs/datastorage/lacidoirep/articles/PLIT0805-Donahey_ thumb.pdf.

② 35 U.S.C. § 294; see, e.g., *Conteyor Multibag Systems N.V., v. Bradford Company*, No. 1: 05-CV-613, 2006 WL 2331174, at 3 (D. W.D. Mich. Aug. 10, 2006).

③ 35 U.S.C. § 294 Voluntary Arbitration, Sec. (c).

④ Matthew A. Smith et al, *Arbitration of Patent Infringement and Validity Issues Worldwide*, 19 Harvard Journal of Law and Technology 299, 324 (2006).

⑤ Desputeaux v. éditions Chouette (1987) Inc., [2001] R.J.Q. 945.

⑥ Matthew A. Smith et al, *Arbitration of Patent Infringement and Validity Issues Worldwide*, 19 Harvard Journal of Law and Technology 299, 328 (2006).

专利的当局具有强制力。[①]

法国过去作为以公共政策为由否认专利有效性争议可仲裁性的代表，也在一项判决中承认了专利有效性争议的可仲裁性。该案中，巴黎上诉法院裁定，根据法国法律，仲裁庭有权对专利无效抗辩作出裁决。具体而言，专利许可人向仲裁庭提起国际仲裁申请，声称被许可人违反了许可协议。被许可人在仲裁中主张专利无效抗辩。仲裁庭认为，其有权对专利的有效性作出裁决，并指出其裁决仅对仲裁当事各方具有约束力。在对仲裁裁决进行司法审查的过程中，巴黎上诉法院首次提出："仲裁庭有权对专利无效抗辩作出裁决；仲裁庭关于专利有效性的裁决仅对仲裁各方具有约束力；这样的裁决并不违反法国的公共政策。"[②] 在此之前，法国法院一直坚持认为，作为一项公共政策事项，无论专利有效性争议是作为权利主动提出的还是作为抗辩被动提出的，仲裁庭均无权就这些问题作出裁决。这样就会导致当申请人以专利侵权为由提起仲裁时，被申请人只需要提出典型的专利无效抗辩即可规避合同中的仲裁条款。根据前文所提到的巴黎上诉法院的裁定，仲裁庭有权解决此类案件。依据法国《知识产权法典》有关规定，只有法官有权裁决专利无效，他们的裁决不仅对诉讼当事人有约束力，而且对所有第三方都有约束力。[③] 巴黎上诉法院的裁定仅涉及仲裁庭是否可以就专利无效抗辩作出裁决，并不涉及仲裁庭是否有权就寻求确定专利有效或无效的正面诉求进行裁决。根据法国法律，这样的诉求作为一项公共政策事项，可能依然不能被仲裁。[④] 然而，巴黎上诉法院在该案中作出的裁决意义重大，反映出国际上专利争议提交仲裁的趋势日益增强。

综观全球，只有南非法律明文禁止仲裁庭就专利有效性争议作出裁决。依

---

① M. Scott Donahey, *Arbitration of Patent Disputes Internationally and in the United States*, The Practical Litigator (May. 16, 2008), http://files. ali - aba. org/thumbs/datastorage/lacidoirep/articles/PLIT0805 - Donahey_ thumb. pdf.

② Sté Liv Hidravlika DOO v. SA Diebolt, CA Paris, 1ère ch. C., 28 févr. 2008, JurisData no. 2008-359055.

③ Christophe Caron, Note, *La semaine juridique*, 8 mai 2008, No. 19, citing L. 613-25 & L. 613-27 of the French Intellectual Property Code.

④ Sté Liv Hidravlika DOO v. SA Diebolt, CA Paris, 1ère ch. C., 28 févr. 2008, JurisData no. 2008-359055; Christophe Caron, Note, *La semaine juridique*, 8 mai 2008, No. 19.

据南非《专利法》第 18 条第 1 款规定，在南非，不仅专利有效性争议不可提交仲裁，所有类型的专利争议均被禁止提交仲裁。

多数国家或地区未对专利有效性争议是否可仲裁明文规定。换言之，其并未在制度层面对专利有效性争议的仲裁加以限制，关键在于各国司法机关对限制专利有效性争议是否可仲裁的公共政策的理解与适用。[①] 例如，奥地利、希腊、葡萄牙、日本等国的专家普遍认为，在其国家的仲裁庭可以审理包括专利有效性争议在内的所有类型的专利争议，但裁决结果仅对当事人有约束力；然而韩国、哥伦比亚、爱尔兰、智利、印度、俄罗斯等国的专家却普遍认为，专利等知识产权争议在其国家是否可仲裁具有很大不确定性，尤其是涉及专利有效性争议的案件。[②]

综上，境外各个国家或地区对专利有效性争议是否具有可仲裁性这一问题有不同的认识。归根结底，解决这一争议问题的核心有两个方面，一方面是如何避免公权力受到仲裁机构的挑战；另一方面是如何对当事人处分权利的范围进行把握。[③] 总体而言，出于对公共政策内涵界定不明的考虑，近年来，境外各个国家或地区普遍降低了公共政策对专利有效性争议可仲裁性的限制程度，趋向于采取有利于仲裁的政策，专利有效性争议中公权力的介入呈现减少趋势，专利有效性争议的可仲裁性逐步被更多的国家所接受。[④]

（2）仲裁地

知识产权争议往往具有国际性，而仲裁裁决的国籍又影响着仲裁协议效力认定以及仲裁裁决的承认执行、撤销等问题[⑤]，因此，知识产权仲裁裁决的国籍的认定影响着争议的妥善解决。在中国境外，国际商事仲裁裁决的国籍认定，

---

① 倪静：《论专利权有效性争议之可仲裁性》，载《知识产权》2013 年第 3 期，第 39 页。

② Trevor Cook, *Alejandro Garcia*, *International Intellectual Property Arbitration*, Kluwer Law International, 2010, p. 52.

③ 颜璠：《论重构我国多元、高效的知识产权纠纷解决机制》，载《科技与法律》2009 年第 2 期，第 89 页。

④ 参见刘晓红、许旭：《国际商事仲载可仲裁性问题在欧关的发展趋势》，孙南中、杜涛主编：《当代国际私法研究：21 世纪的中国与国际私法》，上海人民出版社 2006 年版，第 639 页。

⑤ 杨弘磊：《人民法院涉外仲裁司法审查情况的调研报告》，载《武大国际法评论》2009 年第 1 期，第 316—318 页。

主要存在“仲裁地标准”和“仲裁程序标准”两种认定标准。“仲裁地标准”是以仲裁地作为认定国际商事仲裁裁决国籍的标准，“仲裁程序标准”是以仲裁裁决适用的程序法作为认定国际商事仲裁裁决国籍的标准。目前，“仲裁地标准”是国际主流认定的国际商事仲裁裁决国籍的标准[①]，包括美国、德国、法国、荷兰、日本、奥地利、波兰等国都采用该标准；《国际商事仲裁示范法》和《纽约公约》均直接或间接采用该标准。“仲裁程序标准”目前仅有希腊、黎巴嫩等国采用。[②] 前南斯拉夫 1982 年《国际私法》则同时采取“仲裁地标准”与“仲裁程序标准”来认定仲裁裁决国籍。[③] 因“仲裁程序标准”易造成国际商事仲裁裁决国籍积极或消极的冲突，又因“仲裁地标准”逐步成为国际主流认定标准，世界各国正在纷纷修改国内法，转采“仲裁地标准”。[④] 部分国家则采用较为特殊的标准：土耳其最高法院在司法实践中依据“仲裁所适用的实体法”来认定国际商事仲裁裁决国籍[⑤]；匈牙利 1994 年《仲裁法》则依据“仲裁员国籍”来认定国际商事仲裁裁决国籍。[⑥] 但是采用上述极为特殊标准的国家少之又少。

（3）临时措施

临时措施主要指为保障对案件实体具有管辖权的主体所认可的某种权利而保全一种事实或法律状态。[⑦] 知识产权侵权行为与一般民事侵权相比，具有侵权行为实施较为便捷、成本低廉、侵权行为难以查实和损害后果极易扩大等特点，而临时措施对于制止正在或者即将实施的侵权行为、保存重要证据、

---

① 汤霞：《临时仲裁制度在我国自贸区适用的困境与纾解》，载《国际经济法学刊》2020 年第 4 期，第 52 页。

② 黄进、何其生、萧凯：《国际私法：案例与资料（下）》，法律出版社 2004 年版，第 1272 页。

③ 徐伟功、李子牧：《论我国国际商事在线仲裁制度的完善》，载《天津商业大学学报》2021 年第 4 期，第 71 页。

④ 祁壮：《论国际商事仲裁裁决的国籍属性》，载《江西社会科学》2018 年第 9 期，第 197 页。

⑤ 高薇：《论仲裁裁决的国籍——兼论中国司法实践中的“双重标准”》，载《西北大学学报（哲学社会科学版）》2011 年第 5 期，第 154 页。

⑥ 赵秀文：《论国际商事仲裁裁决的国籍及其撤销的理论与实践》，载《法制与社会发展》2002 年第 1 期，第 67 页。

⑦ See Gary B. Born, *International Arbitration: Law and Practice*, Kluwer Law International BV, 2012, p. 203.

防止损害后果进一步扩大和导致无法弥补的损失是至关重要的。[①] 关于临时措施的规范模式，根据审批主体的不同，可分为“法院独占制”“仲裁庭独占制”“法院与仲裁庭双轨并行制”。“法院独占制”是指临时措施的处理权仅由法院享有，仲裁员或仲裁庭无权处理、审批临时措施。“仲裁庭独占制”是指临时措施的处理权仅由仲裁庭享有，法院无权审批。“法院与仲裁庭双轨并行制”顾名思义，是“法院独占制”和“仲裁庭独占制”的折中，一方面，保留法院处理临时措施的权限；另一方面，由法律赋予仲裁庭处理临时措施的权限。[②]

日本临时措施的规范模式属于“法院与仲裁庭双轨并行制”。《东京国际知识产权仲裁中心仲裁规则》第 28 条规定了一系列详细的临时措施，其中第 1 款规定“仲裁庭可应任何一方当事人的申请准予临时措施”。第 28 条第 7 款规定：“任何一方当事人向具有管辖权的司法机关申请临时措施，不得视为与仲裁协议相抵触或放弃该仲裁协议。”上述两款规定说明东京知识产权仲裁中心与日本法院均具有处理临时措施的权限。“法院与仲裁庭双轨并行制”在国际上较受欢迎，最为典型的是《国际商事仲裁示范法》。《国际商事仲裁示范法》第 9 条说明了仲裁庭与法院处理临时措施的权限并不冲突，第 17 条至第 17 I 条规定了一系列仲裁庭处理临时措施的权限，第 17 J 条规定了法院处理临时措施的权限。还有许多国家或地区的仲裁法制是以《国际商事仲裁示范法》为参照，因此其规范模式同样采用“法院与仲裁庭双轨并行制”。例如，英国 1996 年《仲裁法》、德国《民事诉讼法》第 10 编、中国香港特区《仲裁条例》等。[③]

目前国际上依然采用“法院独占制”的国家仅有阿根廷、意大利等商事仲裁发展缓慢或不受欢迎的国家。阿根廷《民商事程序法》第 753 条、意大利《民事程序法》第 818 条均明令禁止仲裁庭的临时措施处理权。

---

① 王迁：《知识产权教程（第 7 版）》，中国人民大学出版社 2021 年版，第 37 页。

② 黄凯绅：《仲裁临时保全措施及法院本位主义：法制变革上的建议》，载《交大法学》2019 年第 3 期，第 143—146 页。

③ 英国 1996 年《仲裁法》第 44 条第 3—5 款，德国《民事诉讼法》第 1033 条、第 1041 条第 1 款，中国香港特区《仲裁条例》第 35 条、第 45 条第 2 款。

（4）网上仲裁

随着互联网、5G 等技术的发展，网上争议解决机制（Online Dispute Resolution）应运而生，特别是在疫情背景下，网上争议解决机制越来越受到重视。网上仲裁（Online Arbitration 或 Cyber Arbitration）是指将 ICT[①]技术与仲裁过程相结合，将原先在线下完成的仲裁程序和裁判过程通过互联网技术实现在线完成。即争议双方首先通过对预先设定的网上仲裁规则进行确认后进入正式的网上仲裁阶段，争议双方与仲裁员通过数字化信息设备、视讯通讯系统、智能化处理程序完成证据交换、调解、庭审以及裁决的全过程，它是一种“网上虚拟庭审”过程。[②] 除了所有的信息交流在线发生，网上仲裁与传统的仲裁一样。[③] 作为网上争议解决机制的一种，网上仲裁具有便捷、成本低、有利于提升仲裁的透明度和公平性、有利于提高争议解决的智能化水平、符合对外开放的现实需求等优势[④]，因此十分适合解决跨境知识产权争议。同时，各国有关仲裁的立法基本上并未针对网上仲裁有任何规定，在民商事领域“法无禁止即可为”，因此其应用不存在法律障碍。

在境外，部分国际组织虽然并未在仲裁规则中规定网上仲裁且并未开展过网上仲裁业务，但是其具有开展网上仲裁业务的良好基础。例如，早在 2004 年，国际商会（ICC）就将信息技术应用于仲裁业务中，在 2005 年上线了案件在线管理工具“NetCase”。部分国际组织已经开展了网上仲裁业务，且具有开展网上仲裁业务的良好基础。例如，早在 1999 年 12 月，WIPO 仲裁与调解中心就根据统一域名争议解决政策，通过网上仲裁机制处理域名争议。此外，2005 年，WIPO 开发了电子案件工具，当事人、仲裁员以及仲裁机构可以随时随地通过该工具安全地归档、搜索与案件相关的意见书；提交仲裁申请后，各方都

---

① ICT 是信息、通信和技术三个英文单词的词头组合（Information Communications Technology，ICT）。它是信息技术与通信技术相融合而形成的一个新的概念和新的技术领域。

② 倪楠：《构建“一带一路”贸易纠纷在线仲裁解决机制研究》，载《北京联合大学学报（人文社会科学版）》2017 年第 4 期，第 105 页。

③ ［美］爱德华・A. 卡瓦佐：《赛博空间和法律：网上生活的权利和义务》，王月瑞译，江西教育出版社 1999 年版。

④ 魏沁怡：《互联网背景下在线仲裁的适用机制研究》，载《河南社会科学》2020 年第 7 期，第 80 页。

会收到电子邮件提醒，并可以查看案例文件。除国际组织外，部分国家仲裁机构的仲裁规则中明确规定了网上仲裁这一仲裁形式。例如，2010 年版的《俄罗斯联邦工商会国际商事仲裁院仲裁规则》第 30 条明确规定，任何一方均有权要求通过视频会议（即电子听证会）参加仲裁庭审。①

## 2. 境内知识产权仲裁发展趋势

自 2019 年以来，在司法部的主导下，中国《仲裁法》修订工作逐步展开。经过近两年的起草与论证，2021 年 7 月 30 日，司法部正式公布了《中华人民共和国仲裁法（修订）（征求意见稿）》（以下简称《意见稿》）。《意见稿》无论体例还是内容都亮点频出，为中国仲裁制度的进一步改革和发展指明了方向。② 同时，中国境内的仲裁机构近些年来也在不断完善仲裁服务，以提高仲裁机构的竞争力。

（1）专利有效性和商标有效性的可仲裁性问题

在中国，无论是理论界还是实务界，都对专利权有效性问题能否交由仲裁机构裁决这一问题存在争议。我国《专利法》第四十五条、第四十六条规定了专利有效性争议的处理权限专属于国务院专利行政部门，国务院专利行政部门会有权宣告专利权无效或者作出维持专利权的决定。而我国现行《仲裁法》第三条第二款以及《意见稿》第二条第二款明确了依法规定应由行政机关处理的行政争议具有不可仲裁性。综上，专利有效性争议具有不可仲裁性，仲裁庭无权宣告专利权无效或者作出维持专利权的决定。商标有效性争议与专利有效性争议情况近似，在中国同样不具有可仲裁性。我国多数学者也认为，鉴于专利和商标是否有效会涉及第三人以及公众的利益，相关争议应当由国家授权的机关处理，因而如果争议涉及知识产权的有效性和对该权利提出异议，则是不可仲裁的。③ 笔者认为，在我国，专利权和商标权的有效性不可仲裁的主要原因

① 魏沁怡：《互联网背景下在线仲裁的适用机制研究》，载《河南社会科学》2020 年第 7 期，第 81 页。

② 刘晓红、冯硕：《对〈仲裁法〉修订的“三点”思考——以〈仲裁法（修订）（征求意见稿）〉为参照》，载《上海政法学院学报（法治论丛）》2021 年第 5 期，第 54 页。

③ 参见宋连斌：《国际商事仲裁管辖权研究》，法律出版社 2013 年版，第 65 页。

是专利权属于垄断性权利，且中国仲裁发展还不够成熟。[①]

（2）仲裁地

我国现行《民事诉讼法》《仲裁法》并未规定国际商事仲裁裁决的国籍认定标准，因此国际商事仲裁裁决的国籍认定均由法官解释法律进行。有的法官采用“仲裁地标准”，有的法官根据《民事诉讼法》第二百九十条的规定推导出“仲裁机构标准”，即以仲裁机构所在地判断国际商事仲裁裁决的国籍，这也是中国独有的认定标准。可见，中国目前由于立法空白导致认定国际商事仲裁裁决国籍标准不一，存在仲裁协议效力认定以及仲裁裁决的承认执行、撤销等问题。[②]《意见稿》第二十七条增设了仲裁地的概念，明确了国际商事仲裁裁决国籍的认定采用“仲裁地标准”，使中国在国际商事仲裁国籍认定上和国际仲裁理论与规则相对接。中国境内的仲裁机构也应考虑修改仲裁规则，对接国际通行惯例以及呼应《意见稿》，明确国际商事仲裁裁决国际认定采用“仲裁地标准”。

（3）临时措施

我国现行《仲裁法》采用“法院独占制”的规范模式。此次《仲裁法》修订，对中国临时措施的规范模式进行了大刀阔斧的改革，《意见稿》增设第四十三条至第四十九条，以单独一节对临时措施进行详细规定，且首次赋予仲裁庭相对全面的临时措施处理权，体现了中国临时措施的规范模式由“法院独占制”向“法院与仲裁庭双轨并行制”转变的趋势，这也是近代商事仲裁法制及实践的发展趋势。[③] 中国境内的仲裁机构也应考虑修改仲裁规则，对接国际通行惯例以及呼应《意见稿》，赋予仲裁庭临时措施决定权。

“法院与仲裁庭双轨并行制”具有兼顾当事人权益和仲裁效率的优势：一方面，当事人可以根据自己的实际情况自由地选择向法院或者仲裁庭申请临时

---

① 金春阳、邢贺通：《〈仲裁法〉修订背景下中国知识产权专门仲裁机构构建研究——以〈东京国际知识产权仲裁中心仲裁规则〉为参照》，载《知识产权》2021 年第 S1 期，第 239 页。

② 金春阳、邢贺通：《〈仲裁法〉修订背景下中国知识产权专门仲裁机构构建研究——以〈东京国际知识产权仲裁中心仲裁规则〉为参照》，载《知识产权》2021 年第 S1 期，第 245 页。

③ Gary B. Born, *International Arbitration: Cases and Materials*, Kluwer Law International, 2015, pp. 873-874.

措施，维护了当事人的权益；另一方面，仲裁庭被赋予处理临时措施的权限后，当事人可以在同一仲裁程序中，在仲裁庭一并申请各类临时措施，而无须到法院另行展开一道程序，保证了仲裁效率。[①] 但此次《意见稿》关于临时措施的规定仍然存在些许问题。《意见稿》第四十七条第二款[②]要求当事人向仲裁庭申请保全措施时，需要向仲裁庭提供担保，这显然高于通过法院发布临时措施的要求，客观上会阻碍当事人向仲裁庭申请临时措施的热情，使中国临时措施规范模式名义上转变为“法院与仲裁庭双轨并行制”，实质上仍为“法院独占制”。

（4）网上仲裁

中国现行《仲裁法》没有明文规定网上仲裁，但《意见稿》第三十条第三款新增规定“仲裁可以通过网络方式进行”，体现了立法机关对网上仲裁支持的趋势，为网上仲裁提供了法律依据，有利于支持、规范互联网仲裁发展。在中国，以贸仲为代表的仲裁机构走在了立法之前，尝试开展网上仲裁业务：

第一，贸仲是我国最早实行网上仲裁的仲裁机构，在域名争议解决领域，早在 2000 年 12 月，贸仲就参照前文提到的 WIPO 调解与仲裁中心，成立了贸仲委域名争议解决中心，于 2005 年 7 月同时启用“贸仲委网上争议解决中心”的名称。2007 年 8 月，贸仲在保留“贸仲委域名争议解决中心”名称的同时，正式以“贸仲委网上争议解决中心”的名称对外开展工作。同时，贸仲在 2015 年版的《仲裁规则》中明确规定下设的网上争议解决中心是专门以网上争议解决方式解决网络域名、电子商务等争议的机构。

第二，2009 年 5 月 1 日，贸仲推出《网上仲裁规则》，正式在国际商事争议解决领域开展网上仲裁业务。2019 年 1 月 1 日，贸仲启用在线立案系统，该系统在疫情期间发挥了重要作用。为有效应对疫情，积极稳妥推进仲裁程序，2020 年 4 月 28 日，贸仲率先发布了《关于新冠肺炎疫情期间积极稳妥推进仲裁程序指引（试行）》（以下简称《指引》），倡议仲裁庭和当事人通过在线

---

① 金春阳、邢贺通：《〈仲裁法〉修订背景下中国知识产权专门仲裁机构构建研究——以〈东京国际知识产权仲裁中心仲裁规则〉为参照》，载《知识产权》2021 年第 S1 期，第 247—248 页。

② 第四十七条第二款规定：“当事人向仲裁庭申请保全措施的，仲裁庭应当及时作出决定，并要求当事人提供担保。”

立案、电子送达、书面审理、在线庭审、加强调解等措施，尽量减少疫情对仲裁程序造成的不利影响。在疫情期间开庭审理的案件，《指引》建议仲裁庭优先考虑在线开庭的可行性，并建议仲裁庭充分发挥贸仲“仲裁与调解相结合”的首创东方经验，促进当事人协商和解、共渡难关。贸仲还积极探索网上开庭方式，为保证在线庭审的顺利进行，贸仲专门搭建了智慧庭审平台，制定了视频庭审规范，解决了大家比较关注的线上庭审的有关程序和技术问题，使各庭审参与方“足不出户”就能参加线上开庭，既避免了疫情期间人员聚集的风险，又大大节约了时间和费用，有效推进了程序的进行。

第三，亚太经济合作组织（APEC）网上争议解决机制是由 APEC 倡议设立的，通过《APEC 跨境商事纠纷网上争议解决合作框架》及其《示范程序规则》，倡导使用包括谈判、调解和仲裁在内的网上争议解决程序，为企业间（B2B）跨境小额商事争议提供快捷、低成本的网上争议解决服务，以增强跨境商业互信，推动亚太地区营商环境的健康发展。贸仲积极参与 APEC 网上争议解决机制的共建与合作，2022 年 5 月，亚太经合组织网上争议解决 · 贸仲平台正式启用。贸仲通过该平台为企业（尤其是中小微企业）间的跨境商事争议解决提供谈判、调解、仲裁多元争议解决方式一体化全流程在线的网上争议解决服务。

综上，在技术进步和疫情背景下，网上仲裁在中国境内的发展趋势非常迅猛，其强势发展将助力知识产权争议的解决。

## 三、对我国知识产权仲裁发展的建议

### 1. 妥善处理专利有效性和商标有效性的可仲裁性问题

由前文可知，专利有效性和商标有效性在中国不具有可仲裁性。对此，一方面，我国仲裁机构应避免误对专利有效性和商标有效性审理和作出裁决。因为可仲裁性是仲裁法律制度的核心问题，根据《民事诉讼法》第二百四十四条和第二百八十二条规定，仲裁机构（包括中国涉外仲裁机构）就无权仲裁的事项作出的裁决，法院有权裁定不予执行。这意味着，超出仲裁范围进行审理与裁决，将导致仲裁裁决被法院不予执行的严重后果。另一方面，应避免将可以仲裁的争议排除在仲裁范围之外。仲裁机构和仲裁员不能因为案件中包括有不可仲裁的事项就将整个案件排除在仲裁范围之外，因为即便在知识产权仲裁过程中出现了专利有效性和商标有效性争议，仲裁庭也可以中止审理案件，待行政机关处理争议后再继续审理案件。当然，不必过于担心当事人通过宣告商标无效或专利无效来避免仲裁程序，因为通常专利或商标许可和转让协议中会约定“非质疑条款”或“非挑战条款”，以防上述情况发生。[①]

### 2. 重视知识产权合同争议化解

随着知识产权产业化发展，知识产权流转等知识产权商业交易行为将不断增多，这个过程势必需要合同来支撑，同时会产生大量知识产权合同争议，化解这些争议才能更好地促进知识产权产业化发展。仲裁需要当事人达成合意，通常情况是，双方当事人对合同产生争议，然后根据合同中的仲裁条款选择到仲裁机构解决争议。因此仲裁机构受理了大量合同争议案件，其对于合同争议处理有着丰富的经验，这有利于仲裁机构提供知识产权合同争议解决服务。

因此，为了更好地构建中国知识产权多元争议解决机制、分担法院审理知识产权案件的压力，国家应通过各个渠道，加大对知识产权争议仲裁解决机制的宣传力度：在立法层面，可以考虑在《民事诉讼法》中增加“鼓励通过诉讼以外的方式解决争议”等宣示性条款，引导人们通过仲裁解决知识产权争议特别是其中的合同争议；在宣传方面，国家权威媒体应加强对知识产权争议仲裁解决机制的宣传力度，通过短视频、漫画等丰富多样的形式达到更好的科普效果。

此外，仲裁机构自身也应该抓住发展机遇，除加强宣传力度外，由于知识产权案件具有专业性强、案情复杂等特点，还应提高参与仲裁人员的专业性：

首先，应提高仲裁员的专业性，在选拔仲裁员阶段应选择具有丰富实务经验、深厚理论功底的专业性强的专家进入仲裁员名册。

其次，知识产权合同争议可能涉及技术查明，知识产权技术事实查明机制，在不同法域下各有不同。如英美法系当事人主义诉讼模式下的专家证人制度、

① 薛虹：《知识产权仲裁的特殊法律问题研究》，载《商事仲裁与调解》2021 年第 1 期，第 6—7 页。

大陆法系下德国的技术法官制度，以及韩国、日本的技术调查官（技术调查员、司法审查官）制度。[①] 技术调查官制度发源于日本，由日本东京高等裁判所于1949年4月建立并沿用至今。因此，日本的技术调查官制度发展较为成熟，甚至影响到仲裁领域。《东京国际知识产权仲裁中心仲裁规则》第17条第1款规定："仲裁庭可寻求当事各方的许可，任命一名或多名中立、合格且胜任于本案相关技术领域的技术助理，以协助仲裁庭解决案件中的技术问题……" 技术助理的职能与技术调查官类似，均为协助纠纷裁判者认定和理解知识产权纠纷中的技术问题。中国的技术调查官制度首先在知识产权法院建立，主要借鉴日本、韩国的立法与实践经验，结合了中国司法领域专家辅助人、司法鉴定等事实查明机制的成功经验。[②] 知识产权案件具有较强的技术性，中国与日本、韩国等国家设置技术调查官制度的目的相同，即通过在知识产权案件审理过程中引入既懂法律又懂技术的专业复合型人才，协助裁判者更准确、更有效率地认定和理解案件中的技术问题，以提升案件审理的效率和质量。技术调查官仅对案件的技术性问题发表意见，不对案件的法律问题进行评判。中国同样可以在知识产权仲裁领域引入技术调查官制度，参考《东京国际知识产权仲裁中心仲裁规则》第17条，仲裁庭认为必要，或者当事人提出请求且经仲裁庭同意的情况下，仲裁庭可以决定聘请技术专家进行鉴定、审计、评估、检测或咨询，并作出专家意见。技术专家的组成，可以参考北京知识产权法院建立的技术调查官制度，在仲裁机构内部建立一个技术专家库，以严格的标准选任来自企事业单位、科研机构、高校等有较为丰富的生产、科研、教学一线的工作经验的技术专家，在符合条件的情况下，仲裁机构直接从技术专家库里抽调专家出具专家意见。这样，一方面，由仲裁机构作为中立的纠纷解决机构以严格的标准组成内部技术专家库，可以保证专家的专业性，使依据专家意见作出的裁决更具权威性和公信力；另一方面，相比从外部选聘专家，从内部技术专家库抽调专家时间更短，有利于加快仲裁进程、缩短仲裁周期，为当事人节约仲裁时间成本。

---

① 邹享球：《技术调查官制度的理论设计及现实困惑》，载《知识产权》2021第4期，第46页。

② 宋晓明、王闯、吴蓉：《〈关于知识产权法院技术调查官参与诉讼活动若干问题的暂行规定〉的理解与适用》，载《人民司法》2015年第7期，第32—34页。

此外，可以参考《世界知识产权组织仲裁与调解中心仲裁规则》第51条的实验（experiment）条款，增加实验条款，以完善仲裁机构的案件审理程序。

最后，为了打消当事人对仲裁员及仲裁机构的不信任，仲裁机构应当建立仲裁员披露制度。例如中国境内的仲裁机构可以考虑结合案件情况和实际需要，通过适当的方式公布仲裁员姓名等与仲裁员组成相关的信息，为仲裁公信力建设迈出坚实的一步。

### 3. 建立友好仲裁制度

友好仲裁也称依公平善意原则仲裁，是指仲裁庭在当事人同意的前提下，依据其所认定的公平善意的标准而非依据法律法规进行仲裁。[①]《东京国际知识产权仲裁中心仲裁规则》第36条第2款规定了友好仲裁制度："只有在各方当事人明确授权时，仲裁庭才能以友好公断人身份或依公允善良原则裁决争议。"事实上，无论是《国际商事仲裁示范法》还是主要国家仲裁法制和国际主流仲裁机构仲裁规则，都早已接受并认可该制度。中国早在2014年5月1日施行的《中国（上海）自由贸易试验区仲裁规则》中就引入了该制度，并受到了境外当事人的关注与认可。[②] 此次《仲裁法》修订过程中，《意见稿》并未规定该项制度，中国可以考虑在随后的《仲裁法》修订过程中先在"涉外仲裁"程序中引入该制度，与国际仲裁理论与规则接轨，满足境外当事人的需求，体现知识产权仲裁的国际性和专业性，提升知识产权仲裁的国际竞争力。[③]

---

① 陈力、田曼莉：《友好仲裁初论》，载《当代法学》2004年第2期，第64页。

② Liu Xiaohong & Yang Ling, *Redemption of Chinese Arbitration - Comments on the Civil Procedure Law (2012) and Free Trade Zone Arbitration Rules* (2014), 13 Chinese Journal of International Law 653, 661-662 (2014).

③ 刘晓红、冯硕：《对〈仲裁法〉修订的"三点"思考——以〈仲裁法（修订）（征求意见稿）〉为参照》，载《上海政法学院学报（法治论丛）》2021年第5期，第65页。

第四章

# 国内外知识产权仲裁案例分析

# 第一节　商标领域仲裁案例分析

## 一、案例一

### A 医药公司与 B 公司商标许可协议争议仲裁案

#### 1. 基本案情

A 医药公司（以下简称申请人）向中国国际贸易仲裁委员会（以下简称仲裁委员会）申请仲裁，指控申请人原董事长自然人 E、总经理自然人 F 利用职务上的便利，非法收受 B 公司（以下简称被申请人）董事长自然人 G 贿送的财物，恶意串通签订《C 商标许可补充协议》和《关于 C 商标使用许可合同的补充协议》（以下统称补充协议），补充协议属无效合同，被申请人应立即停止使用 C 商标。

申请人为国有独资有限责任公司，依法在中国对核定使用在第 32 类“无酒精饮料；固体饮料”商品上的 C 商标享有商标专有权。

2000 年 5 月，申请人与被申请人签订《商标许可协议》，申请人独占许可被申请人在中国境内的规定产品上使用 C 商标，授权使用期限为 2000 年 5 月至 2010 年 5 月，为期 10 年。其中约定，商标使用费第一年和第二年为约 50 万元（人民币，下同）；第三年至第六年为约 500 万元；第七年至第十年为约 500 万元。

2002 年 11 月，申请人的原法定代表人与被申请人董事长签订了《C 商标许可补充协议》，将《商标许可协议》使用期限变更为 20 年，将第十年以后的商标使用费规定为：第十一年至第十三年为超过 500 万元；第十四年至第十七年为不到 550 万元；第十八年至第二十年为不到 550 万元。2003 年 6 月，申请人的原法定代表人与被申请人董事长又签订了《关于 C 商标使用许可合同的补充协议》，规定了 C 商标许可后的续展和备案事宜。

2005 年 7 月，K 市中级人民法院作出一审判决，其中认定："2000 年至 2003 年，被告人自然人 F 在担任申请人公司副董事长、总经理期间，利用职务之便，在 A 医药公司与 B 公司签订'C 商标'商标许可协议的过程中，先后三次收受 B 公司董事长自然人 G 贿送的港币共计约 300 万元。自然人 F 第一次受贿时间是 2001 年 8 月、第二次受贿时间是 2002 年 8 月、第三次受贿时间是 2003 年 6 月。"一审判决认定："被告人自然人 F 身为国家工作人员，利用其职务上的便利，非法收受他人财物，为他人谋取利益，其行为已构成受贿罪，依法应予惩处。"被告人提起上诉，H 省高级人民法院于 2005 年经二审审理作出终审判决，维持原审法院判决，并判处自然人 F 有期徒期一年。

2010 年 5 月后，被申请人继续使用该 C 商标。2010 年 8 月，申请人向被申请人发出律师函要求其必须于 9 月前停止对 C 商标商品的生产和销售，但被申请人仍继续生产和销售。

后申请人向仲裁委员会申请仲裁，主张《C 商标许可补充协议》和《关于 C 商标使用许可合同的补充协议》属无效合同，被申请人应立即停止使用 C 商标。仲裁庭最终裁决认定补充协议无效，被申请人应当停止使用 C 商标。

### 2. 申请人主张

2001 年至 2003 年，申请人原董事长自然人 E、总经理自然人 F 利用职务上的便利，在签署补充协议的过程中，非法收受被申请人董事长自然人 G 贿送的财物，为被申请人谋取利益，该利益就是补充协议的订立。补充协议约定的许可使用费严重低于该注册商标许可使用权的市场价值。2002 年补充协议约定的 2011 年至 2020 年的许可费总额为约 5300 万元，远低于申请人许可给 M 药业公司的许可费标准约 3 亿元，相差达约 2 亿。按 2002 年补充协议约定的许可费标准计算的评估基准日的市场价值为约 3000 万元，许可给 M 药业公司的为约 1.3 亿元，相差达 9000 万元。并且，2002 年《商标许可协议》中约定的许可费是按照被申请人所称销售额的约 2.5%确定的，而补充协议中约定的许可费并未经过任何测算。补充协议增加的 10 年许可期限中，除起始年度外（即第十一年），只有两年（第十四年、第十八年）的许可费有 3%的增幅，其余 7 年均无任何增长。

被申请人董事长自然人 G 以行贿手段与申请人原董事长自然人 E、总经理自然人 F 恶意串通签订补充协议，造成国有资产大量流失，严重损害国家和企业利益。

综上所述，申请人认为，上述两补充协议属无效合同，被申请人应立即停止使用 C 商标。

### 3. 被申请人答辩

被申请人认为，申请人没有提交任何一份证据，证明自然人 G 与自然人 F 和/或自然人 E 曾为了签订两份补充协议事前有明显或隐蔽的默契、商量过程的行为事实。且自 1995 年开始至 1997 年，被申请人就与当时 C 商标的持有人中国 P 公司总公司和中国 P 公司签署了一系列 C 商标的许可协议。1997 年 8 月，由于 C 商标的所有权由中国 P 公司总公司转让给了申请人，申请人和被申请人在 2000 年 5 月签订了《商标许可协议》。后因市场开发需要，双方才通过 2002 年补充协议就商标许可使用的年限方面作了适当的调整。

补充协议中约定的许可费也并无任何不当。首先，商标许可使用的费用多少，是民商事主体自由协商范围之内的事情，我国相关法律没有也不可能明确规定具体的收费标准。补充协议下的权利义务是否对等和平衡必须基于当时的时间点和客观情况来分析，而不能用事后诸葛亮式的思维方式看待问题。

此外，补充协议也沿用了先前双方合作中一直采用的收费方式。2002 年补充协议的实质内容与 2000 年《商标许可协议》并无大异，随着许可年限的增加，许可使用费逐渐增长，这是商标许可在实际中常见的安排，双方均不愿意改变这种商业模式。并且对被申请人来说，使用 C 商标的产品作为 H 省的传统性饮料，能否被全国其他地方的大部分消费者接受具有很大的风险，因此被申请人当时所面临的商业风险极大。可见，商标许可使用费的约定是双方综合考虑当时市场环境作出的合情合理的商业判断。

从双方签订 2000 年《商标许可协议》到双方签订两份补充协议变更许可期限，截至申请人向被申请人发出律师函（包括在 2005 年《刑事判决书》作出之后），在这长达 10 余年的时间里，申请人不但从未提出过异议，还一直主动地通过合同备案、收取许可使用费、出具书面证明、合作开展商业活动、合作保护知识产权等方式认可被申请人是C商标的授权许可使用人，即认可了两份补充协议的有效性。

综上，两份补充协议是合法有效的合同，对双方均有约束力。

**4. 仲裁庭观点**

仲裁庭归纳本案的争议焦点在于两份补充协议的效力。

仲裁庭指出，首先，根据H省高级人民法院的终审判决书可以确认，申请人公司的原副董事长、总经理自然人F与被申请人公司董事长自然人G之间有三次受贿和贿送的事实。受贿和贿送的时间与补充协议订立的时间契合。终审判决书还表明，自然人F参与决策同意将C商标许可给被申请人，被申请人因此取得了该商标的使用权，因此自然人G向自然人F贿送300万元港币的目的是两份补充协议的订立。

其次，根据终审判决书以及自然人F接受讯问的笔录可以证明，自然人F利用职务之便为被申请人谋取利益，该利益就是涉案补充协议的订立。补充协议的订立既损害申请人的利益，也损害国家利益。

仲裁庭还指出，补充协议的订立未见有谈判过程的证据、补充协议约定的许可费明显低于商业惯例、补充协议约定的许可费20年平均年增长率低于原合同年增长率、许可费标准低于申请人自己子公司使用C商标的许可费标准、补充协议的签订使申请人失去原合同中享有的10年期满可在竞争市场寻求更有利合作者的机会。此外，2000年《商标许可协议》约定的10年期中有两个年度许可费有增长，分别为第三年增长5%、第七年增长4%。2002年补充协议规定的第二个10年期中分别有两个年度许可费有所增长，分别为第四年增长3%、第八年增长3%。第一个10年期许可费总体增长了约10%，而补充协议规定的第二个10年期许可费总体增长了约6%。另外，补充协议约定的20年许可费平均年增长率为约1%，低于原合同平均年增长率。根据以上数据可知，与原合同规定的许可费条件相比，补充协议作出了对申请人不利的调整。

在2000年《商标许可协议》刚刚履行不过两年多时间，而且在此两年多时间内C商标饮料产品销售额正在快速增长的情况下，在2000年《商标许可协议》远没有到期的情况下，以对申请人不利的条件和明显不同于以前费用调整的方式来确定远未到来的下一个 10 年期的许可费标准，这不得不让仲裁庭产生是否存在正常商业活动之外因素影响的质疑，产生是否存在为一方谋取利益而损害了另一方利益的质疑。仲裁庭认为，只有将这一情况和自然人 F 受贿事实及自然人 G 贿送事实与补充协议的订立之间的关联性综合起来进行分析，才可以得到合理的解释。仲裁庭认为，自然人 G 贿送钱款的目的是低价延长 C 商标的使用权，并尽快将这一目的形成合同结果，自然人 F 收取贿款，在订立补充协议中利用职务之便为被申请人谋取上述利益，使被申请人因此如愿得到其所期望的条件下延长许可期限的合同。自然人 F、自然人 G 明知补充协议的订立会损害申请人的利益，为被申请人带来不正当利益，但是为了谋取各自的不正当利益而订立了补充协议，其结果必将为申请人带来利益损失。

申请人主张，被申请人 2010 年的销售额已经达到约 150 亿元，被申请人基于商业秘密的理由一直未披露其实际销售额，仲裁庭虽然无法确认被申请人 2010 年的实际销售额，但是补充协议如果得以履行至 2020 年，申请人将承受利益损失这一点是确定的。

综合以上分析，仲裁庭认为，申请人公司的原副董事长、总经理自然人 F 与被申请人公司董事长自然人 G 之间三次受贿和贿送的事实已经有法院判决认定，受贿和贿送的时间与补充协议订立的时间契合，自然人 G 向自然人 F 贿送的目的是补充协议的订立，自然人 F 利用职务之便为自然人 G 担任董事长的被申请人谋取利益，自然人 F 为被申请人谋取的利益是补充协议的订立，补充协议的订立既损害由自然人 F 担任副董事长和总经理的申请人的利益，也损害国家利益。补充协议的订立属于《合同法》第五十二条第二项（现参见《民法典》第一百五十四条）所规定的“恶意串通，损害国家、集体或者第三人利益”的情形，补充协议应当被认定为无效，被申请人应当停止使用 C 商标。

### 5. 案件评析

就本案而言，双方争议焦点在于两份补充协议是否有效，其中双方争议具体内容是补充协议中约定的许可费是否合理？是否可以依据许可费金额的高低倒推合同效力问题？仲裁庭深入审查双方证据，审慎地分析了涉案协议签订的背景和目的，结合当时的商业惯例，准确抓住关键的事实和法律依据，最终作出了公平公正的裁决。值得一提的是，本案当事人之间其他关联纠纷的管辖法院均援引本案裁定作出判决，足可见本案裁决的典型性。

实务中，如本案当事人所涉纠纷，通常不会仅局限于合同效力，而是会引起关联纠纷，下文列举关联纠纷类型并浅析。

（1）商标许可费

本案中，仲裁庭以畸低商标许可费作为认定协议无效的核心事实依据，事实上，不仅在协议纠纷中，在商标侵权赔偿中亦涉及对商标许可费的考量。《商标法》第六十三条规定了五种计算方法：权利人实际损害、侵权人所获利益、参照商标许可费、法定赔偿及惩罚性赔偿。上述计算方法非选择性适用，而是按照优先级次序予以适用。

虽然商标许可费是商标侵权赔偿的计算方法之一，但是实践中往往存在商标许可费难以确定的情况。主要表现为：有的权利人没有许可过他人使用涉案商标；有的权利人虽许可过他人使用商标，但由于约定的商标许可使用费较低，其不愿向法院提交《商标许可使用合同》作为参照；有的权利人虽提交了《商标许可使用合同》，但未能举证证明该合同的真实性或实际履行情况；还有的权利人提交了《商标许可使用合同》，但该合同中的许可期限、许可地域与涉案侵权行为的侵权期间、侵权地域存在不同；还有的权利人提交了《商标许可使用合同》，但该合同许可的商标不仅包括涉案商标，还包括其他商标，许可的权利不仅包括商标许可使用权，还包括其他相关权利。前三种情况下，人民法院无法确定商标许可使用费；后两种情况下，由于《商标许可使用合同》中的许可时间、许可地域、许可对象、许可权利类型等与涉案侵权行为的侵权期间、侵权地域、侵权对象、侵权类型等不尽相同，权利人与他人约定的商标许可使用费对涉案不具有直接参照性。

此外，德国《商标法》也将商标许可费作为商标侵权损害赔偿额的计算方式之一。关于参照商标许可费计算损害赔偿的适用问题，杜塞尔多夫高等法院于 2015 年 10 月作出的一份商标侵权判决可以为我们提供思路。在该案中，原告向法院主张被告在某电商平台销售的一款手机外壳上印有某标识的行为侵犯了其商业标识权利，故参照许可费用索赔共计1000欧元。杜塞尔多夫高等法院经过审理认定，被告的行为确实构成侵权，但原告主张的赔偿额过高，法院认为，通常情况下商标的许可费用是产品售价的1%—3%，涉案的手机外壳售价是4.29欧元，故认定涉案标识的许可费用是0.05欧元。被控侵权产品实际销售数量非常少，原告索赔额过高。①

在上述案件中，法院采用被控侵权人销售产品价格作为计算基础，但笔者认为采用权利人销售产品价格作为计算基础更为适宜，因为将许可费率作为损害赔偿计算的价值落脚点在于不得使未经许可使用商标的人比被许可人付出更少代价。在T公司诉廖某某的商标侵权案中，T公司向法院提交了《T商标使用许可合同》，但广州知识产权法院并未依据该许可合同确定损害赔偿金额，法院认为"T公司所提交的许可合同涉及9个注册商标和30多种药品，《T商标使用许可合同》并没有对每一个商标的许可费进行明确区分，且被许可商标的许可费难以直接计算，本案商标的许可费用无法通过这一合同直接计算出来，故无法以本案商标许可费为基准计算本案的侵权损害赔偿金额。"②

总结上述两案可知，我国适用商标许可费作为商标侵权损害赔偿计算方法需满足以下要求：

1）许可合同中被许可商标仅包含涉案商标；

2）许可合同中仅涵盖涉案商标许可事宜，不可约定其他与许可费产生关联的内容；

3）许可合同项下的地域范围应与涉案指控侵权行为有直接关联性。

法院根据司法审判经验认定商标许可的费率，这一点是非常值得借鉴的，法律的灵魂在于适用，而适用的智慧在于裁判者巧妙地将确定的法律法规适用在变化多样的生活中，这也是裁判水平进步的体现形式之一。

（2）虚假宣传行为

《反不正当竞争法》第八条规定："经营者不得对其商品的性能、功能、质量、销售状况、用户评价、曾获荣誉等作虚假或者引人误解的商业宣传，欺骗、

---

① OLG Düsseldorf, 12.05.2015 - I-20 U 92/14.

② 参见湖南省高级人民法院（2021）湘高法民三终字第82号民事判决书。

误导消费者。经营者不得通过组织虚假交易等方式，帮助其他经营者进行虚假或者引人误解的商业宣传。”

例如，原告某健康产业公司（以下简称原告）指控被告某饮料公司（以下简称被告）在广告宣传中使用的“全国销量领先的红罐饮料改名 H”等类似广告词的宣传行为是虚假宣传行为，构成不正当竞争。被告抗辩称，涉案广告语是对事实的描述，不构成虚假宣传。本案经过一审、二审及再审程序，最终由最高人民法院认定上述广告语不构成虚假宣传。

原、被告关于 F 注册商标许可协议的纠纷，2012 年 5 月涉案商标许可协议被仲裁委员会裁决无效，基于此裁决被告开始生产 H 红罐饮料，此前生产的是 F 红罐饮料。

二审法院认为涉案广告语构成虚假宣传，其理由是涉案广告语给“消费者传递的信息显然并非被告生产的产品更名为‘H 饮料’，而是‘F 红罐饮料’更名为‘H 饮料’，甚至让公众产生 F 商标已被废弃或消亡，市场上再出现即属于非法的认知，此必将导致 F 商标权利人权利受损。”①

再审中，最高人民法院持截然不同的观点②，汇总如下：

第一，从涉案广告语的含义看，被告对涉案广告语“全国销量领先的红罐饮料改名 H”的描述和宣传是真实和符合客观事实的。

第二，涉案广告语是向相关公众行使告知义务，告知的内容是以前的 F 红罐饮料现在商标已改为 H，否则相关公众反而会误认为原告公司生产的 H 红罐饮料为原来被告及其关联公司生产的 F 红罐饮料。因此，涉案广告语不存在易使相关公众误认误购的可能性。

第三，基于肯定被告在经营 F 饮料所做出的商业贡献，认定不构成虚假宣传。

第四，涉案广告语全国销量领先的红罐饮料改名 H 并未不正当地完全占用 F 红罐饮料的知名度和良好商誉，使 F 红罐饮料无形中失去原来拥有的知名度和商誉，并使相关公众误认为 F 商标已经停止使用或不再使用。

---

① 参见最高人民法院（2017）最高法民再 152 号民事判决书。

② 参见最高人民法院（2017）最高法民再 152 号民事判决书。

从上述最高人民法院的观点来看，其在认定涉案广告词是否产生了引人误解的效果时，法院假设的前提是消费者在购买时是否在“F 饮料”和“H 饮料”之间产生混淆，这是商标侵权认定标准。此外，最高人民法院未就“相关公众”进行认定，根据《反不正当竞争法》及相关司法解释的规定，认定是否构成虚假宣传“相关公众”的认定是其中重要的一环。此外，最高人民法院在判决中贯穿强调的一点是被告基于商标许可协议对 F 商标享有的知名度所做的贡献。法院认为虽然 F 商标知名度和良好声誉是原告作为商标所有人和被告及其关联公司共同宣传使用的结果，但是 F 商标知名度的提升和巨大商誉却主要源于被告及其关联公司在商标许可使用期间大量的宣传使用。被告使用涉案广告语即便占用了 F 商标的一部分商誉，但由于 F 商标商誉主要源于被告及其关联公司的贡献，因此这种占用具有一定合理性。①

这一观点与某知名饮料食品公司与某健康产业公司擅自使用知名商品特有包装装潢纠纷一案②中法院的观点基本一致。在该案中，原告某知名饮料食品公司（以下简称原告）指控被告某健康产业公司（以下简称被告）从 2012 年 6 月开始生产、销售标有黄色字体 E 商标字样的红罐饮料的行为侵害其知名商品特有包装装潢权，构成不正当竞争。被告抗辩称，红罐饮料特有装潢与 E 商标具有不可分离性，其最终应当归属于 E 商标持有人，即 A 医药公司。经仲裁委员会裁决确定，原告关联公司自 2010 年 5 月起停止使用 E 商标后，意味着 A 医药公司在收回 E 商标的同时，也将涉案知名商品特有的装潢一并收回，原告关联公司及原告不再享有涉案知名商品任何权利。被告在得到 A 医药公司授权的情况下，有权使用涉案商品的装潢，其行为不构成不正当竞争。本案经过一审、二审，最终最高人民法院认定被告不构成不正当竞争。

最高人民法院在该案中说理称，结合红罐饮料的历史发展过程、双方的合作背景、消费者的认知及公平原则的考量，因原、被告均对涉案包装装潢权益的形成、发展和商誉建树，各自发挥了积极的作用，将涉案包装装潢权益完全

---

① 钱小红、曹佳音、马蓓蓓：《〈广州王老吉大健康产业有限公司诉加多宝（中国）饮料有限公司虚假宣传纠纷案〉的理解与参照——虚假宣传行为的认定》，载《人民司法》2022 年第 17 期。

② 最高人民法院（2015）民三终字第 2-3 号民事判决书。

判归一方所有，均会导致显失公平的结果，并可能损及社会公众利益。因此，涉案知名商品特有包装装潢权益，在遵循诚实信用原则和尊重消费者认知并不损害他人合法权益的前提下，可由原、被告共同享有。

从上述法院认定可知，法院对许可人对商标、产品包装装潢知名度做出贡献的认可，亦可说明商标、产品包装装潢承载的美誉度、知名度并不随着许可合同的无效而当然归于无效，而是在事实基础上综合权利归属等因素给予客观、公正的处理。

回到题述仲裁案，该案争议焦点清晰，即认定涉案补充协议是否有效；涉案补充协议是商标许可协议，仲裁庭将不合理的许可费金额作为认定涉案协议无效的事实依据之一。那么，合同无效是否就意味着被许可人此前所有市场行为均会被强制涂抹，全部清零？答案是否定的。

在司法裁判方面，如上所述，最高人民法院在类似纠纷中予以了充分说理，法院内在的逻辑在于其认可商标、产品包装装潢美誉度是市场竞争优势的表现形式，应对于形成该优势的主体产生正反馈作用，因此对被告未予苛责。从市场架构平衡方面，被许可商标的美誉度是被许可人在充分施展其市场主体属性的产物，也一定程度凝聚了被许可人的贡献度，因此基于许可合同无效否认前述发展轨迹的积累显失公平。此外，从消费者角度来看，消费者关心的核心并非商标归谁使用，而是他们熟知的商标、产品包装装潢所指示的商品与旧有认知的一致性，因此允许被许可人一定程度地使用相关标识，即肯定被许可人的贡献与保护消费者利益的目标一致。

过往纠纷的出现、解决的价值之一在于预防和风险防控。知识产权许可近年来发展势头迅猛，在未来仍有着巨大的发展空间，随着这样的发展，如何规避知识产权许可所引发的风险越来越成为大家关注的话题。究其本质，在尊重、保护被许可人的贡献，同时顾念权利人的智慧投入的基础上，搭建友善的经营环境，公平的许可条件、诚信的市场行为、合理的利益分配，是有效解决纠纷的基石。

## 二、案例二

### 某消防科技公司与自然人A、某集团公司商标使用许可协议仲裁案

#### 1. 基本案情

第二被申请人（某集团公司）与案外人自然人B、C、D、E于2006年在G市获批成立了申请人（某消防科技公司），第二被申请人持有申请人90%的股权，其余案外人合计持股10%。另外，第一被申请人（自然人A）为第二被申请人的法定代表人，同时也是本案6个许可商标的商标权人。

2007年1月，案外人自然人B、C、D、E的全部股权以及第二被申请人70%的股权以总计1800余万元的价格转让给案外人F香港公司。股权转让后，F香港公司持有申请人80%的股权，第二被申请人持有申请人20%的股权，申请人也于2007年3月通过批准成为台港澳侨投资企业，此时法定代表人为第一被申请人。

2008年1月，案外人U公司与F香港公司的全资所有人签署了《80%股权协议》，协议约定股权出售和收购完成的先决条件是本案的许可商标和商号是永久、免许可费和排他的。同年2月，申请人与第一被申请人签订了《商标使用许可合同》。

2011年9月，F香港公司受让第二被申请人所持申请人20%的股权，签署了《20%股权协议》，协议约定“双方已签署一份形式和内容为受让方满意的、有关许可使用商标与商号的商标与商号许可协议”。同日，申请人与第一被申请人签订了本案的《商标与商号许可协议》（以下简称《许可协议》），约定“各许可人同意向被许可人及其关联公司授予一项永久的、不可撤销的、免许可费的、排他性的许可”。被申请人于2020年7月向申请人发出《关于终止商标许可的通知》，以申请人未对《许可协议》的4项业务产品展开生产制造，被许可商标未能被进行有效使用从而导致其可能被撤销为由而提出终止《许可协议》。2020年8月，申请人发送回函并提出异议。

2020年9月，申请人提起本案仲裁。

## 2. 申请人主张

申请人认为：

（1）《许可协议》和《80%股权协议》《20%股权协议》之间是不可分割的关系

本案《许可协议》明确约定了由被申请人授予申请人及其关联公司一项“永久的、不可撤销的、免许可费的、排他性的全球性许可”，协议中的“排他”是指排除包括各许可人在内的所有人，使申请人有权在《许可协议》的有效期内在特定业务中使用许可商标和商号。

另外，各方约定《许可协议》的签署是股权购买的前提条件，否则股权购买方有权立即终止。两次股权交易与股权估值极不匹配的高额股权转让金，其背后的主要对价即为商标与商号的许可。同时，确保商标与商号可以在股权交易后继续维持申请人的核心业务，因此商标和商号的永久的、不可撤销的、免许可费的、排他的许可是股权交易的根本目的。

（2）本案商标并不存在因未使用而被撤销的实质风险

理由如下：其一，申请人对许可商标在大部分许可产品上都进行了充分使用；其二，申请人并非许可商标的唯一被授权使用人，被申请人及其授权的其他主体同样有权利也有义务使用涉案商标，该等主体的使用行为也足以保证许可商标不会被撤销；其三，本案的许可商标本身未被他人提起撤销，不存在实质风险，即使出现许可商标被他人提起撤销申请的情况，亦不会导致许可商标整体被撤销。

（3）被申请人单方通知解除《许可协议》无任何依据

《许可协议》未约定申请人具有必须使用每一枚许可商标的义务，申请人未在部分授权业务上使用许可商标并未构成违约，更不可能构成足以导致合同解除的严重违约。退一步讲，即使申请人确实未在个别被授权业务上使用个别许可商标，亦不会当然地导致该商标被撤销。被申请人之“可能”导致许可商标被撤销风险不应被扩大解释，在许可商标被撤销的可能性微乎其微的情况下，即使申请人对个别许可商标未进行使用。因此，申请人认为其并未违反《许可协议》项下的任何合同义务，被申请人无权根据《许可协议》终止协议。被申请人单方宣称终止该协议的行为构成违约。

申请人的仲裁请求为：

（1）确认被申请人于2020年7月向申请人发出的《关于终止商标许可的通知》不发生终止《许可协议》的效力，《许可协议》继续有效。

（2）裁决第一被申请人立即在国家知识产权局完成《许可协议》及《许可协议》项下授予的许可的备案登记。

（3）裁决被申请人共同承担申请人为提起本案仲裁而支出的律师费用及差旅费。

（4）裁决被申请人共同承担申请人为提起本案仲裁而支出的证据保全费用和调查费用。

（5）被申请人承担本案的全部仲裁费。

### 3. 被申请人主张

被申请人认为：

（1）本案许可商标非永久的不可撤销，《许可协议》明确列明了协议解除的情形，即本案商标许可可以定性为附条件解除的无须支付许可费的普通独占许可

股权转让协议的签署和《许可协议》的签署是两个完全独立的法律事实，两份协议不是主协议与从协议的关系。

（2）申请人存在违反合同约定使用许可商标的情形

本案《许可协议》签订后，申请人存在以下违约情形，包括超出许可地域范围销售产品；超出许可商品范围在特定产品的销售过程中使用和宣传被许可商标；擅自改变了被许可注册商标核定样式并使用未经许可的商标；申请人因产品质量问题严重损害了被许可商标商誉；未按《许可协议》有效地使用许可商标，经书面通知后仍未纠正。

（3）继续履行合同不符合订立合同的目的，且严重损害被申请人的合法权益，对被申请人不公平

本案双方签署《许可协议》的目的是期待发挥签约各方各自所长，分别在不同的消防产品上共同使用许可商标，从而扩大市场知名度和市场占有率，共

享更大的品牌声誉。申请人违约不断，不珍惜许可商标商誉，甚至不履行独占许可商标上的使用义务导致商标权发生灭失的法律风险，其行为已经彻底违背了《许可协议》签署之目的。

因此，申请人作为独占被许可人对许可商标有使用的义务，无正当理由停止使用部分被许可商品，将导致商标权的丧失，不仅构成对《许可协议》的违约，同时也致使许可商标的权利存在被撤销风险，影响合同目的的实现，许可方有权终止许可并采取保全商标专用权的措施。

综上，被申请人提出反请求，主张：

（1）确认本案《许可协议》于2020年7月解除。

（2）裁决申请人立即停止使用许可商标和商号。

（3）裁决申请人向被申请人支付违约损害赔偿约100万元。

（4）裁决申请人承担被申请人的差旅费、公证费以及律师费。

（5）申请人承担本案的全部仲裁费。

**4. 仲裁庭观点**

（1）关于适用的法律

本案《许可协议》的订立及本案争议的产生均发生在2021年1月1日《民法典》施行前，根据相关规定，仲裁庭认定本案适用的具体法律为《合同法》。

（2）关于《许可协议》的效力

本案《许可协议》形式合法，内容未违反法律或行政法规的强制性规定，符合《合同法》规定的合同生效条件。

（3）关于《许可协议》的目的

涉案商标和商号“永久的、不可撤销的”许可是本案《许可协议》的根本特性，对此，仲裁庭认为，正确理解合同的约定，解决或者平衡永久与终止的矛盾，都应以双方当事人签订《许可协议》的合同目的为根本基础。

1）仲裁庭注意到《许可协议》并未载明签订协议的目的及说明，此外，尽管协议约定被申请人授予申请人及关联公司“永久的、不可撤销的、免许可费的、排他性的全球性许可”，同时又约定了协议终止的情形。

2）仲裁庭还注意到，与许可人从被许可人使用许可商标的生产经营活动中，或者按营业额或者按税后利润，控制被许可人的生产量和销售量、收取并获得相应经济利益的正常的、普通的许可方式不同，《许可协议》下被申请人对申请人使用许可商标的产品产量和销售额不能控制，并且无论申请人在使用许可商标的过程中如何盈利，被申请人都不可能从申请人处分享许可商标上因此产生的任何该等盈利。

3）仲裁庭认为，由于《许可协议》未明确约定合同目的，且合同条款之间内容不一致，因此审查、参考与《许可协议》有关的证据和文件不属于被申请人所说的“强行考量其他案外因素，或者扩大案外法律事实的定性”。仲裁庭在审查《80%股权协议》《20%股权协议》等相关文件后，认为《许可协议》并非普通的独占许可协议，而是“永久的、不可撤销的”《许可协议》。

（4）关于《许可协议》的违约行为

虽然本案《许可协议》约定了“永久的、不可撤销的”条款，但针对约定的终止情形，仲裁庭认为需要对被申请人列举的申请人违反《许可协议》的种种行为一一作出分析和判断，才能解决或平衡协议中约定不一致的矛盾。根据被申请人提供的证据和双方庭审情况，仲裁庭对违约情形分析如下：

针对申请人是否超出许可地域范围销售的行为。鉴于申请人将消防栓箱分体销售的行为并未被《许可协议》所禁止，亦未禁止申请人在上述地域之外销售其所生产的无品牌或其他品牌的消防栓箱，也未受到相关管理部门的监控。因此，仲裁庭不能认定申请人违反了《许可协议》。

针对申请人是否超出许可商品范围使用商标的行为。本案《许可协议》并未禁止申请人制造和销售灭火器箱产品，虽然某商标或标识并非本案许可商标，但《许可协议》并未禁止申请人制造和销售带有本案许可商标之外标识或商标的灭火器箱产品。因此，仲裁庭无法认定申请人在灭火器箱产品上使用※标识构成对本案《许可协议》的违反。

关于是否因申请人的氮气灭火启动瓶商品长期存在产品质量问题，从而损害了被许可商标商誉的问题，由于仲裁庭无法根据被申请人提交的证据证明该行为损害了许可商标的信誉。因此，无法认定申请人违反了《许可协议》。

关于申请人多年未生产、未在湿式报警阀上使用许可商标的行为，是否导致许可商标存在被申请撤销风险的问题，针对申请人连续三年未生产制造《许可协议》中的5项产品而言，根据现有证据和司法及行政部门的意见和标准，仲裁庭不能认定申请人的上述不使用行为会导致被申请人丧失许可商标的商标注册权。

最后，仲裁庭结合《许可协议》的“永久的、不可撤销的”根本特性和终止交易带来的重大影响，认为双方可以通过适当调整许可范围代替撤销所有商标的授权更为合理，更符合合同目的。

综上，仲裁庭不能根据被申请人提供的证据认定申请人上述各行为构成对本案《许可协议》的根本违约。

（5）关于《终止通知》的效力

《终止通知》仅指责申请人“连续三年未有效使用许可商标生产制造《许可协议》中的5项产品”，因此不涉及其他违约情形。仲裁庭认为条款强调“不会故意”的重要因素，且未见到被申请人提交证据证明申请人未连续三年在相关业务上使用许可商标存在损害许可商标、使其可能失效的“故意”。被申请人亦未向仲裁庭证明其因申请人连续三年未在相关业务上使用相关许可商标而遭受了损害，从而符合协议中关于遭受损害的特定商标或商号的许可人有权终止协议的规定。因此，综合被申请人的主张以及各方证据，仲裁庭认为被申请人发出的《终止通知》不产生终止效力。

综上，仲裁庭裁决如下：

（1）被申请人于2020年7月向申请人发出的《关于终止商标许可的通知》不发生终止本案《许可协议》的效力，《许可协议》继续对申请人和被申请人有效。

（2）第一被申请人立即在国家知识产权局完成本案《许可协议》及《许可协议》项下授予的许可的备案登记。

（3）驳回申请人的其他仲裁请求。

（4）驳回被申请人的全部仲裁反请求。

（5）本案申请人仲裁请求的仲裁费由申请人承担50%，由被申请人承担 50%。

（6）本案被申请人仲裁反请求的仲裁费全部由被申请人承担。

### 5. 案件评析

本案的《商标使用许可合同》涉及案外人的股权交易合同，虽然被申请人与案外人就申请人的股权交易看似与本案的争议无关联，但经过仲裁庭深入地审查双方证据，审慎地分析了《许可合同》签署的背景和目的，结合双方履行合同的情况和违约的行为，最终作出公正合理的裁决，其中仲裁庭的依据和说理不乏亮点。

（1）本案仲裁庭意见的亮点

1）鉴于各方在庭审中主张《许可协议》合同目的不一致，为了了解合同目的，仲裁庭综合多方面的证据后，发现了协议签署的真实背景、原因和目的都与两次股权交易有着密切的联系，并认为《许可协议》的签署是申请人原股东与现股东之间收购申请人股权交易的一个重要前提或先决条件。仲裁庭注意到《许可协议》未约定许可费，也未有关于使用许可商标盈利后的分配方式，结合申请人提供的案外人股权协议中约定的过高交易价格等证据，最终认定《许可协议》的根本目的是股权交易的重要条件。

2）仲裁庭在认定《许可协议》的根本特性后，综合分析双方的证据和条款的内容，并巧妙地分析《许可协议》中的各种违约情形，认定被申请人依据《许可协议》所列被许可人的违约情形强调了“不会故意”这一要素，且被申请人并未能充分举证证明申请人的行为属于损害许可商标的故意，最终认定《终止通知》不发生效力。

本案牵涉多方案外人的股权交易，合同履行时间跨度大，双方举证繁多，但仲裁庭在审理中慢慢拨开重重的“迷雾”，最终围绕订立合同的目的，全面分析案件焦点，作出公证合理的裁决，最终保障了申请人和案外人的合法权益。

（2）关于本案许可商标使用的问题

本案值得注意的是，被申请人主张因申请人连续三年“未有效”地按照许可协议“业务”项下的每项内容使用许可商标，导致许可商标面临被撤销和商标价值损失的风险。那么，关于撤销连续三年未使用注册商标的问题，在我国知识产权保护的司法实践中，是如何认定连续三年未有效使用商标的呢？什么情况下连续三年未在核定使用的商品上使用注册商标的行为会导致商标被撤销？

1）商标使用的法律及标准

《商标法》第四十八条规定：“本法所称商标的使用，是指将商标用于商品、商品包装或者容器以及商品交易文书上，或者将商标用于广告宣传、展览以及其他商业活动中，用于识别商品来源的行为。”《商标审查审理指南》下编第十七章第 5.2 款规定，“商标的使用，是指商标的商业使用。包括将商标用于商品、商品包装或者容器以及商品交易文书上，或者将商标用于广告宣传、展览以及其他商业活动中，用于识别商品来源的行为”。此外，按照北京市高级人民法院 2018 年发布的《当前知识产权审判中需要注意的若干法律问题》规定，只要有证据显示，使用注册商标的核定商品在市场上能够被相关消费者获得且持续一定的时间，使用行为不违反商标法的禁止性规定，就应当认定该注册商标已经进行了真实、公开、合法、有效的使用。

2）关于连续三年未在核定使用的商品上使用注册商标的行为是否会导致商标被撤销的问题

商标作为商业活动的标识，判断其是否属于《商标法》所规定的“商标使用”，最根本的标准就在于，该商标的使用是否起到了识别商品来源的作用。从立法精神来看，设置连续三年停止使用注册商标的撤销制度是为了鼓励和督促商标注册人使用其商标，发挥商标在市场上区分商品来源的作用，而不是片面追求局限的、固定的、严格的使用标准。对此，国家知识产权局以及司法机关发布的指导性文件（相关指导性文件的对应条款内容和重点参见表四）都对审查“商标使用”的认定标准作了合理的指引和规范。

**表四：关于商标有效使用的认定标准及条文表述**

| 生效期间 | 文件名称 | 相关内容 |
|---|---|---|
| 2010 年 4 月 20 日 | 最高人民法院印发《关于审理商标授权确权行政案件若干问题的意见》的通知 | 商标权人自行使用、许可他人使用以及其他不违背商标权人意志的使用，均可认定属于实际使用的行为。实际使用的商标与核准注册的商标虽有细微差别，但未改变其显著特征的，可以视为注册商标的使用。 |
| 2016 年 12 月至 2022 年 1 月 1 日 | 商标审查及审理标准 | 第七章第 5.3.7 款　商标注册人应当在核定使用的商品上使用注册商标。商标注册人在核定使用的商品上使用注册商标的，在与该商品相类似的商品上的注册可予以维持。商标注册人在核定使用商品之外的类似商品上使用其注册商标，不能视为对其注册商标的使用。 |
| 2018 年 | 北京市高级人民法院关于当前知识产权审判中需要注意的若干法律问题 | “撤三”案件中的问题<br>——商标有效使用的认定。在“撤三”案件中，不要求商标专用权人必须在诉争商标核定使用的每个商品上均进行使用，只要商标专用权人能够证明在其核定使用的具体商品上进行了真实、合法的使用，在与该商品相类似的其他商品上亦可以维持商标专用权的有效。然而，对于类似商品的认定，应当严格按照商品的功能、用途、生产部门、消费渠道和消费群体进行判断，主要从商品物理的客观属性进行认定，不能将非核定使用商品之外所谓“关联商品”上的使用证据，作为维持复审商标注册的有效证据。 |

续表

| 生效期间 | 文件名称 | 相关内容 |
|---|---|---|
| | | ——“撤三”案件中证据认定标准的统一性。商标法的各条款承载着不同的功能，连续三年不使用制度的主要作用是督促商标发挥其应有的效用，避免浪费资源。在“撤三”案件中，对商标使用证据的审查应一视同仁，撤销请求人如果不认可商标注册人提交的使用证据，应当充分说明对证据“三性”、证明力持有异议的理由或提交反证加以反驳，不能以撤销请求人提出诉争商标属于恶意注册为由减轻其举证责任。 |
| 2022 年 1 月 1 日至今 | 商标审查审理指南 | 第十七章第 5.2 款　系争商标实际使用的商品不属于《类似商品和服务区分表》中的规范商品名称，但其与系争商标核定使用的商品仅名称不同，本质上属于同一商品的，或是实际使用的商品属于核定商品下位概念的，可以认定构成在核定商品上的使用。 |

从表四内容可知，在同一商品下位概念或者在核定商品类似的商品上使用商标的，可以被认定为有效的使用，而不会直接撤销该商标。相关条文的表述共同突出了“相类似”“属于同一商品”“类似”等共性。其中，北京市高级人民法院的司法文件强调了不要求商标注册人在核定的每个商品上均进行使用，对于相类似商品的认定还需要参考商品物理的客观属性。同时，文件还强调撤销请求人与商标注册人的证据应当在“三性”及证明力上保持相同的审查要求和标准。

本案仲裁庭在判断申请人使用商标行为时，在分析申请人行为与被申请人主张的“撤三”风险和损害结果之间的关系时，充分参考了申请人提出的司法文件，在被申请人提供的证据不充分的情况下，认为申请人的商标使用未违反合同约定，更不会必然导致被申请人的注册商标被申请撤销，并驳回了被申请人的主张。

如今，我国国产品牌及商标的保护意识越来越强，国产品牌能够面向国际市场，离不开我国在知识产权领域的法律保护。如果法律对注册商标的使用设置过高门槛，要求注册商标只能在核定商品上使用，并且全面使用才可以避免商标被撤销的风险，这对商标注册人来说无疑是一种过重的负担。相反，合理调整商标使用的范围和统一认定标准可以增加行为的可预见性，帮助商标注册人、使用人充分按照市场需求调整使用的范围和方式，进一步加强商标作为品牌载体的功能，引导市场尊重商标及其代表的品牌价值，从而创造更多知名的品牌，营造良好的市场竞争氛围。

## 三、案例三

### 某家居有限公司与某商贸公司品牌代理合同仲裁案

#### 1. 基本案情

为共同开拓某 N 品牌在中国区域电子商务市场的销售，申请人（某家居有限公司）于 2015 年 5 月与被申请人（某商贸公司）首次签订了《某 N 品牌中国区域互联网渠道销售独家总代理合同》（以下简称 2015 年合同），后双方于 2016 年 6 月签订了本案合同取代了 2015 年合同。其后，双方又分别就本案合同签订了三份补充协议。根据合同约定，被申请人授予申请人在中国区域内的互联网上独家经销某 N 品牌商品的权利，有效期限为 10 年，自 2015 年 5 月至 2025 年 4 月底止。2015 年 8 月，申请人依据上述授权在某网站平台开设“某 N 品牌官方旗舰店”。

申请人逾期支付 2019 年 1 月、3 月、4 月、7 月的货款，被申请人于 2019 年 9 月向申请人发出《有关因贵司未支付逾期付款违约金而中止供货的通知》和《有关贵司拒不修改网页内容而中止供货的通知》，申请人于 2019 年 10 月向被申请人支付了延期付款违约金人民币 90 余万元，在付款用途中注明“逾期违约金”，并回复称其再次对网页内容进行修订，全面删除了对于某 N 品牌的介绍。被申请人于 2019 年 12 月向申请人寄送了《关于解除〈某 N 品牌中国区域互联网渠道销售独家总代理合同〉的通知》，称因申请人多次违约，且未在合理期限内纠正，故单方通知解除合同。

**2. 申请人主张**

申请人认为，第一，合同履行过程中，被申请人从未依据合同约定履行开放某 N 品牌在中国大陆地区物流中心及各直营门店的货品库存等义务，导致该供货数量远远无法满足申请人的销售需求，并造成申请人的利润损失。

第二，被申请人授权申请人的商标为独占使用，2018 年，被申请人与某采购公司在未通知申请人的情况下，将其授权申请人独占使用的全部商标转让给了其某国母公司。同时，商标注册人对案涉商标相继申请了续展，却一直不履行协助申请人完成某网站平台资质更新的合同义务。因此导致申请人无法正常经营，损失严重。

第三，申请人严守合同义务，不存在任何违约，且不欠付任何款项，被申请人才是违约方，其单方解除合同的通知没有依据。

综上，申请人主张：

（1）被申请人继续全面履行其与申请人签订的 2015 年合同及其全部补充协议。

（2）被申请人向申请人提供由商标注册人出具的授权申请人在某网站平台开设品牌旗舰店的独占授权书及全部商标的最新商标注册证书，并协助申请人完成品牌旗舰店的资质更新。

（3）被申请人承担申请人因提起本案仲裁而支出的全部合理费用（包括但不限于申请人的固定律师费和奖励律师费）。

（4）被申请人承担本案的全部仲裁费。

**3. 被申请人主张**

被申请人认为，合同约定的解除条件已成就。因申请人逾期支付货款，在收到书面通知后也未及时支付逾期付款违约金；另外，申请人的网络宣传行为违反合同约定，申请人在网络平台上超出授权范围使用品牌商标，在收到被申请人的书面通知后未在 15 日内纠正违约行为，被申请人有权根据本案合同约定，解除合同，终止与申请人的合作。

根据《合同法》第九十六条（现《民法典》第五百六十五条）的规定，当事人一方依照本法第九十三条第二款、第九十四条的规定主张解除合同的，应当通知对方。合同自通知到达对方时解除。

**4. 仲裁庭观点**

仲裁庭认为，当事人双方争议的焦点在于合同是否解除；如尚未解除，则被申请人应依约履行；如已经解除，则申请人关于继续履行合同的主张不能成立。

关于合同是否解除的问题，需要分析被申请人单方解除合同的依据是否合法合理：

被申请人仅以申请人未在限定的期限内采取补救措施为由，主张解除合同，仲裁庭不予支持。理由如下：首先，被申请人在寄出的通知中使用了“合理期限”的表述，虽未严格遵守合同约定的 15 日期限，若从当事人缔结长期合作关系的角度，合同中约定的 15 日应理解为合理的期限而非绝对的期限。其次，申请人已经采取了措施补救其违约的行为，若因迟延了 22 天而行使合同解除权，对申请人不公平，有违合同的公平原则。最后，综合各方的约定和履行情况，仲裁庭认为被申请人的主张不合理，不予支持。

被申请人以申请人违反合同约定进行网络宣传为由解除合同，仲裁庭予以支持。理由如下：第一，按照合同约定，申请人获得了被申请人的授权，但是并非可以任意使用被申请人的品牌，只能在合同约定的授权期限与指定的授权范围内使用商标。第二，申请人在网页“关于我们”中称“某 N 品牌入驻某网站平台，让中国消费者足不出户就能享受到与全球同步的家具家居产品”，内容具有明显的指向性，足以让消费者产生错误认知，仲裁庭认为超出了合同授权指定范围。第三，申请人的两次纠正行为主观上存在“无奈”与“违心”，客观上拒绝采取有效的补救措施且拒绝承认违约的行为，给被申请人继续履行合同带来很大的风险。第四，被申请人自 9 月发出纠正通知后，12 月才发出单方解除的通知，其间已经充分给予申请人合理时间纠正。

综上，被申请人依据申请人违反合同约定超出范围使用商标的行为解除合同，其依据合法合理，仲裁庭予以支持。

仲裁庭裁决如下：

（1）驳回申请人的全部仲裁请求。

（2）本案仲裁费由申请人承担 80%，由被申请人承担 20%。

### 5. 案件评析

本案是双方对签署合同约定的商标使用要求理解不一致引起的纠纷。被申请人主张单方解除合同是因申请人违反合同约定使用商标，而申请人却主张其使用商标的行为并未违反合同约定，其网络平台宣传的内容和方式在合同授权的范围内。最终，仲裁庭结合合同约定以及证据，合理运用法律原则，解决了双方的争议，支持了被申请人的主张。

（1）本案仲裁庭裁决的亮点

本案仲裁庭通过区别不同违约情况下解除合同的依据，通过分析双方当事人主张的合法性和合理性来裁判。仲裁庭区分被申请人解除合同的依据可以在复杂的证据和事实面前保持清晰的审理思路，准确抓住关键的事实和法律依据，最后作出公平公正的裁决。

就本案而言，双方争议焦点在于合同是否解除，而被申请人解除合同的依据主要分为两个，分别对应申请人迟延支付违约金和超出授权范围使用商标的两种行为。针对申请人的两种行为，仲裁庭详细地分析了违约的主观和客观因素，结合提供的证据和法律原则，分别作出了不同的判断。

（2）关于在销售代理品牌的商业活动中商标使用的合法性

随着技术的发展以及网络购物的普及，网络平台的经营者或商家通过获取知名品牌的独家销售代理来拓展市场变得常见。在实践中，很多商家以为独家销售代理权合同已确定了商标使用的授权，并以此开通了网络店铺，如果代理方认为其获得某一商标授权，就可以利用品牌的价值，这是错误的。

商标是品牌的一部分，是品牌在法律层面的表现形式，是品牌受到法律保护的重要落脚点之一。品牌与商标之间有一个关系，即商标是品牌的载体，一个品牌可以由多个商标组成，包含著作权、专利权和其他知识产权。在这基础上，一个销售代理商获得授权，并不代表其有权以品牌的名义在网络上任意宣传，在合同未明确约定的情况下，不能推定其有权使用品牌故事作为宣传内容。

本案中，仲裁庭发现被申请人与申请人签署了独家销售代理合同，双方成立买卖关系。关于网络销售代理方与品牌方应当如何认定法律关系的问题，在司法实践中也存在一些案例以及审判思路，主要是结合合同约定以及实际履行的内容判断。不论认定双方为代理关系还是买卖合同关系，都不影响双方在合同中约定使用商标的事宜。涉及网络平台的销售和宣传事宜，被授权方（代理方）应当在授权书或合同中写明授权的范围，若需要以“直营”“品牌直销”等内容进行宣传的，应征得品牌方的书面同意。否则，即使有使用商标的授权，也可能会侵犯品牌方的其他知识产权。值得注意的是，如果一方故意违约，其违约行为同时构成侵权的，如侵犯品牌方的著作权、商标权等，不仅需要承担违约责任，还需要承担侵权赔偿责任。

在当今中国互联网平台快速发展的浪潮推动下，全球各地知名品牌纷纷来开拓中国的市场，如果国内的一些市场经营主体还试图通过“打擦边球”的做法追求高收益，不惜侵犯他人的知识产权，不仅不利于我国知识产权法律体系的完善，阻碍法治社会的发展，还会扰乱市场秩序，破坏外商投资环境，损害我国在国际市场上建立的信誉和良好形象。

## 四、案例四

### 深圳某K科技公司诉CTX公司及其股东商标侵权案①

#### 1. 基本案情

本案原告分别为深圳K科技公司和香港K公司，其中深圳K公司是一家总部设在深圳的科技企业，1999年在中国注册了涉案商标“K＊W”，并于同年使用涉案商标在美国销售其主要商品“印刷电路板”（PCB）。被告一CT公司是一家总部设在美国佛罗里达州的公司，由被告三股东R某于2002年创立并经营至今。被告二KW有限公司由被告三股东R某于2013年创立。被告一销售PCB，但并不生产PCB，而被告二则作为持股企业，不销售和生产任何商品。

① 鉴于充分尊重仲裁案件不公开的特点，结合对报告内容翔实性的考量，本书部分选取了司法判决案例为素材。

2005 年，被告三就拟在美国销售原告一制造的 PCB 一事与案外人某资本公司洽谈，且该公司是原告一的控股股东。为了建立良好的合作关系，被告三与某资本公司通过邮件的形式签署了合作合同。2009 年，原告一聘请一家新的公司作为其北美地区的销售代表，并逐步拓展其全球的业务。2013 年，被告三注册了 KW 公司，即本案被告二。2014 年，被告二向美国专利商标局（the U.S. Patent and Trademark Office）申请在电路板类别的注册商标“K＊W”。双方在 2017 年至 2019 年，因合同违约的问题进行过诉讼。随后，原告提起商标侵权诉讼，被告提出了反诉，且双方诉讼期间提出了各种动议（Motions）。案件因疫情原因暂停审理，待案件重新开庭后，双方均提出简易判决动议（Motions for Summary Judgement）。2021 年 12 月，美国佛罗里达州法院作出判决，支持了原告的部分主张。

**2. 原告主张**

原告主张被告商标侵权，并请求法院撤销其申请注册商标的行为。原告认为其在中国注册的商标应当受到保护，且被告使用其商标的名称和标识在美国注册商标的行为侵犯了原告对涉案商标的合法权益，应当停止侵权并撤销申请。此外，原告还要求认定被告的行为同时欺骗了美国专利商标局。原告主张的理由总结如下：

（1）认定被告的行为侵犯了原告合法注册并使用的商标权

首先，原告是涉案商标的最先使用人。原告于 1999 年在中国获得注册商标证书，获得注册商标后不久，原告向美国 EMP 公司销售印有涉案商标标识的 PCB，简单来说，原告在与被告建立合作关系的三年前，就已经与案外人 EMP 公司建立了贸易关系。除此以外，原告还与案外人 M 某以及其带领的团队建立了合作关系，由 M 某及其团队作为原告在美国的销售代理人，销售 PCBs。2003 年，原告还使用了商标的名称和标识建立了专门的网站，为全球消费者提供可以购买商品的网络销售渠道。其次，原告与被告签署的合同约定被告不可对外用“K＊W”的标识来销售商品，只可以自己的名称来分销该商品，被告也不享有独家使用的权利。因此，不管是从事实上还是合同的约定上，被告都不是涉案商标的所有权人。

（2）撤销被告在专利商标局的申请

原告是涉案商标的所有权人，其商标标识和名称体现了原告商品及其品牌的商业价值，且涉案商标在美国市场上已有一定的知名度。被告向美国专利商标局的申请实际上侵犯了原告商标在美国的合法权益。

原告申请撤销商标申请而不是终止，是因为被告自始就没有申请商标的权利，该商标不应由被告申请，而是应该由原告单独申请。因为原告才是该商标名称和标识的所有权人，所以被告提交注册申请书所附带的证据以及陈述的内容与事实相矛盾，违反了申请承诺书的规定，被告的行为属于欺骗美国专利商标局。

### 3. 被告主张

被告请求法院驳回原告的全部诉讼请求，并提出反诉，请求驳回原告商标注册申请，确认原告没有涉案商标注册的权利，主张其享有涉案商标的在先使用权，并主张原告向美国专利商标局提出异议的行为构成欺骗。被告主张的理由简要总结如下：

（1）原告的诉讼请求已经在其他诉讼案件中自动放弃。原告主张的诉讼请求是对 2019 年已审结的诉讼案件的强制反诉，而且案件审理期间原告并未就相关权益提出商标侵权的主张，据此可以推定原告在 2019 年的诉讼案件中已放弃了相关的请求权。

（2）被告享有涉案商标的法定使用权和在先使用权。被告主张其自 2005 年起就在美国使用涉案商标，符合美国法律规定的合法使用。

（3）被告依据衡平法的原则，认为原告的诉讼请求是因其迟误而不容否认，指出了原告在主张权利方面有疏忽或者有不合理的拖延，请求法院拒绝给予原告救济。

### 4. 法官的观点

本案法官主要围绕双方的争议焦点展开深入的分析和推理，具体如下：

（1）关于商标侵权的认定问题

根据美国的判例法，商标侵权需同时满足两个条件，其一是原告需证明其在侵权的名称或标识上享有合法的权利；其二是他人认可侵权的名称或标识与注册商标相似，如容易使消费者将两者混淆。

本案中，被告的行为已满足第二个条件，即其使用的名称和标识已经达到了让市场消费者混淆其与原告注册商标相似或一致的程度。而对于第一个条件，法官认为需要先分析商标的在先使用权问题。首先，商标的使用权是由最先在商业领域使用的日期决定的，也决定了使用人对该标识的“在先使用权”；其次，在先使用权具有地域性，也即使用人在美国领域外使用商标的，并不能认定其就必然享有在先使用权；最后，若商标存在经销代理关系，则需要判断双方签署的合同是否对商标的权属有明确的约定。

原告与被告自2005年成立生产和经销的合作关系，对于谁享有商标所有权的问题，美国的判例法普遍认定生产商的商标权利理应优于分销商，无论该分销商是独家还是非独家。即使在非独家分销商的商业活动中，消费者无法判断其购买的商品所对应的商标由某一家经销商代理，但可以准确判断该商品及商标对应唯一的生产商。此外，法官还认为，若被告是独家的经销商，其还需要履行一定的举证责任来反驳前述推定，如证明具有可以推翻事先推定的事实，可以是：1）哪一方创造了商标的标识；2）哪一方将标识附加在商品上；3）哪一方的名称与商品和标识一并使用；4）哪一方控制着标有商标标识的商品（制造）；5）消费者会因为该标识而辨识出商品代表的一方；6）哪一方支付了商品及标识的宣传费用。

结合原告提供的证据，法官发现其在与被告签署合同前就已经在美国销售PCB，同时建立了含有商标名称和标识的网站等商业活动，相关证据足以被认定为在商业领域使用商标。相反，被告提出的反驳观点和证据并不能改变法官对案件事实的判断，被告也未充分证明其存在能够推翻事先推定商标权属的事实。按照前述这些判断的标准和基本事实，法官更愿意相信原告就是涉案商标的所有权人以及在美国的在先使用人。因此，被告不享有涉案商标的在先使用权，原告对涉案商标的权利应当受到保护。

（2）关于撤销被告商标的注册申请问题

关于是否撤销被告商标的注册申请，需要先判断谁享有合法的商标权和在先使用权，而前述已认定原告对商标的优先权，因此撤销被告商标注册的申请合法合理，应当予以支持。对于撤销申请的认定问题，主要有三个，本案中原告已经证明了两个要件，分别是被告申请的商标与原告商标相似，且申请的商标容易让市场消费者混淆。法官需要分析和判断的最后一个要件是商标在交易中被区分或辨识的权利在申请人（被告）使用前已经被其他人（原告）所享有或获得。对于被告主张的其拥有涉案商标的权利，因法官已认定涉案商标属于原告，其申请商标注册的行为就没有事实和法律依据。最后，结合双方的证据和陈述，法官支持了原告的撤销请求。

（3）关于双方的其他主张

关于被告主张原告诉讼请求构成强制反诉的情形，对此，法官认为构成强制反诉的要件是相关诉讼请求是否符合逻辑关系。结合原、被告双方在 2017 年提起的诉讼案件（案由为合同违约“breach of contract”），前述案件的本质是合同纠纷，相关的法律关系和审判标准与本案商标侵权无关，即商标侵权与合同是否违约无直接的关联关系，侵权行为并不因为一方的合同违约行为而不受追究。

关于双方均主张对方的行为欺骗了美国专利商标局的问题，法官认为“被告三是否明知原告在美国享有对涉案商标的合法权利”是认定是否构成欺骗的关键。首先，证明存在欺骗的要求一方提供充分且直接的证据；其次，主张对方欺骗的一方需要承担该主张的证明责任；再次，本案的被告方对原告方观点逐一进行了举证和反驳，若被告存在故意或明知而为，原告应当提供更加直接和充分的证据；最后，法官对于判断被告方是否存在欺骗的争议，认为原告并未充分举证，且案件事实复杂，需要通过开庭程序进一步审理才能作出准确的判断，不应在简易判决中作出。

### 5. 案件评析

本案虽然是诉讼案件，但案件涉及国际贸易以及商标的跨地域保护问题。值得一提的是，本案的州法官引用和参考了《麦卡锡论商标及不正当竞争法》（McCarthy on Trademarks and Unfair Competition）的观点，并循序渐进地分析商标侵权的认定标准，总结了同类型案例的判决思路，辩证地分析了双方的观点，最终得出的判决依据充分且合理。通过本案，我们可以了解到美国的商标判例以及政策对商标保护的实践，特别是在国际贸易过程中使用商标的一些问题和风险。

本案中法官判断被告是否侵权时，主要围绕两个重要的问题展开分析，第一，商标的在先使用权认定问题；第二，国际贸易关系（生产商与经销商的关系）中商标权属争议的问题，具体分析不再赘述。结合本案法官的判决思路和依据，笔者建议在国际贸易中，企业或者商标权人应当在合同中明确约定关于商标使用的条件，增加一些约束的条款，同时加强对经销商销售情况的监督，定期跟进商标标识或名称的使用情况，并在商业活动中注意保留使用商标的证据。

美国在商标侵权争议上的判决案例值得我们借鉴和学习，不仅是因为美国知识产权保护法律体系的发展，也是因为美国的司法在国际贸易和知识产权保护领域的发展，进一步推动美国站在全球科技创新的领先地位，同时也成为国际贸易的中心。

回归到知识产权仲裁领域，知识产权的保护具有地域性，随着国际商业活动的飞速发展，商标在不同国家的司法保护的不确定性越来越明显。大部分国家由于审判体系的差别不能在国际标准下解决知识产权类型的争议，从而导致不同司法管辖区域出现了不同的判决。因此，若企业想要保护其商标在国际贸易过程中的专用权和商业价值，其可能需要在多个国家或不同司法管辖区域提起诉讼。在不同的司法管辖区域提起商标侵权诉讼，会大大增加企业的维权成本，特别是诉讼程序和时间难以控制。相较于诉讼，知识产权仲裁可以提供一种高效的替代性解决方式，使所有的争议都可以在一个程序中得到解决，相关的程序也可以由当事人控制，同时可以减少出现因地域性和司法实践的差异带来的负面影响，如当地政策的不平等保护。

# 第二节　专利领域仲裁案例分析

## 一、案例一

### 中国A能源公司与中国B化学物理研究所技术合同争议仲裁案

#### 1. 基本案情

本案涉及中国A能源公司（以下简称申请人）与中国B化学物理研究所（以下简称被申请人）之间的技术合同纠纷。

2010年9月，被申请人与中国C煤业公司（申请人之母公司）签署了合作备忘录，约定进行1万吨/年Y产品工业试验，其中中国C煤业公司组建新公司（申请人）负责工业试验装置的建设与运行，被申请人负责技术支持。备忘录中还约定了知识产权收益的分配方式，亦即工业试验装置取得成功后，申请人在中国G省内获得独家许可以及取得在其他区域进行技术许可的许可费的50%收益。2010年9月30日，被申请人和中国C煤业公司就Y产品的合成共同申请了国家科技支撑计划重点项目，中国C煤业公司随之注册成立了申请人中国A能源公司。

2010年11月，申请人与被申请人签订了本案合同。合同约定的被申请人义务为：为申请人进行设计，并在现场建设、运转作为装置组成部分的工艺单元用于生产1万吨/年Y产品的许可和专利技术，编制可行性研究报告、工艺包，并且提供基础设计、技术服务和人员培训等，同时还约定了合同价款为约1000万元人民币。

2011年1月至2012年3月，申请人向被申请人分次支付了共计约800万元的合同价款。

2012 年 12 月，中国 F 省科技厅出具鉴定意见，确认年百吨级 Y 产品中试装置运行结果与小试技术指标一致。

2013 年 6 月，申请人和被申请人共同出具了 1 万吨/年 Y 合成工业试验装置运行报告，确认全套装置于 2013 年 5 月投料试车并运行，合成出了合格的 Y 产品。

2013 年 10 月，被申请人向申请人发送邮件要求支付剩余的约 200 万元合同款，申请人认为合作项目中一些重要关键问题尚未解决，拒绝支付款项。

2015 年 12 月，两个国家级工业联合会召开课题验收会，确认中国 C 煤业公司与被申请人完成了万吨级 Y 合成工艺包，建成了万吨级合成装置，并于 2013 年 7 月开展了万吨级装置工业试验，同时承认在万吨级装置的调试过程中，出现了催化剂与产物分离困难、设备腐蚀严重等问题。

2019 年 2 月，申请人致函被申请人，要求解除涉案合同以及中国 C 煤业公司与被申请人之间的备忘录，返还约 800 万元技术转让费并且赔偿相应的损失，同时要求分享被申请人与案外人中国 J 公司 5 万吨/年 Y 合成工业项目的合作收益。

2019 年 2 月 28 日，科技部组织的 Y 产品合成项目的结题验收会所给出的结题意见认为，该项目建成并运行了年产百吨级生产装置并且完成了万吨级 Y 合成工艺包的编制。

### 2. 申请人主张

申请人主张，涉案合同属于技术合作开发的性质，双方合作开展的万吨级工业试验所形成的相关工业技术（包括专利以及非专利技术）产权由双方共有。

申请人还主张，本案合同的首要目的是确保试验装置建设并稳定运行，产出符合要求的产品并达到年产约 1 万吨的产能，其他目的是工业试验装置的建设及技术能够支撑国家科技支撑计划课题的验收。

根据申请人的主张，项目在 2013 年 5 月进入投料试车阶段，许多关键技术环节陆续发生问题，导致生产流程未能全部打通，亦未能产出合格目标产物，而且申请人向被申请人提供的催化剂，亦多次出现质量不合格等重大问题。从

2013 年 7 月发生问题直到 2014 年 7 月长达一年时间，技术问题仍然未能得到解决。申请人为避免前期投资的上亿元全部损失，不得已于 2014 年 8 月另行委托第三方某大学就案涉项目进行技术开发。

申请人又主张，被申请人未按合同约定履行专利技术许可义务，同时还有涉案技术的专利已经无效的情形，还存在技术文件编写不符合要求以及逾期交付的行为。

同时，申请人再主张，在合同履行期间，被申请人在同一省份另行许可第三方实施案涉技术，违反了中国 C 煤业公司与申请人之间备忘录的约定，同时就这一许可行为的收益，申请人应该有权取得相应的份额。

因此，申请人的仲裁请求包括：（1）确认申请人与被申请人签订的合同已解除，并要求被申请人返还已支付的技术合同费用约 800 万元；（2）被申请人向申请人支付违约损失赔偿金额约 650 万元；（3）确认申请人针对被申请人与案外人技术许可，享有技术许可收益 50%的权益。

### 3. 被申请人主张

被申请人认为，涉案合同包括技术许可和技术服务的内容。被申请人在合同项下的义务是提供包含技术许可内容的技术资料、进行技术服务和培训；被申请人已经严格履行了本案合同项下的义务，帮扶了申请人在标的技术工业应用方面的发展，对于申请人投资建设的万吨/年 Y 合成工业试验装置打通了全部工艺流程，产出了合格的产品，申请人的合同目的已经实现。

被申请人还认为，本案合同的名称为《中国 A 新能源公司 1 万吨/年 Y 合成工业试验装置工程技术合同》，讼争装置的性质为工业试验装置，而且合同定义部分的工业试验装置明确定义为“尚未工业化而进行工业化试验的装置”，因此，本合同为工业化试验装置，而工业化试验装置的建设，必然有一定的风险。被申请人认为，申请人应明知讼争装置的“工业试验装置”的属性和其风险性，也明知其与工业化装置的区别，鉴于标的技术属于新工艺，投料试车难免会出现一些问题，但这些问题都是提前预知、可控且最终解决了的，这种情况符合本案合同“工业试验装置”的特性。

被申请人主张，申请人对讼争装置自行进行了停车，申请人在对讼争装置停车之前，没有通知过被申请人。同时被申请人还主张，申请人拒绝对项目进行性能评价，拒绝支付最后的款项，违反了合同约定。基于以上的理由，被申请人提出反请求，请求裁决申请人向被申请人支付合同余款约 200 万元。

被申请人另外主张，申请人提交的合同解除请求和损害赔偿请求已经超过诉讼时效。

### 4. 仲裁庭观点

针对申请人的仲裁请求与被申请人的仲裁反请求，仲裁庭归纳案件核心的争议焦点为：

焦点一：申请人是否有权解除其与被申请人签订的本案合同，并要求被申请人退还其已经支付的合同项下费用约 800 万元？

焦点二：申请人是否有权要求被申请人赔偿其因被申请人违约而遭受的损失？

焦点三：被申请人是否有权要求申请人向其支付剩余合同款项约 200 万元？

关于焦点一，仲裁庭的意见如下：

第一，仲裁庭认为，本案需要对合同的性质进行明确。根据本案合同的名称以及内容可以看到，被申请人授权申请人使用被申请人的工艺和专利技术，来设计、建设和运行本案合同现场的工业试验装置，因此被申请人并没有将知识产权转让给申请人，因此本案合同的性质不是技术转让合同。

第二，仲裁庭认为，本案双方当事人签订合同时，被申请人已经合法拥有 Y 合成技术，本案合同约定的内容则是将该技术进行工业试验，不是就签订本案合同时尚不存在的技术进行研究和开发。因此，仲裁庭认定，本案合同的性质不是技术开发合同。

第三，仲裁庭认为，本案合同专门就案涉技术的许可进行了相关约定，同时，约定的合同价款包含专利许可费而非技术转让费。结合双方当事人签订本案合同的目的以及双方关于本案合同的履行约定，可以确认本案合同具有技术许可的内容。

第四，最为重要的是，仲裁庭注意到，本案合同的名称包括“工业试验装置”的字样，结合本案合同中关于装置为“世界上首套工业化实验装置”的表述可以看出，双方当事人签订本案合同是希望能够实现 Y 合成这一技术的工业化应用，并能够工业化、规模化地批量生产，因此本案合同实际是双方当事人之间关于这一具有实用价值的技术成果，以实现工业化生产为目标，约定了后续的试验和开发内容的技术转化合同。

关于被申请人是否存在违约行为，以及存在何种违约行为的问题，首先，仲裁庭认为，鉴于本案合同的性质是技术转化合同，因此合同中涉及的技术为阶段性技术成果，也就是指完成小试或中试尚未达到可以直接用于工业化使用的技术成果。因此，虽然本案合同约定被申请人提供的技术应当确保能够年产 1 万吨 Y 产品，但是在进行工业化试验之前，双方均不知晓试验本身是否能够成功，是否能够生产出相关产品，以及产能是否能够达到年产 1 万吨的标准。如果双方在签订本案合同之前就能够确定案涉技术一定能够实现年产 1 万吨 Y 产品的结果，那么双方也无须签订本案合同进行工业试验，本案中的课题验收结果也证明了这一点。

其次，仲裁庭认定，在本案项目中，被申请人将其技术应用于工业试验装置本身就是将涉案技术许可给申请人的表现，因此被申请人已经对申请人进行了技术许可。但是，仲裁庭认为，被申请人未能按照本案合同的约定及时向申请人交付可行性研究报告，未能履行本案合同关于在安装和试车期间派遣专家现场提供技术服务和进行监督的有关约定，构成对本案合同的违约，这种违约是较低程度的。

关于申请人是否有权依据《合同法》第九十四条第三项（现《民法典》第五百六十三条第一款第三项，下同）的规定解除本案合同的问题，仲裁庭认为，解除权的行使是法律赋予当事人保护自己合法权益的手段，虽然法律没有规定解除权的行使期限，当事人也没有约定解除权的行使期限，但该权利的行使并非毫无限制，因为解除权的行使将导致合同关系的重大变化，如果享有解除权的当事人长期不行使解除的权利，就会使合同关系处于不确定状态，影响当事人权利的享有和义务的履行。因此在法律没有规定以及当事人没有约定解除权行使期限的情况下，解除权人也应当基于诚实信用原则在合理期限内行使解除权。

本案中，申请人于 2011 年 5 月发函催促被申请人提供可行性研究报告，还于 2014 年 1 月向被申请人发函催促派出专家前往现场提供技术指导和技术服务。但是申请人在已经知道被申请人存在违约行为的情况下，直到 2019 年 2 月才向被申请人发函通知解除合同，已经经过了 5 年多的时间，超出了行使解除权的合理期限，因此，仲裁庭认定，申请人无权依据《合同法》第九十四条第三项的规定解除本案合同。

关于申请人是否有权依据《合同法》第九十四条第四项的规定解除本案合同的问题，仲裁庭认为，《合同法》第九十四条确立了合同的法定解除权制度。这一制度的首要目的在于赋予非违约方合同解除权，使其能够获得以解除合同为补救方式的特殊救济。但是，结合合同法的立法宗旨，对于合同法定解除权的行使条件予以严格限定才是这一制度的主要价值理念，而非赋予当事人随意解除合同的权利。

结合本案，在技术合同领域，特别是涉及将技术投入工业化进行工业化试验的合同中，尤其应当注意对合同法定解除权的适用予以严格规范。工业化是科学技术转变为生产力的关键阶段，从实验室到工厂，从试产到量产，通过反复的试验、调试，不断解决和克服已知或未知的问题和困难，是技术工业化的必经之路。这一过程中，迫切需要投资方和技术方的精诚合作。因此，对于这一类合同履行过程中是否存在违约行为，以及违约行为是否导致合同目的无法实现的判断，尤其应当慎重，而作为判定合同目的是否无法实现的前提，首先要对合同目的有一个正确的理解。

在没有明确约定的情况下，对于技术转化合同，不能将生产确定规模或数量的产品认定为合同目的。因为技术转化以技术的工业化运用为主要目标，其仅解决技术能够从实验室走向工厂，并产出相应的产品，而技术工业化试验过程中能否生产出确定规模或数量的产品，最后在工厂中能否产出固定规模或数量的产品，不特定性因素很多。另外，技术工业化过程本身存在较高的不确定性，也存在工业化失败的风险。本案合同明确约定双方将承担一定的风险，虽然并未明确双方可能承担的是哪种风险，但可以肯定的是，双方当事人在签订本案合同时对于涉案技术工业化过程中可能产生的风险具有一定的认识，也即双方当事人能够认识到案涉技术即使可以实现工业化，也可能存在产能无法达到年产 1 万吨的风险。

综上所述，仲裁庭认定，虽然双方当事人签订本案合同是希望通过对案涉技术进行试验，达到工业化的目的并且设立了年产 1 万吨 Y 产品的目标，但是，达到年产 1 万吨本身并不是本案合同的目的，本案合同的目的应当是案涉技术工业化试验后可以产出合同约定的产品，这与产品本身是否能够达到确定的规模或数量，并不是同一层面的问题。

仲裁庭指出，在案件提交的报告以及课题验收意见中可以看到，申请人与被申请人一致确认建成了百吨级 Y 合成装置，并开展了连续运行试验，形成百吨级中试技术，同时完成了万吨级 Y 工业化工艺包编制。这表明案涉技术在进行工业化试验中，能够进行工业化生产并且产出目标产物，且至少达到了年产百吨级的生产规模。即使申请人提出的案涉技术在工业试验过程中存在设备运行不稳定、设备腐蚀、产量未能达到年产 1 万吨的标准等问题，但这些问题不影响案涉技术已经可以在工业试验中成功、已经工业化地生产出目标产物而且达到年产百吨的生产规模这一事实。基于上面的分析，仲裁庭认为本案合同的合同目的已经实现。

综上所述，仲裁庭认为，虽然在合同履行过程中，被申请人有轻微违约行为，但是由于本案合同的合同目的已经实现。因此，仲裁庭认定，被申请人的违约行为并未导致本案合同的合同目的不能实现，合同法第九十四条第四项规定的法定解除权行使的前提条件不成立。

关于焦点二，仲裁庭的意见如下：

仲裁庭认为，至少最晚在 2014 年 8 月初，申请人与案外人中国某大学签订技术开发合同的时候，申请人已经确认被申请人存在违约行为，并认为本案合同的合同目的不能实现。因此，仲裁庭认定，申请人要求被申请人承担违约赔偿责任的诉讼时效最晚应当自 2014 年 8 月初起算，而自该日期至本案的申请日已经超过了诉讼时效。

同时仲裁庭认为，这一诉讼时效没有因申请人于 2016 年 4 月向被申请人发送邮件及相关附件而中断。其原因在于，仲裁庭注意到，申请人在提出退还约

800万元合同款项时，并未要求被申请人赔偿因违约而遭受的损失。对此，仲裁庭认为，虽然申请人在该邮件附件中具有“主张权利”的意思，但是该主张针对的是申请人已经支付的约800万元合同款项的退还，而并非违约损害赔偿，因此，这一邮件不构成时效中断。

关于焦点三，仲裁庭的意见如下：

仲裁庭认为在本案中，根据合同的约定，申请人向被申请人支付最后一笔合同款项约200万元的前提条件是“考核评价结束”和“开具合同总价的20%的相关商业发票”。

仲裁庭认定，由于双方当事人未能进行考核评价，且被申请人也未曾根据本案合同的约定向申请人开具发票，因此，申请人支付约200万元合同款项的条件并未成就，被申请人无权请求申请人支付剩余的约200万元合同款项。

此外，关于申请人请求确认享有技术许可收益50%的仲裁请求，仲裁庭认为，技术权益分享的条款规定在项目合作备忘录中，而该备忘录的内容没有包括在本案合同中，因此，申请人无权在本案中主张50%的技术许可收益。

仲裁庭基于以上的分析，裁决驳回了申请人的仲裁请求和被申请人的反请求，并且裁决双方各自负担本案仲裁费用的50%。

### 5. 案件评析

本案涉及技术合同中的技术转化合同纠纷。

就技术事实而言，本案要点主要有两个：第一，双方争议的技术到底是什么；第二，双方当事人签订的合同性质以及合同目的是什么。在审理过程中，仲裁庭的任务就是在事实查明和法律适用方面，运用合同解释的方法，探究当事人的真实意思表示，准确认定“技术”一词的真实内涵，并由此确定合同性质，并且在此基础上对合同目的、争议条款进行审查，以确定争议双方的仲裁请求是否具有事实和法律依据，是否应该支持。

（1）本案争议的技术到底是什么

仲裁庭在回答这一问题时，首先厘清了本案争议中的“技术”二字在不同场景下的不同含义。在本案中，至少出现了三种技术：1）申请人关于“被申请人未按合同约定履行专利技术许可义务，至今未明确许可使用的专利，申请人认为被申请人不具有相关专利，无权收取许可费用”的主张中的“专利技术”；2）申请人关于“被申请人不具有足以支持万吨装置全流程的技术”中的“技术”；3）申请人仲裁请求的“确认申请人享有技术许可收益50%的权益（被申请人许可案外人使用案涉技术的收益）”中的“技术”。虽然在文字表述中用字相同，但是这三种技术的基本含义是不同的。其实在很多技术合同争议中，这些基本含义的混淆往往是导致争议的原因。

在产业化过程中，科学技术从开始到成熟往往要经历一个漫长的周期，特别是本案中的化工类工艺和设备。这一产业化的周期大致来说可以分为三个阶段：实验室阶段、工业化阶段和商业化阶段。其中实验室阶段是指科技人员所发明的科学技术在实验室操作仪器的规模下具备了可行性并且产生了有益效果，包括在实验室阶段科学技术的可行性以及车间内的小试可行性；而工业化阶段往往是对发明出的科学技术在中试阶段可行性的确认；商业化阶段则是指已经工业化的科学技术大规模推广的可行性确认。这种阶段划分仅仅是一种大致划分，不够精确，而且对于科技人员来说，小试到底属于实验室阶段还是工业化阶段还有争议，但是这种划分已经足以在本案中解决问题。

针对申请人的第一个主张，结合申请人关于“2010年，被申请人就其研发的技术成果‘X’在社会广泛寻找企业合作方”的陈述，其中的专利“技术”或者“技术成果”显然是指在实验室阶段的技术，也就是在双方合作前被申请人已经完成的技术，因为只有这样的认定，才能理解申请人和被申请人在合同订立前的合作基础。如果没有这样的技术，申请人也不可能与被申请人进行合作，也不会出现申请人关心的被申请人拥有的名称分别为“使用Z合成U的方法”的专利和名称为“Z合成W的方法”的专利的许可问题。

针对实验室阶段的技术，结合上述事实以及申请人与被申请人关于技术推广的收益安排的约定，仲裁庭认定，被申请人显然没有转让这一技术给申请人的意思表示，但是明确授予了申请人实施许可权。

关于申请人第二个主张中的技术，其实是申请人所期许的“万吨装置全流程的技术”中的“技术”，也就是对应于产业化第二阶段实现技术工业化的技术。这一技术是在实验室技术基础之上，在工艺放大过程中克服了工业化过程中出现的技术问题而开始丰满的技术。在本案中，应该包括百吨级中试成功过程中印证的技术路线以及相应的技术改进，再加上在实现万吨级工业试验装置过程中的技术改进，以上三项一起构成了完整的工业化阶段的技术。遗憾的是，申请人并没有证明百吨级装置中有何种技术改进，而是一再主张万吨级试验装置存在重大缺陷。

针对这一阶段的技术，结合申请人的上述主张，仲裁庭根据《合同法》第三百三十条（现《民法典》第八百五十一条，下同）关于技术开发合同的规定，以及相应司法解释中关于新技术、新产品、新工艺或者新材料的规定，确认被申请人在本案合同签订前就已经合法拥有了实验室阶段的技术，明确认定“本案合同约定的内容是将该已有的技术进行工业试验，而并不是就签订本案合同时并不存在的技术进行研究和开发”。并且由此认定，本案合同的性质不是技术开发合同。

申请人在其仲裁请求中主张的“技术收益”中的技术，根据上述技术产业化的阶段分析，显然属于商业化的技术，也就是在成功完成工业化阶段试验并且可以大规模推广的商业化技术。在本案中，申请人所谓“被申请人于 2019 年与中国 J 公司集团化工公司合作建成 5 万吨/年的同样装置”这一主张中的“同样装置”，显然指的就是这种商业化技术。在本案中，关于商业化技术许可收益的协议，是由申请人的母公司中国 C 煤业公司与被申请人签订的，因此申请人是否可以共享收益的主张不是本案审理的范围。因此，仲裁庭直接基于上述事实，驳回了申请人的这一仲裁请求。

（2）本案合同的性质以及合同目的是什么

通过对上述三个技术的分析，仲裁庭很明确地给出了相应的结论，并且在这些结论的基础上，排除了技术开发合同和技术转让合同适用的可能性，最终确定本案的合同属于技术转化合同。

关于技术转化合同这一概念的由来，《合同法》在第三百三十条中进行了规定，该条首先对技术开发合同进行了定义，指出“技术开发合同是指当事人之间就新技术、新产品、新工艺或者新材料及其系统的研究开发所订立的合同。技术开发合同包括委托开发合同和合作开发合同”，同时在第四款中特别规定，

“当事人之间就具有产业应用价值的科技成果实施转化订立的合同，参照技术开发合同的规定”。

对于上述第四款，《最高人民法院关于审理技术合同纠纷案件适用法律若干问题的解释》第十八条进一步规定：“合同法第三百三十条第四款（现修改为《民法典》第八百五十一条第四款）规定的‘当事人之间就具有产业应用价值的科技成果实施转化订立的’技术转化合同，是指当事人之间就具有实用价值但尚未实现工业化应用的科技成果包括阶段性技术成果，以实现该科技成果工业化应用为目标，约定后续试验、开发和应用等内容的合同。”

在合同法和司法解释中，并没有对阶段性成果这一词进行定义，但是从上述规范性法律文件的内容来看，所谓阶段性成果其实指已经在试验室阶段研制成功但是还没有实现工业化应用的科技成果，而且这一阶段性技术成果，并不是一个必然可以工业化的成果，这也是为何要进行后续的试验、开发和应用的原因。

仲裁庭在对合同性质进行分析时，重点考察了出现在合同标题、合同条款中的“工业试验”一词的含义，同时考虑到双方确认的中国G省科学技术厅出具的《科学技术成果鉴定证书》的结论，认定本案技术属于实验室技术，这一技术属于阶段性技术成果，也就是说尽管具有较高的潜在价值但仍然具有不确定性，并由此认定本案的合同性质为技术转化合同。

基于上面的分析，仲裁庭进一步对合同目的进行了探究。仲裁庭认为，“工业化是科学技术转变为生产力的关键阶段，从实验室到工厂，从试产到量产，通过反复的试验、调试，不断解决和克服已知或未知的问题和困难，是技术工业化的必经之路。这一过程中，迫切需要投资方和技术方的精诚合作，以最终实现科技成果的转化和创新驱动发展”，并且因此将合同目的确定为“将案涉技术工业化试验后可以产出合同约定的产品”，同时明确指出“达到年产1万吨本身并不是本案合同的目的”。尽管仲裁庭的这一认定貌似严格，但是如果考虑到《合同法》第三百二十三条（现《民法典》第八百四十四条）关于技术合同“应当有利于科学技术的进步、加速科学技术成果的转化、应用和推广”的原则性规定，以及本案中科技部结题验收会所给出的百吨级工业化装置已经建成并运行的结论，这一合同目的的确认，与否认合同目的实现的认定相比，显然更有积极意义。

本案的最终裁决结果是同时驳回了双方的仲裁请求。就本案涉及的合作项目而言，申请人一方取得了年产百吨合成 Y 产品的装置以及年产万吨的工艺包，被申请人也由于涉案技术的工业中试成果取得了相应的对价并且完成了国家科技支撑计划重点项目，因此对于纠纷双方来说，这样的裁决结果肯定了工业化试验的成果，保证了各方的利益，充分体现了仲裁裁决应依据事实、公平合理地解决纠纷的特色。

## 二、案例二

### Q 医药公司诉 H 药业公司委托加工生产协议中的专利权属纠纷案①

本案是最高人民法院 2021 年颁布的 2020 年审结的 55 件典型案例之一，涉及由于委托加工生产协议中技术信息的分享所导致的专利权属纠纷。

#### 1. 基本案情

本案原告为 Q 医药公司，该公司于 2013 年 8 月和 2018 年 6 月与韩国 D 公司分别签署技术许可协议和转让协议，取得对氟氧头孢钠生产工艺的独占实施权和所有权。

Q 医药公司与本案被告 H 药业公司于 2013 年 11 月签订委托加工生产协议，委托 H 药业公司使用上述工艺生产氟氧头孢钠产品，Q 医药公司随后向 H 药业公司提供了涉案氟氧头孢钠保密工艺。

2014 年 9 月，H 药业公司未经 Q 医药公司许可，向国家知识产权局提出名称为“高纯度氟氧头孢钠制备工艺”专利申请，该专利申请于 2016 年 9 月 28 日被授予专利权。

Q 医药公司随后向石家庄中级人民法院提出诉讼，诉讼请求如下：（1）确认“高纯度氟氧头孢钠制备工艺”发明专利权归 Q 医药公司所有；（2）本案诉讼费用由 H 药业公司承担。

---

① 最高人民法院（2020）最高法知民终 871 号民事判决书。

石家庄市中级人民法院驳回了 Q 医药公司的诉讼请求，Q 医药公司随即上诉至最高人民法院知识产权法庭。

### 2. 原告主张

（1）Q 医药公司是涉案氟氧头孢钠保密工艺的所有权人；（2）H 药业公司从 Q 医药公司处获知涉案“氟氧头孢钠”保密工艺，据此申请并获得涉案专利权；（3）涉案氟氧头孢钠保密工艺与涉案专利技术内容一致，Q 医药公司应当是涉案专利的权利人。同时 Q 医药公司提交了上海知识产权鉴定所的第 7 号司法鉴定意见书和天津市和平区人民法院判决，上述二文件均认定涉案专利的技术方案与 Q 医药公司主张的涉案氟氧头孢钠保密工艺实质相同。

### 3. 被告主张

H 药业公司认为：（1）Q 医药公司所称的涉案工艺不属于商业秘密，Q 医药公司不是所有权人。关于涉案氟氧头孢钠的制备工艺，H 药业公司在双方合作之前，已有员工王某某写过相关论文，2006 年就发表在《河北化工》杂志上，日本专利 2004-168775A 对此也有公开，所以涉案工艺不属于商业秘密。（2）Q 医药公司提交的技术提纯工艺为冻干法，涉案专利技术的提纯工艺为结晶法，两种方法不相同。H 药业公司还主张，第一，涉案专利技术包括四部：a. 成酸反应；b. 水洗、萃取、无菌过滤技术；c. 溶析结晶；d. 将所得物料过滤，所得滤饼经洗涤、干燥、得氟氧头孢钠结晶。其中 a、b 步骤是 Q 医药公司提到与其涉案工艺相同的技术，依据的是第 7 号司法鉴定意见书，但该鉴定意见书检材有问题，Q 医药公司提交的检材是双方一起研发改进后的技术，并非 Q 医药公司原始的交接技术。第二，专利技术具有整体性，各个步骤之间是紧密联系的，也体现了技术的延续性。H 药业公司专利技术的新颖性、创造性主要体现在 c、d 步骤的一次性高纯度提纯技术，该技术是整个药品行业的难点，就像专利说明书中提到的“本发明的方法克服了氟氧头孢钠溶析结晶过程中难以控制的问题，以氟氧头孢钠中间体为原料，一步制成钠盐，并且通过一次结晶即使得产品达到了纯度 99.9%以上的目标，这是现有冻干法或普通溶析结晶工艺步骤法无法达到的”，不能因为前两个步骤相同或者类似，就否定后边技术的重要性。

### 4. 法院查明的事实

2013 年 8 月 8 日，甲方韩国 D 公司与乙方 Q 医药公司签订的《技术转移、保密及销售协议》生效。该协议约定，鉴于甲乙双方有意愿对“产品”进行开发和商业化销售，同时寻找到委托加工厂家（以下简称丙方）进行“产品”在中国（以下简称区域）的生产。该协议“产品”定义为，按照甲方提供的技术，在丙方生产中间体、原料药和制剂。根据乙丙双方的协议，甲乙双方同意将甲方的技术转移给丙方。乙方负责“产品”在“区域”及其他“产品”可出口的地区上市销售。甲乙双方同意转移甲方所有与产品相关的生产技术给丙方。对于使用甲方技术生产的“产品”，乙方享有独家销售的权利。双方同意 7-MAC、头孢美唑酸、头孢美唑钠、头孢拉宗、头孢西酮、拉氧头孢酸、拉氧头孢钠制剂、氟氧头孢酸 N-3 中间体、氟氧头孢钠制剂为合作的生产和销售品种。在未得到甲方许可前，乙方不应公开任何技术信息或本协议提到的其他信息。乙方应对转移给丙方的技术信息的保密性负责，并且建立保密信息管理系统。乙方同意协助甲方将技术转移给丙方。乙方作为甲方在“区域”内的独家代理，上市销售“产品”。

2006 年 5 月，根据 H 药业公司提供的证据 1 记载，员工王某某在《河北化工》杂志 2006 年 5 月第 29 卷第 5 期发表了《氟氧头孢钠的合成》一文，其摘要称，以氧头孢母核为起始原料，经酰基化、缩合反应结合两侧链，再用 TFA 脱去羧基保护，最终用 $NaHCO_3$ 转盐冻干制得氟氧头孢钠盐，总收率达 42%。

2013 年 11 月 16 日，Q 医药公司（甲方）与 H 药业公司（乙方）签订了《委托加工生产协议》。该协议约定，甲方将其所拥有的从 6-APA 合成拉氧头孢酸/拉氧头孢钠、氟氧头孢 N-3 中间体、氟氧头孢酸、氟氧头孢钠，从 7-CAC 经 7-MAC 合成头孢拉宗酸、头孢拉宗钠，和生产头孢拉宗钠、拉氧头孢钠、氟氧头孢钠制剂的全套合成的专有技术提供给乙方，乙方接受甲方技术，并受甲方委托生产拉氧头孢酸、拉氧头孢钠、氟氧头孢 N-3 中间体、氟氧头孢钠、头孢拉宗酸、头孢拉宗钠、头孢拉宗钠制剂、拉氧头孢钠制剂和氟氧头孢钠制剂。协议进一步约定，未经甲方同意，乙方不得自行研发、生产“产品”，否则视为侵权。甲方向乙方提供委托加工“产品”的技术工艺、质量标准等资料，“产品”的生产技术标准及成品各项理化指标由甲方提供，乙方严格按照甲方提供的技术标准进行加工。未经甲方同意，乙方不能泄露甲方提供的产品生产技术；协议终止后，乙方未经甲方同意不得以任何理由继续使用甲方提供的产品生产技术。乙方对甲方提供的保密信息，包括但不限于从6-APA合成拉氧头孢酸/拉氧头孢钠、氟氧头孢N-3中间体、氟氧头孢酸、氟氧头孢钠，从7-CAC经7-MAC合成头孢拉宗酸、头孢拉宗钠，和生产拉氧头孢钠、氟氧头孢钠制剂的工艺资料，反应路线，反应参数，物料名称，控制标准，检测方法等资料，并且乙方建立专人负责制，确保保密信息不外泄。甲方通过纸质资料向乙方传递保密信息，保密信息文件需经双方签字盖章之后方为有效。乙方有义务对保密文件妥善管理。乙方应与参与项目的有关人员签署保密协议。乙方未经甲方书面同意泄露甲方提供的产品生产技术，或协议终止后，乙方未经甲方书面同意继续使用甲方提供的产品生产技术的，均须向甲方支付不当所得。

Q医药公司向H药业公司交付的氟氧头孢钠工艺技术资料显示，H药业公司员工张某某在工艺交接材料上的签字日期分别为2014年1月9日、3月13日和8月23日。H药业公司主张该证据提到的方法是冻干法。

2014年9月30日，H药业公司向国家知识产权局申请了名称为“高纯度氟氧头孢钠制备工艺”的发明专利，2016年9月28日获得授权，专利号为201410517486.6，专利权人为H药业公司。该专利权利要求书记载：“1. 一种氟氧头孢钠制备工艺，其特征是，包括以下操作：a）成酸反应：以氟氧头孢中间体为基础进行成酸反应，得含有氟氧头孢酸的反应液；所述氟氧头孢中间体化学名称为（6R，7R）-3-氯-7-（2-（（二氟甲基）硫基）乙酰胺基）-7-甲氧基-8-氧代-5-氧杂-1-氮杂双环［4.2.0］辛-2-烯-2-（二苯甲基）羧酸酯；b）水洗、萃取、无菌过滤：-10—25℃条件下，在所得反应液中同时加入有机溶媒和碱液，调节pH=4—8，充分震荡使氟氧头孢酸萃取到水相中，然后静置分层，回收水相；在回收的水相中加入有机溶媒和酸液，调节pH=0—3，充分震荡使氟氧头孢酸萃取到有机相中，回收有机相；将回收的有机相脱色、除水并无菌过滤，得无菌滤液；c）溶析结晶：-10—25℃条件下，在所得无菌滤液中投入晶种并同时滴加成盐剂和溶析剂A，待开始出晶后，停止加入成盐剂和溶析剂 A，养晶 1.5-2.5 小时，再将剩余成盐剂和溶析剂 A 滴加完成，养晶 3.5-4.5 小时；所述成盐剂的投料量以其所含钠离子与所述无菌滤液中氟氧头孢酸的摩尔比为 1.0-4.5∶1 为基准；所述溶析剂 A 用量为所述氟氧头孢酸理论生成质量的 1-15 倍，其由丁酮与二氯甲烷按体积比 15∶0.5-2 混合制得；d）将 c）步所得物料过滤，所得滤饼经洗涤、干燥，得氟氧头孢钠结晶。”该权利要求书还包括其他两项从属权利要求。

2016 年 3 月 3 日，H 药业公司在上述专利申请过程中，针对国家知识产权局《第一次审查意见通知书》进行意见陈述，认为：（1）同意涉案专利申请权利要 1 的步骤 a）被对比文件 2 公开。（2）关于对比文件 1 给出了调节氟氧头孢酸 pH 值改变其在水相和有机相中的溶解度的技术手段进行纯化的技术启示，H 药业公司认为，对比文件 1 给出的启示是：pH<7 时，氟氧头孢酸趋于溶解于有机相，pH>7 时，氟氧头孢酸趋于溶解于水相；但涉案专利申请中，由步骤 b）可以明显看出，pH = 4—8 时，氟氧头孢酸趋于溶解于水相，pH = 0—3 时，氟氧头孢酸趋于溶解于有机相，故对比文件 1 实际给出了相反技术启示。（3）从专利文献来看，即便是本领域技术人员能够想到将溶析结晶的方式应用于氟氧头孢钠化合物的后处理，但常规实验手段根本无法达到本发明的技术效果。（4）氟氧头孢钠产品与本领域其他产品结晶不同，结晶过程控制及溶析剂选择使用常规手段很难得到目标产品，这也是一直以来氟氧头孢钠产品采用冻干法的瓶颈所在；本发明的关键点之一在于对成盐剂和溶析剂的滴加时机和滴加顺序的控制，成盐剂与溶析剂滴加方式也有别于常规结晶，直接影响产品质量。

2017 年 5 月 31 日，上海知产鉴定所出具了第 7 号司法鉴定意见书，其鉴定意见为，H 药业公司的涉诉发明专利申请公开的信息，与 Q 医药公司主张的秘密点“使用混甲酚（间甲酚）法对中间体脱保护”相同，与“成酸反应步骤整体技术信息”实质相同，与“水洗、萃取、无菌过滤步骤整体技术信息”实质相同。

2018 年 6 月 4 日，甲方韩国 D 公司与乙方 Q 医药公司签订了《技术转让协议》。该协议约定，甲方将“所涉技术秘密”（生产 7-MAC、头孢美唑酸、头孢美唑钠、头孢拉宗、头孢西酮、拉氧头孢酸、拉氧头孢钠制剂、氟氧头孢（N-3）、氟氧头孢钠制剂等产品的秘密技术信息）的所有权转让给乙方，乙方拥有涉及“所涉技术”的全部程序权利和实体权利。

2019 年 8 月 19 日，鉴定中心根据 Q 医药公司向原审法院提交的鉴定申请书，出具了第 20 号司法鉴定意见书。

该司法鉴定意见书的结论认为，涉案专利权利要求书限定的高纯度氟氧头孢钠制备工艺技术方案与 Q 医药公司氟氧头孢钠保密工艺技术方案不相同也不实质相同。涉案专利说明书中的具体实施例及对比例记载的氟氧头孢钠制备工艺技术方案与 Q 医药公司氟氧头孢钠保密工艺技术方案不相同也不实质相同。

**5. 法院的分析意见**

根据鉴定中心的鉴定结果，石家庄市中级人民法院认为 Q 医药公司现有证据不能证明 H 药业公司涉案专利申请文件记载的技术方案来自 Q 医药公司在双方履行《委托加工生产协议》中提供的保密技术信息。Q 医药公司主张“高纯度氟氧头孢钠制备工艺”发明专利权归其所有，缺乏事实依据。因此，驳回了原告 Q 医药公司的诉讼请求。

最高人民法院对此持不同意见，在二审审理中作出如下认定：

（1）本案中，Q 医药公司明确其主张秘密点为：1）“使用混甲酚（间甲酚）法对中间体脱保护”；2）“成酸反应步骤整体技术信息”，包括物料、反应条件、反应步骤等；3）“水洗、萃取、无菌过滤步骤整体技术信息”，包括温度、pH 值等。针对上述秘密点，法院认为：第一，韩国 D 公司与 Q 医药公司签订的《技术转移、保密及销售协议》约定“在未得到甲方许可前，乙方不应公开任何技术信息或本协议提到的其他信息。乙方应对转移给丙方的技术信息的保密性负责，并且建立保密信息管理系统”；Q 医药公司与 H 药业公司签订的《委托加工生产协议》约定“乙方对甲方提供的保密信息，建立专人负责制，确保保密信息不外泄。乙方应与参与项目的有关人员签署保密协议”。第二，H 药业公司员工王某某发表的论文中的具体制备步骤、使用的氟氧头孢中间体与保密工艺技术方案均不同，H 药业公司亦未提交其他证据证明涉案保密工艺技术方案已被公开。可见，一方面，Q 医药公司对于涉案保密工艺技术方案采取了保密措施；另一方面，上述证据也可以初步证明涉案保密工艺技术方案不为相关公众所“普遍知悉”，也并非“容易获得”，且该工艺主要目的是生产氟氧头孢钠，具有商业价值，可以认定Q医药公司主张的保密工艺技术方案为技术秘密。

（2）当事人以侵害技术秘密作为请求权基础主张专利权权属时，应当考察专利文件是否披露了技术秘密和专利技术是否使用了技术秘密。专利文件披露了技术秘密或者专利技术方案使用了技术秘密的，即构成对技术秘密的侵害。

本案中，对于秘密点1“使用混甲酚（间甲酚）法对中间体脱保护”，涉案专利权利要求中并没有直接记载使用何种方法对中间体脱保护，但是，专利说明书实施例1中公开了使用间甲酚脱保护，Q医药公司主张的秘密点1使用混甲酚脱保护，其中混甲酚是邻甲酚、间甲酚和对甲酚三种异构体的混合物，邻甲酚、间甲酚和对甲酚对中间体脱保护都是利用了酚羟基的氢键，两者并无实质区别，故涉案专利说明书已经披露并使用了秘密点1。

对于秘密点2“成酸反应步骤整体技术信息”，首先，涉案专利权利要求1步骤a）即成酸反应，即包含了秘密点2。此外，涉案专利说明书实施例1中记载的技术方案与保密工艺技术方案中的秘密点2在脱保护试剂、反应气氛、温控时机、反应温度、时间、试剂用量方面存在不同，并且保密工艺没有公开“溶清”“pH至2.5”，但上述区别并非实质性区别，因此可以认为涉案专利说明书已经披露并使用了秘密点2。

针对秘密点3“水洗、萃取、无菌过滤步骤整体技术信息”，首先，涉案专利权利要求1步骤b）与秘密点3，其存在如下区别：1）加入物料不同，萃取到水相过程中，保密工艺还加入氯化钠、焦亚硫酸钠；萃取到有机相过程中，保密工艺还加入氯化钠；2）物料加入方式及相关操作不同，涉案专利同时添加，保密工艺分批添加且多次搅拌、静置分离；3）保密工艺未公开过滤操作为无菌过滤。针对该些区别，法院认为，对于区别1），根据涉案专利和保密工艺的记载及上述技术效果的比较，无法获知保密工艺额外加入的氯化钠、焦亚硫酸钠在该步骤中的作用、解决的技术问题和产生的技术效果，无法证明区别1）是否是实质区别。对于区别2），由于缺乏涉案专利和保密工艺关于该步骤的纯化效果的实验证据，无法确定该区别带来的技术效果，也不能证明保密工艺多次搅拌、静置分离的操作实际上可以起到更好的纯化效果。对于区别3)，本领域技术人员知晓，氟氧头孢钠成品以钠盐形式做成注射剂使用于人体，而使用无菌过滤是本领域技术人员出于安全考虑容易想到的过滤方式，即该区别不是实质区别。涉案专利权利要求1步骤b）与秘密点3存在的上述区别并非实质区别，故而可以认定涉案专利权利要求1步骤b）包含秘密点3。而涉案专利实施例1是在权利要求1步骤b）的基础上进一步具体化，基于同样的理由，涉案专利实施例1中“水洗、萃取、无菌过滤步骤整体技术信息”也与秘密点3无实质性差异。因此，可以认为涉案专利说明书已经披露并使用了秘密点3。

综上，涉案专利文件披露了Q医药公司相关技术秘密，而且专利技术方案也使用了技术秘密，构成对技术秘密的侵害，故Q医药公司的技术秘密构成涉案专利技术方案实质性内容，Q医药公司应对涉案专利享有合法权利。原审判决对此认定事实有误，法院予以纠正。

（3）在专利权属纠纷中，如果两个以上的当事人均对技术方案的实质性特点做出创造性贡献，且难以区分贡献大小的，应当认定该权利为共同共有。本案中，H药业公司对涉案专利技术方案的实质性特点也做出了创造性的贡献，具体分析如下：

第一，H药业公司针对国家知识产权局《第一次审查意见通知书》的意见陈述中认为涉案专利发明点主要在于：1）权利要求1步骤b）中，pH = 4—8时，氟氧头孢酸趋于溶解于水相，pH = 0—3时，氟氧头孢酸趋于溶解于有机相。2）权利要求1步骤c）采用溶析结晶法，与保密工艺所采用的冻干法系不同的结晶方法。对此，双方均无异议，法院予以认可。

第二，Q医药公司主张涉案专利权利要求1步骤c）中采用溶析结晶法属于常规技术手段，对此，本院认为，从涉案专利申请过程可见，国家知识产权局在《第一次审查意见通知书》对此提出质疑，但经H药业公司陈述相关意见，国家知识产权局亦认可了H药业公司对涉案专利溶析结晶步骤使涉案专利技术方案具有创造性的意见陈述，据此，可以认定H药业公司对涉案专利权利要求1步骤c）做出了创造性贡献。

综上所述，由于 H 药业公司在涉案专利中披露并使用了 Q 医药公司的技术秘密，故 Q 医药公司应当对涉案专利享有权利；H 药业公司在获得 Q 医药公司涉案保密工艺基础上，对涉案专利权利要求 1 步骤 c）做出了创造性贡献，故而可以认定 Q 医药公司、H 药业公司对于涉案专利均做出了创造性贡献。鉴于现有证据无法区分 Q 医药公司、H 药业公司对涉案专利权的贡献程度，故涉案专利权应由 Q 医药公司、H 药业公司共同共有。

### 6. 判决结果

确认“高纯度氟氧头孢钠制备工艺”发明专利权由 H 药业公司、Q 医药公司共同共有。

### 7. 案件评析

本案例历时 6 年，最终以二审法院认定双方共有专利而结案。本案是涉及专利权权属的纠纷，是 Q 医药公司以侵犯商业秘密作为请求权基础提出的一个确认之诉。此种案件的特点在于，案件的核心争议在于技术秘密侵权是否成立，在技术秘密侵权成立的情况下，原告主张的专利权诉求就成为一种对侵权损害进行救济的方式。

作为侵犯商业秘密的案件，由于本案发生在 2018 年以前，所以适用的仍然是 1993 年生效的《反不正当竞争法》。2018 年 1 月 1 日施行的《反不正当竞争法》将 1993 年《反不正当竞争法》中有关商业秘密的规定变为第九条，并且去除了商业秘密构成要件中的实用性要求，其他没有变化。2020 年 1 月 15 日，中美两国签署《中华人民共和国政府和美利坚合众国政府经济贸易协议》，随之《反不正当竞争法》对侵犯商业秘密的行为种类以及举证责任的分配进行了进一步修改，增加了第三十二条的规定，由于这些规定均与本案的实体判断关系不大，所以本次评述还是以 1993 年的《反不正当竞争法》内容作为基础进行。

（1）关于技术秘密具体内容的确定以及比对

根据 1993 年《反不正当竞争法》第十条的规定，“经营者不得采用下列手段侵犯商业秘密：（一）以盗窃、利诱、胁迫或者其他不正当手段获取权利人的商业秘密；（二）披露、使用或者允许他人使用以前项手段获取的权利人的商业秘密；（三）违反约定或者违反权利人有关保守商业秘密的要求，披露、使用或者允许他人使用其所掌握的商业秘密。第三人明知或者应知前款所列违法行为，获取、使用或者披露他人的商业秘密，视为侵犯商业秘密。本条所称的商业秘密，是指不为公众所知悉、能为权利人带来经济利益、具有实用性并经权利人采取保密措施的技术信息和经营信息”。

这条规定对于商业秘密的构成要件、侵权行为的类型以及侵权行为的构成要件都作了清楚的说明。商业秘密案件中首要判断的问题就是，原告请求保护的商业秘密是否成立，而这个问题的前提是，原告主张的商业信息是否属于技术信息以及技术信息的内容是什么。

本案涉及氟氧头孢钠这一广谱杀菌药物的生产工艺，显然属于技术类信息，但是整个生产工艺步骤、参数、配料繁多，无从进行比较，下一个问题就是如何确定这一技术信息的具体内容，而确定具体内容的最重要的一个步骤就是确定秘密点，这一点其实是所有商业秘密案件的难点。

一般来说，在案件审理过程中，只有在权利人确定其请求保护的技术秘密的秘密点后，被诉侵权人才能有针对性地答辩和举证，审理机关才能相应地确定审理范围，安排好审理进度。司法实践中，权利人在诉讼程序中反复变更其主张的商业秘密具体内容，或者在二审甚至再审程序中仍然主张变更的情况并不鲜见。

技术秘密案件的秘密点是指具体的技术方案和技术信息，但是具体到何种程度，实践中争议非常大。在本案中，Q 医药公司在一审中主张全部生产工艺为其具体内容也就是秘密点，导致不利的司法鉴定结果，在二审中又重新明确为包括“使用混甲酚（间甲酚）法对中间体脱保护”“成酸反应步骤整体技术信息”“水洗、萃取、无菌过滤步骤整体技术信息”在内的三项具体信息，最后赢得了最高人民法院的认可，充分体现了商业秘密案件这一特点。

这里要特别区分专利侵权判断中作为保护内容的技术方案与请求商业秘密保护的秘密点的区别。

在专利侵权案件中，每件涉诉专利都有一份现成的、国家知识产权局颁布的权利要求书，这一文件的内容非常清晰而且明确，每个权利要求书又分成若干项，从而构成若干个获得保护的技术方案。根据《最高人民法院关于审理侵犯专利权纠纷案件应用法律若干问题的解释》第七条的规定，“人民法院判定被诉侵权技术方案是否落入专利权的保护范围，应当审查权利人主张的权利要求所记载的全部技术特征。被诉侵权技术方案包含与权利要求记载的全部技术特征相同或者等同的技术特征的，人民法院应当认定其落入专利权的保护范围；被诉侵权技术方案的技术特征与权利要求记载的全部技术特征相比，缺少权利要求记载的一个以上的技术特征，或者有一个以上技术特征不相同也不等同的，人民法院应当认定其没有落入专利权的保护范围”。因此，在判断专利侵权的过程中，要考虑每一个具体的权利要求中的全部技术特征。

但是在商业秘密的秘密点总结上，并没有这么简单，因为商业秘密是不是经过授权后的权利客体，需要权利人对其商业秘密的内涵和外延根据案情进行总结，权利人主张的内容越详细、越具体，商业秘密的客观性越强，但是侵权的可能性就越小，商业秘密的内容表述越上位、越粗疏，侵权的可能性越大，因此必须对商业秘密的具体内容找到一个确定的规则。

司法实践中，在商业秘密点的确定上，常常要引入最小技术信息单元这样一个概念，套用专利侵权判断中技术特征的概念，一个技术信息的最小单元可以理解为一个能够独立地执行一定的技术功能的，并能产生相对独立技术效果的最小技术单元。因此在商业秘密案件中，需要保护的技术信息就是一个或者多个最小技术信息单元的集合。

在本案中，Q 医药公司主张 H 药业公司专利中的技术内容与其提供给 H 药业公司的氟氧头孢钠保密工艺实质相同，但是这样的主张太过概括，因此在二审中明确为“使用混甲酚（间甲酚）法对中间体脱保护”“成酸反应步骤整体技术信息”“水洗、萃取、无菌过滤步骤整体技术信息”，并且将这三个秘密点分别对应 H 药业公司专利说明书实施例 1、权利要求 1 的步骤 a）以及权利要求 1 的步骤 b）。从上面的分析可以看到，这些秘密点独立构成多个技术秘密，这也是 Q 医药公司主张的技术秘密的全部具体内容。

对比一下 H 药业公司的专利可以看到，事实上 H 药业公司专利中包括诸多的内容，其专利权利要求 1 中就包括 a）—d）四个步骤，每个步骤还包括若干内容。而在判断时，只要专利中包括上述一个或者多个技术信息，就构成了商业秘密侵权，而不需要如专利侵权判断那样，覆盖专利的所有步骤。

最高人民法院在进行比较的过程中，针对 Q 医药公司的上述秘密点与专利的内容进行了比较，指出“使用混甲酚（间甲酚）法对中间体脱保护”已经明确公开在专利说明书的实施例 1 中，尽管“成酸反应步骤整体技术信息”以及“水洗、萃取、无菌过滤步骤整体技术信息”与专利权利要求或者实施例相比，确有部分不同点，但是根据涉案专利和保密工艺的记载及上述技术效果的比较，这些不同点并非实质区别，而且 H 药业公司专利说明书中缺乏涉案专利和保密工艺关于这些步骤区别的实验证据，无法确定该区别带来的技术效果或者特殊作用，因此认定涉案专利说明书已经披露并使用了上述秘密点。

关于本案涉及的两份鉴定报告，最高人民法院在进行技术对比的过程中并没有涉及，其原因在于，对于上海知产鉴定所的第 7 号司法鉴定意见书，由于 H 药业公司对该鉴定的检材提出异议，同时 Q 医药公司主张的技术秘密也不再涉及涉案专利权利要求的步骤 c）和步骤 d)，因此没有必要再考虑该鉴定报告的结论。

最高人民法院也没有采纳鉴定中心的意见，笔者认为，鉴定中心的鉴定意见之所以没有被采纳，是因为鉴定中心对于最小技术信息单元的划分过于精细，而且最终又误用了专利侵权对比中的全面覆盖法，导致结论出现偏差。由于篇幅所限，这里也不再展开说明这一问题。

（2）商业秘密其他构成要件的判断

就构成商业秘密的其他要件而言，根据 1993 年《反不正当竞争法》第十条的规定，还包括非公知性、秘密性和经济价值性，在本案中，无论是一审法院还是二审法院，在这些方面的看法都是一致的。

就秘密性而言，最高人民法院认为：第一，Q 医药公司与韩国 D 公司签订的《技术转移、保密及销售协议》约定“在未得到甲方许可前，乙方不应公开任何技术信息或本协议提到的其他信息。乙方应对转移给丙方的技术信息保密性负责，并且建立保密信息管理系统”；Q 医药公司与 H 药业公司签订的《委托加工生产协议》约定“乙方对甲方提供的保密信息，建立专人负责制，确保保密信息不外泄。乙方应与参与项目的有关人员签署保密协议”。这两个约定已经足以构成法律上规定的保密措施，因此使Q医药公司主张的技术信息具备了秘密性。

在过去审理商业秘密的案件中，往往对权利人采取的保密措施要求过高，为此《最高人民法院关于审理侵犯商业秘密民事案件适用法律若干问题的规定》第五条特别规定：“权利人为防止商业秘密泄露，在被诉侵权行为发生以前所采取的合理保密措施，人民法院应当认定为反不正当竞争法……所称的相应保密措施。人民法院应当根据商业秘密及其载体的性质、商业秘密的商业价值、保密措施的可识别程度、保密措施与商业秘密的对应程度以及权利人的保密意愿等因素，认定权利人是否采取了相应保密措施。”同时第六条明确规定：“具有下列情形之一，在正常情况下足以防止商业秘密泄露的，人民法院应当认定权利人采取了相应保密措施：（一）签订保密协议或者在合同中约定保密义务的；（二）通过章程、培训、规章制度、书面告知等方式，对能够接触、获取商业秘密的员工、前员工、供应商、客户、来访者等提出保密要求的；（三）对涉密的厂房、车间等生产经营场所限制来访者或者进行区分管理的；（四）以标记、分类、隔离、加密、封存、限制能够接触或者获取的人员范围等方式，对商业秘密及其载体进行区分和管理的；（五）对能够接触、获取商业秘密的计算机设备、电子设备、网络设备、存储设备、软件等，采取禁止或者限制使用、访问、存储、复制等措施的；（六）要求离职员工登记、返还、清除、销毁其接触或者获取的商业秘密及其载体，继续承担保密义务的；（七）采取其他合理保密措施的。”因此，只要权利人采取了其中之一的方式进行保密，就足以满足法律上规定的保密措施的构成要件，满足技术秘密关于秘密性的要求。在本案中，由于Q医药公司不论是与韩国D公司签订的技术转让协议还是与H药业公司签订的委托生产协议中均有明确的保密条款，因此根据上述司法解释的规定，已经满足了涉案技术信息关于秘密性的构成要件。

所谓非公知性，是指涉诉技术信息是公众所不知悉的，也不是可以轻易获得的秘密信息。在现行《反不正当竞争法》中，已经将该要件的举证责任转移给了被告，但是由于本案适用的是1993年的《反不正当竞争法》，最高人民法院并没有从举证责任转移的角度进行论述，而是直接从保密措施的角度，推定争议技术信息的非公知性。

同时，最高人民法院还针对H药业公司举证的员工王某某在《河北化工》杂志发表的论文内容进行了评述。最高人民法院认为论文中的具体制备步骤、使用的氟氧头孢中间体与保密工艺技术方案均不同，H药业公司亦未提交其他证据证明涉案保密工艺技术方案已被公开，从而进一步确认了涉诉技术信息的非公知性。

关于本案涉及的技术信息的价值性，根据上述司法解释第七条第一款规定："权利人请求保护的信息因不为公众所知悉而具有现实的或者潜在的商业价值的，人民法院经审查可以认定为反不正当竞争法……所称的具有商业价值。"在本案中，由于涉诉工艺主要目的是生产氟氧头孢钠，而氟氧头孢钠作为一种广谱抗菌药物，其商业价值是不言而喻的。

本案一个特别之处在于，最高人民法院同时也对H药业公司对涉案技术的贡献进行了认定。H药业公司在涉案专利审查过程中，回应了国家知识产权局审查员提出的质疑，确立了涉案专利权利要求1中的b）中关于在水相和有机相的不同溶解度的创造性以及c）步骤中解析结晶法的创造性。最高人民法院结合H药业公司在专利审查过程中的审查意见，认定涉案专利权利要求1中的b）和c）步骤不属于常规技术手段，进而确认了H药业公司对上述两个步骤所做出的创造性贡献。

（3）小结

本案在技术秘密侵权成立的情况下，原告主张的专利权或申请权归属诉求就成为一种对侵权损害进行救济的方式。最高人民法院在上面分析的基础上，鉴于涉案专利权利要求1的各自贡献，而且考虑到无法区分Q医药公司、H药业公司对涉案专利权的贡献程度，将涉案专利权判定由Q医药公司、H药业公司共同共有，不失为一个合理的解决方式。

事实上，本案是以侵犯商业秘密作为基础法律关系进行起诉和审理的，即使按照委托加工生产协议的保密条款进行起诉，根据《民法典》第五百七十七条违约责任的承担方式审理，也能得出相同的结果。

## 三、案例三

### J 通信公司诉 P 公司等专利实施许可合同纠纷案[①]

本案涉及专利实施许可合同双方就商业秘密导致的侵权纠纷的可仲裁性问题。

#### 1. 基本案情

J 通信公司与 P 公司及其关联公司（以下统称 P 公司）于 2010 年 7 月签订了专利实施许可合同。J 通信公司主张，P 公司无视与 J 通信公司之间的保密约定，向 S 公司披露其基于专利实施许可合同获取的 J 通信公司的技术秘密和经营秘密，而且 M 律师事务所作为 P 公司的代理人，共同参与并具体实施了前述侵犯商业秘密的行为，因此 J 通信公司将 P 公司和 M 律师事务所起诉至北京市知识产权法院。P 公司与 M 律师事务所就此案提出管辖权异议，北京市知识产权法院驳回了上述异议，P 公司与 M 律师事务所随即向北京市高级人民法院提出上诉。

#### 2. 原告主张

J 通信公司主张，J 通信公司发明了用于保障无线局域网安全接入和保密通信的网络安全协议——无线局域网鉴别与保密基础机构（WAPI），并在此基础上申请了包括专利号为 ZL02139508. X、名称为“一种无线局域网移动设备安全接入及数据保密通信的方法”专利在内的一系列 WAPI 技术相关发明专利，该项专利申请先后在全球 12 个国家获得授权。自 2010 年 7 月起，J 通信公司与 P 公司遵照“公平、合理、无歧视”的原则签订了专利实施许可合同，获得 WAPI 技术系列专利的许可，该合同构成 J 通信公司受中国法律保护的商业秘密。

2017 年 7 月，在北京市高级人民法院审理 J 通信公司起诉 S 公司专利侵权案件的过程中，P 公司无视其与 J 通信公司之间的保密约定，向 S 公司及其代理人披露 J 通信公司依据中国法律所享有的技术秘密和经营秘密，以试图协助并联合 S 公司在其与 J 通信公司进行的专利侵权诉讼中获得优势。在此过程中，M 律师事务所作为 P 公司的代理人，共同参与并具体实施了前述侵犯商业秘密

---

① 参见北京市高级人民法院（2019）京民辖终第 100 号民事裁定书。

的行为，给J通信公司造成了重大经济损失。

### 3. 被告主张

P公司与M律师事务所主张，第一，J通信公司与P公司之间签订了专利许可协议，许可协议中包括仲裁条款，J通信公司在本案中主张的相关侵害商业秘密行为应受仲裁管辖。第二，M律师事务所作为P公司的代理律所，其相关律师代表P公司向J通信公司履行了2010年专利许可合同保密约定项下的通知义务，该行为发生在中国境外，且本身不涉及任何披露保密信息或违反保密约定的行为。同时，代理律师在代理权限内以被代理人的名义实施的民事法律行为属于被代理人，故M律师事务所在本案中并不存在任何应当与被代理人P公司作为共同被告并承担连带责任的行为。

### 4. 二审法院查明的事实

2010年7月8日，J通信公司与P公司签订了《技术转让（专利实施许可）合同》（以下简称《技术许可合同》），合同有效期限至2028年12月8日。该合同第16条约定："凡因该合同所发生的或与本合同有关的一切争议，双方应通过友好协商解决。如双方通过协商不能达成合同时，均应提交香港国际仲裁中心（HKIAC），按照申请仲裁时该会现行有效的仲裁规则在北京进行仲裁，除非本合同另有约定。仲裁裁决是终局的，对双方均具有约束力，并可根据法律强制执行。"同时，该合同第17条约定："甲方：指Apple Inc.，或者其法定代表人、授权董事、经理、代理人、雇员或其他代表。"

同日，J通信公司与P公司签订《技术转让（专利实施许可）合同补充合同（一）》（以下简称《补充合同（一）》），该合同序言中写明："鉴于，甲方（P公司）与乙方（J通信公司）于2010年7月8日签订了合同编号为IIP-T/W-PN-05/20080117的《技术转让（专利实施许可）合同》，以下简称'主合同'。"该《补充合同（一）》第10条约定了保密条款，就保密信息、保密期限、保密措施等内容进行了具体的约定。其中第10.6条约定："尽管有前述约定，双方承认并同意，如一方违反本补充合同项下的保密义务，将构成实质违约。"《补充合同（一）》第12.3.1条约定："凡因本合同所发生的或与本合同有关的一切争议，双方应通过友好协商解决。如双方通过协商不能达成合同时，双方应按照主合同第十六条的约定解决。仲裁裁决是终局的，对双方均具有约束力，并可根据法律强制执行。”

### 5. 二审法院的分析意见

二审法院认为，J 通信公司与 P 公司之间就涉案专利在 2010 年签订的专利实施许可合同中达成了书面仲裁条款，该条款符合《仲裁法》第十六条规定的仲裁协议内容要求，且不具有该法第十七条规定的仲裁协议无效情形，属有效的仲裁协议条款。

本案虽系侵害商业秘密纠纷，但 J 通信公司所诉侵害商业秘密行为，系以 J 通信公司许可 P 公司实施涉案系列 WAPI 技术相关发明专利，使 P 公司及 M 律师事务所得以获知其商业秘密为前提，亦即该被诉侵权行为系基于双方对《技术许可合同》的履行而发生的。同时，该 2010 年签订的《技术许可合同》中的《补充合同（一）》第 10 条对保密条款即违反合同约定的保密条款构成实质违约进行了约定。因此，J 通信公司与 P 公司之间的争议属于“因本合同所发生的或与本合同有关的一切争议”，应当受到该合同约束，“提交香港国际仲裁中心（HKIAC）”解决争议。

关于 J 通信公司与 M 律师事务所之间的争议能否适用该仲裁条款的问题，二审法院认为，合同所称“甲方”不仅包括 P 公司，亦包括其法定代表人、授权董事、经理、代理人、雇员或其他代表，亦即 P 公司的法定代表人、授权董事、经理、代理人、雇员或其他代表亦应受《技术许可合同》之约束。如前所述，被诉侵权行为以 2010 年签订的《技术许可合同》的履行为前提，且 P 公司、J 通信公司、M 律师事务所在本案中所提交的起诉状、管辖权异议申请书及其上诉书等法律文书中，均认同 M 律师事务所在被诉侵权行为中，作为 P 公司代理人的主体资格。故 2010 年签订的《技术许可合同》中约定的保密条款、仲裁条款之效力，均应及于作为 P 公司代理人的 M 律师事务所。因此，J 通信公司与 M 律师事务所之间的争议亦属于“因本合同所发生的或与本合同有关的一切争议”，应适用《技术许可合同》第十六条之约定，“提交香港国际仲裁中心（HKIAC）”解决争议。

### 6. 二审法院的判决结果

综上所述，J 通信公司对 P 公司、M 律师事务所提起的诉讼，因当事人在合同中订有仲裁条款，不属于人民法院主管，因此驳回 J 通信公司的起诉。

### 7. 案件评析

（1）关于仲裁条款的效力

判断一个仲裁条款的效力，所依据的是我国《仲裁法》的规定。根据《仲裁法》第十六条规定，仲裁协议包括合同中订立的仲裁条款和以其他书面方式在纠纷发生前或者纠纷发生后达成的请求仲裁的协议。仲裁协议应当具有下列内容：请求仲裁的意思表示；仲裁事项；选定的仲裁委员会。在本案中，J 通信公司与 P 公司之间签订的《技术许可合同》第十六条中，以书面方式明确约定了将其争议提交仲裁解决的意思表示，同时，“因该合同所发生的或与本合同有关的一切争议”这一表述明确了仲裁事项，而且香港国际仲裁中心（HKIAC）也是一个合法有效的仲裁机构，因此，上述合同的仲裁条款符合《仲裁法》中规定的关于有效仲裁协议的三个实质要件的要求。

此外，在判断仲裁条款的效力时，还要考虑仲裁条款是否有违反法律的强制性规定、侵犯公共利益的情况，也就是《仲裁法》第十七条的内容，鉴于在本案中，原、被告双方并未就此有任何争议，这里也不再赘述。基于上述法律规定，二审法院认定，原、被告双方达成的仲裁条款合法有效。

（2）涉案合同中的仲裁条款是否可以涵盖商业秘密侵权纠纷

我国《仲裁法》并没有对涉及商业秘密的侵权纠纷是否具有可仲裁性给出明确的答案。

根据《仲裁法》第二条的规定，“平等主体的公民、法人和其他组织之间发生的合同纠纷和其他财产权益纠纷，可以仲裁”。而根据《仲裁法》第三条规定，下列纠纷不能仲裁：婚姻、收养、监护、扶养、继承纠纷；依法应当由行政机关处理的行政争议。上述规定明确排除了涉及人身权益的侵权纠纷的可仲裁性，但是并没有否定对涉及财产权益的侵权纠纷的可仲裁性，更没有排除知识产权侵权纠纷的可仲裁性。根据《民法典》第一百二十三条规定，商业秘密属于知识产权的一种，显然也没有排除其侵权纠纷的可仲裁性。

1987 年最高人民法院颁布的《关于执行我国加入的〈承认及执行外国仲裁裁决公约〉的通知》第二条规定，我国仅对按照我国法律属于契约性和非契约性商事法律关系所引起的争议适用该公约（即《纽约公约》）。所谓“契约性和非契约性商事法律关系”，具体的是指由于合同、侵权或者根据有关法律规定而产生的经济上的权利义务关系，例如货物买卖、财产租赁、工程承包、加工承揽、技术转让、合资经营、合作经营、勘探开发自然资源、保险、信贷、劳务、代理、咨询服务和海上、民用航空、铁路、公路的客货运输以及产品责任、环境污染、海上事故和所有权争议等，但不包括外国投资者与东道国政府之间的争端。从最高人民法院上述司法解释来看，似乎无论是合同还是侵权纠纷，只要是不涉及人身权利的纠纷，都具有可仲裁性，但遗憾的是，在该条随后的列举中，并没有明确由于侵权纠纷导致的争议的可仲裁性。

本案中，正如在二审法院分析所指明的，本案争议的信息系由于 J 通信公司许可 P 公司实施涉案系列 WAPI 技术相关发明专利，使 P 公司及 M 律师事务所得以获知。根据双方合同的约定，合同双方一致确认这些信息属于应该保密的范畴。同时双方《补充合同（一）》第十条的约定，如一方违反本补充合同项下的保密义务，将构成实质违约。显然，原告指控被告的行为是在双方履行《2010 年专利许可协议》过程中发生的，而这种行为是否因为违约而侵犯了商业秘密成为原、被告之间的争议，由于双方仲裁条款中的“因该合同所发生的或与本合同有关的一切争议”属于概况性的表述方式，因此这种是否属于商业秘密侵权的争议完全涵盖在仲裁条款所约定的范围内。至于原告是以商业秘密侵权作为请求权基础还是以违约作为请求权基础请求救济并且计算损害赔偿，属于原告意思自治的结果，无论行使哪种请求权，由于原、被告之间仲裁条款的约束，原告只能通过仲裁的方式解决与被告之间涉及许可合同范围内的商业秘密侵权纠纷。

此外，由于本案属于涉外案件，正如《民事诉讼法》第二百七十八条第一款之规定，“涉外经济贸易、运输和海事中发生的纠纷，当事人在合同中订有仲裁条款或者事后达成书面仲裁协议，提交中华人民共和国涉外仲裁机构或者其他仲裁机构的，当事人不得向人民法院起诉”。因此，由于本案的一方当事人属于外国主体，属于涉外案件，基于这一法律规定，对于因违约导致的侵犯商业秘密纠纷，本案原告也只能通过仲裁的方式解决。

但是，二审法院关于J通信公司与M律师事务所之间的争议能否适用该仲裁条款问题的认定，是值得商榷的。无论是英美法系还是大陆法系，均将合同的相对性原则视为合同法的基本原则，仲裁条款作为具体合同的一部分，只能约束合同的订立人，并不能约束订立人之外的第三人，而且仲裁条款仅对签署包括仲裁协议在内的具体合同的当事人有效，仲裁机构也仅对该具体合同的当事人具有管辖权，这是合同相对性原则的具体体现。在本案中，尽管M律师事务所作为P公司的诉讼代理人被控参与了争议信息的披露行为，而且这种披露行为涉嫌违反2010年签订的《专利许可协议》保密条款的约定，但是由于包括仲裁条款的许可协议当事人仅是J通信公司与P公司，因此仲裁条款也仅对J通信公司以及P公司有效，M律师事务所并不是涉案合同的当事人，不能及于M律师事务所。所以，由于J通信公司与M律师事务所之间没有仲裁协议，J通信公司与M律师事务所之间的争议，仲裁机构没有管辖权。当然对J通信公司来说，这是一个尴尬局面：针对涉嫌侵犯商业秘密的两个必要共同侵权人，只能通过不同的纠纷处理机关进行解决，其结果可能导致事实无法查清，无法追究当事人的全部责任。对于这一窘境的解决，只能在制定仲裁条款时更全面地考虑纠纷解决的处理方式，才能得到弥补。

（3）小结

本案的判决结果与最高人民法院最近作出的一系列判决的内容相一致。正如最高人民法院在其一个案件中所指出的："在解释仲裁条款的范围时，如侵权争议因违反合同义务而产生，违约责任和侵权责任有竞合关系，则原告即使选择以侵权为由提出诉讼，仍应受到合同仲裁条款的约束，不应允许当事人通过事后选择诉因而逃避仲裁条款的适用。且即便原告提起诉讼时增列了未签订仲裁协议的其他被告，亦不影响有仲裁协议的原、被告之间的纠纷适用仲裁协议。"①

---

① 最高人民法院（2015）民四终字第15号民事裁定书。

# 第三节 标准必要专利仲裁案例分析

## 一、案例一

### 自然人 A 与中国 B 有限公司专利许可合同争议仲裁案

#### 1. 基本案情

2008 年，自然人 A（以下简称申请人）与中国 B 有限公司（以下简称被申请人）签订了《专利实施许可合同》（以下简称《合同》），将其在家用领域的 N 项专利许可给被申请人使用。合同签订后，被申请人除支付了第一笔专利实施许可费×××万元外，再未支付其他费用。为此，申请人根据《合同》中仲裁条款的约定，向中国国际经济贸易仲裁委员会申请本案仲裁。

在本案第一次开庭前，被申请人针对《合同》项下核心专利（编号 I 发明专利）向国家专利复审委员会（以下简称专利复审委）提出无效申请。本案审理过程中，编号 I 发明专利被专利复审委宣告全部无效，且人民法院终审判决维持该无效决定。

#### 2. 申请人主张

申请人认为，合同生效后，申请人已积极履行了其合同项下义务，被申请人使用了申请人许可实施的核心发明专利技术并获得丰厚的经济利润，却拒绝支付第二期、第三期技术秘密使用费、专利使用费，经多次书面催促，仍置之不理。故申请人向仲裁庭提出仲裁请求如下：

（1）被申请人立即支付技术秘密使用费×××万元；

（2）被申请人立即支付专利使用费约×××万元（最终数额以实际销售提成额和技术股盈利分红所得为准）；

（3）被申请人立即支付专利使用费的逾期付款违约金×××万元（最终数额

计算至实际支付完毕之日止）；

（4）被申请人立即支付技术秘密使用费的逾期付款违约金×××万元（最终数额计算至实际支付完毕之日止）；

（5）被申请人立即支付故意隐瞒生产数量、销售额的违约赔偿金×××万元；

（6）被申请人立即支付律师费；

（7）被申请人立即支付专利年费约×××万元。

### 3. 被申请人主张

被申请人认为，合同项下多项专利存在无效、未授权等情形，且申请人存在如下违约行为，导致被申请人未能实施专利：（1）申请人未按约定传授实施专利有关的技术秘密；（2）申请人未履行技术服务和技术指导的义务。因此，被申请人向仲裁庭提出反请求如下：

（1）解除本案合同；

（2）申请人向被申请人立即返还技术秘密使用费×××万元；

（3）申请人向被申请人支付未按约提供技术秘密的违约金不到×××万元；

（4）本案仲裁费用由申请人承担。

### 4. 仲裁庭观点

（1）争议焦点一：专利权被宣告无效的法律后果

本案《合同》项下专利因在本案审理过程中，宣告编号I发明专利全部无效的决定生效，故本案应在专利无效的事实基础上进行审理。

根据《专利法》第四十七条规定，被宣告无效的专利自始无效，但已经履行了的专利许可合同不具有追溯力。即专利权人已经获得的专利许可费可以不予返还，专利权人有恶意的除外。因此，编号I发明专利被宣告无效后，本案合同尚未履行的部分不再履行。

（2）争议焦点二：本案合同的解除及条件

本案《合同》第九条约定："申请人应当在本合同有效期内维持各项专利权的有效性。无论因何原因导致申请人某项或全部许可实施的专利被宣告无效的，被申请人有权决定是否解除本合同。"《合同》第十条约定了因被申请人违反合同约定申请人享有合同的解除权。

本案中，被申请人依据《合同》第九条约定的被申请人的解除权提出仲裁反请求，请求解除合同。随后，申请人依据《合同》第十条约定的申请人的解除权，以寄送《合同解除通知书》的方式行使合同解除权，但并未就本案合同的解除事项向仲裁庭提出具体的仲裁请求。仲裁庭认为，由于申请人未提出其通知解除合同效力的仲裁请求，仲裁庭可不考虑申请人关于合同解除的事实和理由。

由于编号I发明专利已被宣告无效，一方面，被申请人行使合同解除权的条件已成就；另一方面，《合同》因《专利法》第四十七条的规定而终止履行。被申请人依据本案《合同》第九条的约定提出解除合同的反请求，仲裁庭尊重该合同约定，本案合同予以解除。

（3）争议焦点三：关于申请人及被申请人的仲裁本/反请求是否应当支持

仲裁本请求第1项至第5项、第7项涉及《合同》项下专利许可使用费，逾期支付专利许可使用费的利息和赔偿金以及专利年费。

仲裁庭认为，该被宣告无效的专利技术进入公有领域，申请人再无该技术的垄断权，被申请人即使使用该技术也无须付费。因此，申请人在其核心专利被宣告无效后，仍主张被申请人向其支付本案合同约定的专利技术使用费用，缺乏法律依据，仲裁庭不予支持；仲裁本请求第6项涉及律师费，依据本案审理的具体情况及处理结果，仲裁庭不予支持。

仲裁反请求第1项涉及本案《合同》的解除，仲裁庭根据对争议焦点二所持的意见，予以支持；仲裁反请求第2项涉及技术秘密使用费返还，从本案证据来看，被申请人实际应当按照《合同》支付至技术秘密使用费共计×万元。即使按合同约定退还50%，被申请人仍然应当实际承担×万元费用。从合同履行的角度，被申请人主张退还已支付的×万元使用费，不符合本案合同约定的本意。

《专利法》第四十七条第三款对不返还规定的例外有规定："依照前款规定不返还专利侵权赔偿金、专利使用费、专利权转让费，明显违反公平原则的，应当全部或者部分返还。"因此，依照《专利法》规定，如果不返还明显违反公平原则，可以返还。从公平原则的角度，根据本案证据，正如申请人证据中显示，被申请人网站至2011年的宣传文章中，仍然在以申请人专利作为其产品的宣传。显然，如果不是利用了申请人的技术，被申请人不可能发展如此快速。被申请人也未提供其利用其他技术实际生产产品和实际销售产品的证据，申请人不返还×万元使用费不存在不公平的情形。因此，该反请求无事实和法律依据，仲裁庭不予支持。

仲裁反请求第3项涉及申请人对违约责任的承担，综合在卷证据，仲裁庭对被申请人否认其收到申请人的技术秘密资料的事实不予采信，故对该项反请求不予支持。

（4）仲裁庭裁决

1）本案合同予以解除。

2）驳回申请人的全部仲裁请求。

3）驳回被申请人的其他仲裁请求。

4）本案本请求仲裁费全部由申请人承担。本案本请求仲裁费已由申请人向仲裁委员会预交等额仲裁预付金予以全部冲抵。

5）本案反请求仲裁费，由申请人承担30%，被申请人承担70%。本案反请求仲裁费已由被申请人向仲裁委员会预交等额仲裁预付金予以全部冲抵，故，申请人还应向被申请人支付相应费用，以补偿被申请人代其垫付的仲裁费。

### 5. 案件评析

本案为专利实施许可合同纠纷案件。在实体问题方面，本案纠纷的核心在于专利权被宣告无效后将带来何种法律后果。基于专利制度的特殊性，当专利权被宣告无效后，该技术进入公有领域，但对专利实施许可合同已经履行的部分不具有溯及力；此前依据专利实施许可合同获取的利益是否应当返还，还须以公平原则为基础，考虑个案中合同履行的实际情况而定。在审理程序方面，在双方当事人均未及时提供法院终审判决信息的情况下，仲裁庭发现法律事实与当事人申请仲裁时的法律事实相比发生重大变化，并函告双方当事人提出最后意见，保障了当事人的仲裁权利。

在本案中，仲裁庭通过对案件事实的全面了解及对法律问题的深入分析作出裁决，有力地维护了当事人的合法权益，促进了知识产权领域的健康有序发展。本案的裁决对类似知识产权许可案件的裁决具有一定的启发作用。

## 二、案例二

### 华为及关联公司诉康文森公司<br>确认不侵害专利权及标准必要专利使用费纠纷案

#### 1. 基本案情

本案涉及标准必要专利许可费率问题。2017 年 7 月，康文森无线许可有限公司（以下简称康文森公司）以欧洲专利为客体，在英国法院起诉华为技术有限公司（以下简称华为公司）及其英国关联公司，要求裁定其享有的包括中国在内的全球专利包针对华为公司的标准必要专利许可费率。华为公司认为，华为公司的终端产品的主要制造地和销售市场都在中国，故华为公司及其中国关联公司于 2018 年 1 月向江苏省南京市中级人民法院提起确认不侵害专利权及标准必要专利使用费纠纷三案诉讼，并请求就被告所有以及有权作出许可的、声称并实际满足 2G、3G、4G 标准或技术规范且为原告所实际实施的全部中国必要专利，判令确认符合公平、合理、无歧视原则的对原告产品的许可条件，包括费率。

#### 2. 原告主张

原告华为公司认为，包括涉案 ZL0081××××. 1、ZL20058003××××. 8、ZL20068001××××. 7 等专利在内的被告诸多中国专利已被国家知识产权局专利复审委员会宣告无效且不属于 3GPP 技术标准的标准必要专利，因此，三原告在中国制造、销售、许诺销售移动终端产品的行为不侵害被告的这些专利权。同时，被告无视华为技术公司的终端产品的主要制造地和销售市场都在中国的事实，以美国专利为样本进行许可谈判，以欧洲专利为客体在市场容量占华为终端产品全球市场份额不到 2%的英国法庭起诉，要求发放包括中国在内的全球专利打包许可，而怠于在中国合法行使专利权的行为，违反了基于中国专利寻求专利许可的公平、合理、无歧视承诺，其所提出的许可费要约也不符合公平、合理、无歧视原则。三原告认为，中国市场的终端产品的利润率低于欧洲市场，由英国法庭裁决中国专利的许可费率，将使三原告在中国市场处于不利的竞争地位，而华为的终端产品的全球销售有 60%的份额在中国市场。

因此原告提出如下诉讼请求：1. 请求判令确认三原告在中国制造、销售、许诺销售移动终端产品的行为不侵害被告享有的专利号为 ZL0081××××. 1［（2018）苏 01 民初 232 号案］、ZL20058003××××. 8［（2018）苏 01 民初 233 号案］、ZL20068001××××. 7［（2018）苏 01 民初 234 号案］发明专利权。2. 请求就被告所有以及有权做出许可的、声称并实际满足 2G、3G、4G 标准或技术规范且为原告所实际实施的全部中国必要专利，判令确认符合公平、合理、无歧视原则的对原告产品的许可条件，包括费率。3. 请求判令被告承担三案诉讼费。

### 3. 被告主张

被告认为，首先，原告华为终端公司、华为软件公司不是适格的原告，被告在英国起诉侵权的是原告华为技术公司，原告华为终端公司、华为软件公司没有参加与康文森公司的许可谈判，故本案与上述两原告无关；其次，确认不侵犯专利权之诉与标准必要专利使用费之诉是两个没有关联的诉，不应当在一个案件中审理，三案中确认不侵权之诉所涉及的专利，目前暂时被原专利复审委员会认定为无效，法院应当驳回原告的起诉；最后，原告提交的相关报告和补充报告没有事实依据。同时，被告主张采用相似许可比较法来计算标准必要专利的许可费率，如对于无线通信终端产品其主张的许可费率应当是：2G 手机为 0. 032%、3G 多模手机为 0. 181%、4G 多模手机为 0. 13%。

### 4. 法院观点

（1）争议焦点一：原告华为终端公司、华为软件公司是否为本案适格原告？

首先，三原告存在法律上的关联关系。且原告华为终端公司实施了被告认为的侵害涉案专利产品的制造、许诺销售、销售行为，原告华为软件公司是原告华为终端公司实施许诺销售、销售行为使用的电商平台经营者。原告华为终端公司、华为软件公司各自实施的行为在有可能侵害他人合法专利权利时，其作为民事主体可以通过参与民事诉讼解决争议。

其次，因为被告怠于在中国以诉讼形式行使其专利权，而采用请求国外法庭裁判全球费率的方式，有意规避中国司法机关对行为人实施中国专利是否可能造成侵权的司法审查，对包括本案三原告在内的实施者和利害关系人各自行为造成了巨大的不确定性。本案三原告寻求将这种不确定性通过司法确认和裁判转化为确定或稳定的法律状态，三原告具有诉的利益，即针对原告请求事项和特定当事人作出本案判决存在必要性及实效性。

据此法院认定，原告华为终端公司、华为软件公司是三案适格的当事人，具备我国民事诉讼法规定的原告主体资格。

（2）争议焦点二：三原告请求确认涉三案样本专利不侵权的诉讼请求可否支持？

法院认为原告该诉讼请求已无必要。三原告基于相同事实、被告的同一行为提出诉讼请求一和诉讼请求二，涉案原告诉讼请求一和诉讼请求二是相互独立又存在联系的关系。由于三案所涉的 3 件样本专利，目前均被专利复审委员会、专利局复审和无效审查部宣告无效，因此，对三原告请求确认不侵权已无必要，故对该诉讼请求（诉讼请求一）不予支持。

（3）争议焦点三：被申请人是否有权要求申请人向其支付剩余合同款项？

在本案中，由于涉案的 15 件专利中的 8 件专利已被宣告全部无效，故在本案中对该 8 件专利进行是否为标准必要专利的审查已无必要，法院仅对现存 7 件有效的专利进行审查分析。经比对涉案专利与 3GPP 标准，仅 1 件专利属于 3GPP 标准下关于 4G 技术的标准必要专利。

（4）争议焦点四：涉案中国标准必要专利许可条件如何确定？

首先，关于可比协议法。法院认为本案不具备适用可比协议法的条件，因为被告所引用的可比协议法的论证基础不成立。被告提供了无线星球案费率作为论证基础，但无线星球与康文森的专利包质量无法直接类比，被告也没有提供有效证据证明康文森专利包的质量，且被告在举证期内未提供其认为可比的协议供法庭参照，因此法院对该方法不予采纳。

其次，关于自上而下法。法院总结其计算过程为：①确定标准的全球行业累积费率。法院根据行业共识采纳全球累积费率为 2G 为 5%，3G 为 5%，4G 为 6%—8%。②标准在中国行业累积费率的测算。法院采纳了原告提交的龚炯专家报告，根据标准在国际主要发达国家手机市场的价值占比与在中国市场的价值占比推算出中国累积费率，认定中国 4G 标准行业累积费率区间为（3.93—5.24）%，中国 3G 标准行业累积费率为 2.17%，中国 2G 标准行业累积费率为 2.17%。③中国标准必要专利总族数的认定。法院采信了原告提供的专家报告结论，认定在 4G 领域内，2036 族被认定为中国标准必要专利，在 3G 领域内，1218 族被认定为中国标准必要专利，在 2G 领域内，517 族被认定为中国标准必要专利。④单模移动终端产品中各标准项下的许可费率。根据各标准费率及各自标准项下的中国标准必要专利总族数，得出各标准项下单模移动终端产品中国单族标准必要专利的基准费率 2G 为 2.17%÷517＝0.0042%，3G 为 2.17%÷1218＝0.0018%，4G 为［（3.93—5.24）%÷2036］＝（0.0019—0.0026）%。⑤本案涉案专利许可费率。本案涉案专利中，仅 1 个为涉及 4G 标准的真标准必要专利、因此费率为（0.0019—0.0026）%。法院综合涉案全部证据、技术现状及行业前景等因素，酌情取值 0.00225%。针对多模移动终端产品（2G/3G/4G）中各标准项下的许可费率，法院酌情取其权重为 2G 10%、3G 10%、4G 80%。因此，本案原告仅需就含有 4G/LTE 技术 MBMS 功能的 2G/3G/4G 多模移动终端产品向被告支付许可费率，且需要支付的中国专利包即中国标准必要专利费率为：（0.0019—0.0026）%×80%＝（0.00152—0.00208）%，酌情取值为 0.0018%。

（5）法院判决

1）不予支持原告确认不侵权之诉讼请求；

2）对原告华为技术有限公司、华为终端有限公司、华为软件技术有限公司与被告康文森无线许可有限公司双方所涉标准必要专利许可应按以下条件确定：

①许可专利：被告康文森无线许可有限公司所有以及有权做出许可的、声称并实际满足 2G、3G、4G 标准或技术规范且为原告华为技术有限公司、华为终端有限公司、华为软件技术有限公司所实际实施的全部中国必要专利。

②许可产品：原告华为技术有限公司、华为终端有限公司、华为软件技术有限公司的移动终端产品，即手机和有蜂窝通信功能的平板电脑。

③许可行为：制造、销售、许诺销售、进口许可产品，以及在许可产品上

使用许可专利。

④许可费率：上述许可行为中，原告华为技术有限公司、华为终端有限公司、华为软件技术有限公司需要向被告康文森无线许可有限公司支付的费率为：

单模 2G 或 3G 移动终端产品中，中国专利包即中国标准必要专利的许可费率为 0；

单模 4G 移动终端产品中，中国专利包即中国标准必要专利的许可费率 0.00225%；

多模 2G/3G/4G 移动终端产品中，中国专利包即中国标准必要专利的许可费率为 0.0018%。

并且，原告华为技术有限公司、华为终端有限公司、华为软件技术有限公司仅需就含有 ZL20038010××××.9 专利技术方案的 4G 移动终端产品向被告康文森无线许可有限公司支付上述许可费率。

3）三案案件受理费各 1000 元，合计 3000 元，由原告华为技术有限公司、华为终端有限公司、华为软件技术有限公司负担 1500 元，被告康文森无线许可有限公司负担 1500 元。

## 5. 案件评析

标准必要专利的实施者和利害关系人有权针对相关标准必要专利在中国提起确认不侵害专利权及确定标准必要专利使用费率之诉。在确定标准必要专利使用费率的过程中，要对业界标准必要专利使用费率的测算方法和当事人选择的测算方法充分分析，并结合具体案情恰当选择。本案根据具体案情在国内首次采用自上而下法，用中国累积费率除以各自标准项下的中国标准必要专利总族数，得出各标准项下单模移动终端产品中国单族标准必要专利的基准费率。

本案系国内首起确认不侵害国际标准必要专利权之诉，以及首例判决确定我国企业使用外国标准必要专利使用费率的案件，入选最高人民法院发布的 2020 年中国法院 10 件涉技术类典型案件。本案判决为二审法院最终促成双方达成全球和解，一揽子解决所有纠纷打下了良好的基础，在国际上引起较大反响，为今后类案处理提供了有益的实践探索。

## 三、案例三

### 华为诉三星及关联公司以及深圳南方韵和公司<br>标准必要专利侵权纠纷案

#### 1. 基本案情

本案涉及标准必要专利的侵权禁令问题。原告华为公司就与三星公司的标准必要专利的交叉许可未达成一致，故就其持有的一件标准必要专利向被告三星公司提起专利侵权纠纷，并要求侵权禁令。

#### 2. 原告主张

原告华为公司认为，华为是标准必要专利“一种无线网络通信装置”（专利号 20111026××××. 3）的专利权人。华为起诉称三星生产的多款产品侵犯涉案专利，且在谈判过程中华为始终遵循 FRAND 原则，而三星则拒绝善意进行许可谈判，采用拖延策略，违背诚信原则，导致无法达成专利实施许可协议，且其继续实施涉案专利而拒不支付许可费。华为请求法院判决四被告立即停止侵害涉案专利权的行为，包括但不限于制造、销售、许诺销售以及进口被控侵权产品的行为。

#### 3. 被告观点

被告三星公司认为，其没有实施华为指控其专利侵权的行为，华为在标准必要专利的许可谈判中没有尽到公平、合理、无歧视的义务，而三星在许可谈判中无明显过错，因此应驳回原告的诉讼请求。

#### 4. 法院观点

（1）争议焦点一：FRAND 问题，涉及双方在进行标准必要专利交叉许可谈判时，对于许可协议无法达成，华为和三星谁存在过错的问题。

1）从双方标准必要专利交叉许可谈判的程序方面分析原告华为和三星是否存在明显过错，是否遵循 FRAND 原则

其一，三星在与华为进行标准必要专利交叉许可谈判的程序方面，存在明显过错，明显违反 FRAND 原则。

三星在标准必要专利交叉许可谈判的范围、前提条件方面，坚持将标准必

要专利、非标准必要专利打包捆绑谈判，拒绝仅就标准必要专利进行交叉许可谈判，从而导致双方之间的标准必要专利交叉许可谈判被严重拖延。三星在与华为进行标准必要专利交叉许可谈判时的技术谈判方面，始终未对华为提交的标准必要专利权利要求对照表（CC）进行积极回应，从而导致双方之间的标准必要专利交叉许可谈判被严重拖延。三星在报价方面消极懈怠，既不积极单方向华为报价，也不积极针对华为的报价进行反报价，这说明三星存在恶意拖延谈判的主观过错。从双方谈判过程来看，华为按照谈判惯例，试图通过中立第三方仲裁的方法来促成双方达成标准必要专利交叉许可，三星无正当理由拒绝，这说明三星存在恶意拖延谈判的主观过错。从法院组织双方进行标准必要专利交叉许可谈判的过程来看，三星方没有提出实质性调解方案，明显恶意拖延谈判，在主观上有过错。

其二，华为在与三星进行标准必要专利交叉许可谈判的程序方面，没有明显过错，没有违反 FRAND 原则。

2）从双方标准必要专利交叉许可谈判的实体方面分析原告华为和三星是否存在明显过错，是否遵循 FRAND 原则。

其一，华为和三星拥有 3G 和 4G 标准必要专利的实力。

法院分析了从双方在 3GPP 国际标准组织中被采纳的获批提案数这个视角来看双方所拥有的 LTE 标准必要专利的实力；从双方在 ETSI 所声明的标准必要专利的数量和评估为标准必要专利的数量这个视角来看双方所拥有的 3G/UMTS 和 4G/LTE 标准必要专利的实力；从双方在本院互诉标准必要专利侵权案件的过程中，涉案专利被宣告无效的情况来看双方标准必要专利的实力，认为华为和三星在全球范围内的标准必要专利实力相当（没有明显差别）。

其二，华为根据自己所拥有的标准必要专利的实力，向三星给出的报价符合 FRAND 原则，而三星根据双方所拥有的标准必要专利的实力，向华为给出的报价不符合 FRAND 原则。

法院认为，华为向三星给出的报价，结合华为所拥有的 3G、4G 标准必要专利的实力，考虑作为被许可方三星方所生产、销售 3G、4G 手机的市场价格，以及 3G、4G 标准必要专利累计许可费率，符合 FRAND 原则。而三星向华为给出的报价，不符合 FRAND 原则。

（2）争议焦点二：技术事实的查明与认定问题，涉及原告在本案中要求保护的专利是否为 4G 标准必要专利，被告方是否实施了侵害原告专利权的行为，以及被告方的抗辩主张能否成立等问题。

1）关于原告要求保护的专利权的技术特征与相应 4G 无线通信技术标准是否对应，以及被告方是否构成专利侵权的问题

通过对比，原告在本案中要求保护的涉案专利技术，与上述 3GPP 的 R8、R9、R10 相对应的技术标准之技术特征形成一一对应关系，落入了原告涉案专利权的保护范围。

综上本院认为，原告要求保护的涉案专利技术为 4G 标准必要专利技术。被告方在我国生产、销售 4G 终端产品时，一定会使用原告的涉案专利技术，因此，在 2015 年 7 月 29 日原告取得涉案发明专利权以后，被告方未经许可在我国实施原告的涉案专利技术，侵犯了原告的专利权。

2）关于被告主张的合法来源抗辩的问题

法院认为，被告方未提供充分的证据证明三星产品的合法来源，合法来源抗辩的主张并不成立。此外，本案中原告并未向四被告提出专利侵权损害赔偿的诉讼请求，因此，即使本案中三星方提出的合法来源抗辩的主张成立，其对本案的裁判也无意义。

3）关于被告主张的专利权用尽抗辩的问题

法院认为，华为与高通公司签订的协议明确排除了华为给予高通的 pass-through 权利，华为授权给高通公司的标准必要专利不包括 4G/LTE 标准必要专利，不存在原告方的 4G/LTE 标准必要专利在本案中权利用尽的问题。因此，被告的该抗辩主张不成立。

4）关于被告提出的现有技术抗辩的问题

法院认为，从三星提供的公知常识证据内容来看，这本书是专业人员所写的涉及无线通讯技术领域里的专著，并不属于公知常识。三星提出的现有技术抗辩不成立。

（3）法院判决

1）被告三星（中国）投资有限公司、天津三星通信技术有限公司、惠州三星电子有限公司立即停止以制造、销售、许诺销售的方式侵害原告华为技术有限公司专利号为20111026××××.3专利权的行为。

2）被告深圳南方韵和公司立即停止以销售、许诺销售的方式侵害原告专利号为20111026××××.3专利权的行为。

### 5. 案件评析

本案是首例标准必要专利侵权纠纷。有鉴于标准必要专利相较普通专利具备垄断性，因此专利侵权禁令的作出标准应当进行适应性调整。本案的判决也确实因此作出了全新的裁判规则，认定侵权禁令需要视原、被告双方在谈判中是否遵守FRAND原则确定，也即依据双方对于谈判进展是否具备过错以及具备的过错程度来决定。从这一点来看，本案是标准必要专利领域具有里程碑意义的典型案件。

同时，本案也有效促成中外高科技企业在世界通信领域的合作发展，彰显了中国法院破解标准必要专利禁令救济国际难题的司法能力和司法智慧，系人民法院从国际、国内两个大局出发，服务创新驱动发展战略的一次成功实践。

# 第四节　著作权仲裁案例分析

## 一、案例一

### 韩国A公司与中国B文化发展公司委托创作协议争议仲裁案

#### 1. 基本案情

2017年8月，被申请人作为委托人，申请人作为受托人，签订了《委托创作协议》。协议主旨为："被申请人拟委托申请人创作驻场演出版原创舞台剧《C》，并进行相应的指导，申请人也愿意接受被申请人委托开展原创舞台剧的创作和指导工作。"

在协议的"报酬及支付期限"项下约定："申请人履行本协议项下全部义务所对应的整体报酬为人民币500余万元。"支付报酬的节点为："被申请人在本协议签订后7个工作日内向申请人支付整体报酬的20%，即人民币100余万元；在申请人……向被申请人出具合作确认函后的7个工作日内，向申请人支付整体报酬的10%，即人民币50余万元；在申请人完成概念方案PPT、剧本梗概和项目开发方案并经双方共同确认后7个工作日内，向申请人支付整体报酬的20%，即人民币100余万元；在申请人完成本协议申请人第二阶段职责并经被申请人审核通过，且申请人方人员、驻场导演到位并正式开展排练后7个工作日内，向申请人支付整体报酬的20%，即人民币100余万元；在首次公演前，被申请人还应再向申请人支付整体报酬的20%，即人民币100余万元；在申请人根据原创舞台剧演出的实际情况在首次公演之日起15日内完成对剧目的整体修改定稿，并经双方共同确认后7个工作日内，被申请人还应再向申请人支付整体报酬的10%，即人民币50余万元。"

该协议还约定有，"知识产权的约定""配合参加宣传活动的义务""诚实信用”“违约责任”“双方的声明与保证”等条款。

2018 年 11 月，双方签订了《委托创作协议（补充协议）》。将原协议中“在首次公演前，被申请人还应再向申请人支付整体报酬的 20%，即人民币 100 余万元”，修改为“签订本协议后 30 个工作日内支付整体报酬的 10%，即人民币 50 余万元，剧目公演前支付整体报酬的 10%，即人民币 50 余万元”。双方还就其他内容进行了约定。

上述协议签订后，双方均依约履行。后因申请人认为被申请人未按照约定支付报酬；被申请人认为申请人未完成协议约定的职责，并擅自撤离，双方产生纠纷，并引发本仲裁案件。

**2. 申请人主张**

申请人在《仲裁申请书》中称：2017 年 8 月，申请人与被申请人签订了《委托创作协议》，约定被申请人委托申请人创作驻场演出版的原创舞台剧《C》并进行相应的指导。《委托创作协议》签订后，申请人按照被申请人的要求提交了原创舞台剧的剧本，以及包括舞美、灯光、音响等与舞台剧相关的技术方案和设计图纸，并依据剧本的角色设定协助被申请人进行演员的海选。

2018 年 11 月，申请人与被申请人签订《委托创作协议（补充协议）》，就上述付款进度进行了变更。

依据《委托创作协议》约定与申请人完成工作内容的事实，被申请人合计支付报酬 400 余万元，尚未支付报酬为 100 余万元。

申请人履行完毕《委托创作协议》所约定的全部义务后，申请人持续为被申请人提供了与剧本修改等有关的工作。由于被申请人提出的要求远超出申请人可承受的范围，故经申请人与被申请人协商于 2018 年 11 月（实际开展工作早于补充协议签署之前）申请人与被申请人签订了《委托创作协议（补充协议二）》，双方约定在原有的原创舞台剧创作内容的基础上进行新一轮的调整与编创。二次创作与第一次的原创舞台剧有着本质的差别，无论是剧本内容，还是其所配套的舞美设施均存在重大区别。

综上，申请人已经按照《委托创作协议》《委托创作协议（补充协议）》《委托创作协议（补充协议二）》的约定履行了自身义务并向被申请人提交了创作成果，但被申请人并未按照合同的约定按时支付报酬。

有鉴于此，被申请人迟延支付报酬的行为已经构成严重违约，虽申请人多次与被申请人沟通，但是被申请人拒绝申请人的合理要求，故申请人向仲裁委员会申请仲裁，并提出具体仲裁请求如下：

（1）裁决被申请人继续履行《委托创作协议》《委托创作协议（补充协议）》及《委托创作协议（补充协议二）》；

（2）裁决被申请人支付《委托创作协议》及《委托创作协议（补充协议）》约定的两笔报酬100余万元及迟延支付报酬自2019年5月起至实际给付之日止的利息；

（3）裁决被申请人支付《委托创作协议（补充协议二）》第三期报酬约300万元及迟延支付报酬自2019年5月起至实际给付之日止的利息；

（4）裁决被申请人承担本案仲裁费用及律师费用。

### 3. 被申请人主张及反请求

第一，申请人未全面履行创作职责导致案涉剧目无法实现公演，其请求继续履行协议并支付第一次委托创作剩余报酬100余万元和第二次委托创作剩余报酬约300万元及相应的逾期利息，不具请求权基础。

第二，因申请人履行不符合合同要求，导致《委托创作协议》及相关补充协议在事实上已不能履行，其请求继续履行合同的理由不成立。

第三，关于裁决被申请人承担本案仲裁费用及律师费用无事实和法律依据。

综上所述，申请人未严格按照《委托创作协议》及相关补充协议的约定全面履行创作职责和义务，已履行部分也不符合合同要求，且以行为表明不履行合同其余主要义务，导致案涉剧目被迫终止，被申请人的合同目的因此落空并为此蒙受了巨额经济损失。申请人的行为已构成根本违约，其请求被申请人继续履行合同，支付未付的报酬和逾期利息等无事实和法律依据。

此外，从整个合同的订立和履行过程看，申请人利用了其在订立和履行合同中享有的专业优势地位，有意不提供、延期提供或不按一般行业惯例要求的质量标准提供创作设计文件，导致被申请人在不利情势下不得不增加投资、延长项目实施时间，被迫不断满足其不合理要求。申请人行为违反了民事行为当事人应当遵循公平、诚实信用原则，请求仲裁庭在查明事实分清是非的基础上，依法驳回申请人仲裁请求。同时，被申请人提出仲裁反请求：

（1）请求裁决解除申请人与被申请人签订的《委托创作协议》及其后签订的相关补充协议，具体包括：《委托创作协议之委托协议》《委托创作协议（补充协议）》《委托创作协议（补充协议二）》。

（2）请求裁决被申请人委托申请人创作的原创舞台剧《C》过程中所形成的中间创作成果的著作权以及其他一切知识产权归被申请人所有。

（3）请求裁决申请人向被申请人按50%的比例返还已支付报酬（含代扣代缴税费金额）约400万元，另赔偿被申请人其他损失约800万元。合计约1200万元。

（4）由申请人向被申请人补偿申请人聘请律师的花费。

（5）由申请人承担被申请人为办理本案支出的差旅费用。

（6）由申请人承担本案全部仲裁费用。

针对被申请人的仲裁反请求，申请人答辩称：

第一，申请人不同意解除《委托创作协议》及其补充协议。申请人已经按照《委托创作协议》及其补充协议的约定履行完毕合同项下的全部义务，并发送给被申请人，没有解除的必要性，无须予以解除。

第二，申请人同意被申请人第2项仲裁请求。依据《委托创作协议》“知识产权的约定”明确，与《C》舞台剧相关的著作权及其他一切知识产权，以及完成委托事项过程中产生的所有中间创作文件和（或）作品的包括著作权在内的知识产权的所有权利，均归被申请人所有。

第三，申请人不同意返还被申请人已经支付的报酬，亦不同意赔偿损失。申请人已经如期、如约履行完毕《委托创作协议》及其补充协议约定的各项义务，并且已经满足合同约定的支付时间及支付条件。

因本案合同已经履行完毕，不具备合同解除的要件，且被申请人所述的费用发生主体为G公司，应当由被申请人向G公司支付，该项仲裁请求与本案无关联性，亦无须由申请人进行赔偿。

第四，申请人不同意支付律师费用、差旅费。

第五，关于仲裁费用，申请人同意和请求仲裁庭依据双方的过错责任，裁决各自承担的比例。

### 4. 仲裁庭观点

仲裁庭认为，本案《委托创作协议》及补充协议，均为申请人与被申请人自愿签署，为双方的真实意思表示，内容不存在违反《合同法》《著作权法》及其他中国法律、行政法规禁止性规定的情形，协议有效。

对于双方的仲裁请求，仲裁庭认为：

申请人“撤离”的行为已经表明其不再履行合同义务，故不支持申请人继续履行合同的请求。

双方均有对剧本创作、人物设置、服装造型、舞台调度等方面的修改意见等方面的沟通联络，此均为艺术创作必经的惯常过程，亦符合艺术创作规律。在无证据证明在上述过程中确有一方因主观上固执地坚持而导致排演的停滞、拖延的事实，仅以时间节点作为判断是否违约的标准，不足以令人信服。

申请人没有参加公演，最终未能完成《委托创作协议（补充协议二）》约定的其职责义务。据此，仲裁庭不支持申请人要求支付相应款项的仲裁请求。

### 5. 案件评析

此案是涉及委托创作合同而引发的纠纷。此案的争议主要表现为：受托方以委托方不支付报酬为由提起仲裁或抗辩，委托方则以未按期交付和质量不合格为由提起仲裁或抗辩。本案反映出了该类案件通常存在的几个争议焦点：

1. 有关创作质量的认定问题；

2. 创作费用与创作内容的对价，或者说是对应性的判断问题。

第一，有关创作质量的认定问题。

这个问题是此类案件争议的焦点，本案中申请人提出已全面完成创作义务，被申请人则提出抗辩之一在于“被申请人未验收通过该剧本 PPT，即直至申请人撤离前没有全面履行完成剧本创作的基本职责和义务”。

可以看到，双方之所以在这里发生分歧，主要在于合同中对质量条款没有明确、具体、可操作的约定（意见），甚至没有约定。合同中只有“以委托方验收认可为质量标准”的约定。

这里，我们不可否认，对于创作内容的质量条款，存在一定的主观性，这里往往涉及创作的主体、思想、人物的设定、意境等，这些本身都是很难通过文字的约定表达准确、清楚的。由此导致双方就质量标准产生分歧，从而引发纠纷。

对于质量条款的判断，首先应以合同约定为准。因为合同是双方意思自治的结果，在其不违反法律规定的前提下，双方应当尊重法律。在此过程中存在双方的商讨、往来、争执都是正常的现象，不能以此过程来判断质量，但可以以结果来判断质量。这个结果包括双方确定的意见，对方的不理会、不反馈，没有具体修改意见，由此推定出质量判断的结论。

对于合同中约定的“以委托方确认为标准”的情形，存在不同认识。一种意见认为，委托创作合同是一种合同关系，应遵循合同自治原则；在不违反法律的前提下，应按照合同约定的条款履行，即以委托方是否认可作为判断质量的标准。也就是说，如果委托方不认可，便导致受托人不能实现合同对价，或者不能部分实现合同对价。另一种意见认为，在自然人是创作人作为委托创作合同的被委托一方，与经营组织作为委托创作合同的委托一方的情况下，受托方无论在各方面均弱于委托方，应适用公平原则。对此，笔者认为，受托方作为合同的相对方，其行为亦是一种经营行为，应承担经营风险。故，在有合同约定的情形下，应尊重合同约定，而不应轻易适用公平、诚实信用原则。这里，需要提出的是，仲裁员不宜从技术上认定质量是否达到标准。为此，笔者建议，我们不妨通过第三方鉴定机构对质量问题进行鉴定，为我们对质量的判断提供一定的参考作用。一是鉴定机构具有专业性；二是鉴定机构作为第三方机构具有一定的客观性。对于没有合同，或者合同没有约定清楚的，应当以尊重创作、保护创作的原则去判断质量。当然，也要查明创作过程中的细节来判断。

本案中，仲裁庭依据其查证的“本案开庭审理中，仲裁庭特别提问，‘双方最后对如何确定这个剧本，整个表演，这个项目的验收有没有规定？有没有验收的根据’，申请人和被申请人均回答‘没有验收’”。认定，“根据《委托创作协议》中对申请人‘职责’中关于‘根据演出的实际情况进行剧目的整体修改、定稿，并在首次公演后 15 日内完成剧目的整体修改、定稿……且被申请人……向申请人发送《告知函》和《联系函》，希望申请人‘出具剧目创作的具体处理意见，促使双方能履行完合作……’，但申请人均未回复具体意见。故此，申请人关于‘已经按照《委托创作协议》《委托创作协议（补充协议）》《委托创作协议（补充协议二）》的约定履行了自身义务’的主张与事实不符，仲裁庭不予认同”。

第二，有关创作费用与创作内容的对价，或者说是对应性的判断问题。

这个问题往往发生在合同无法继续履行情形下，受托人或者是创作方要求按照合同约定的阶段性支付对价。这里，我们需要明确的是，合同中约定的付款时间、比例，未必与委托创作的内容相对应。

对此问题的判断，要看双方谁具有违约行为。如果委托方没有违约行为，由于受托方的违约导致创作不能完成，合同无法继续履行的，尤其是受托方没有完成合同约定的全部创作内容的情形下，应如何判断创作费用？在此问题的处理上，也存在两种不同的意见。一种意见认为，受托方没有完成创作内容，对委托方而言是没有实现合同目的，应依委托创作合同的约定处理。如果合同约定应退回全部稿酬的，受托方应依约履行。另一种意见认为，应适用公平原则，考虑到受托方已付出劳动，就其付出劳动的部分支付报酬。对此，笔者的意见是，对于没有完成的创作，往往这种创作对委托方而言是没有任何价值的；考虑到著作权权利的归属，它的后续使用又往往与受托人有着千丝万缕的联系，不利于纠纷的解决。此时，可以通过《民法典》第五百六十三条第一款第四项的规定，当事人一方迟延履行债务或者有其他违约行为致使不能实现合同目的，可以解除合同。从而判断受托方返还全部款项。

如果是委托方违约，是否应按照合同约定的付款时间阶段来处理创作对价呢？上面我们说到，合同中约定的付款时间、比例，未必与委托创作的内容相对应。比如，在合同订立后十日内，委托方支付受托方总价款的30%；在受托方提交剧本大纲时，委托方支付受托方总价款的20%。仅到此时的付款节点，委托方已支付受托方价款的50%，而此时合同的主要义务——剧本的创作没有任何付款时间节点的对应。假设，在此时，委托方因付款违约，导致合同无法履行，此时如何处理受托人的对价？同样，一种意见认为，既然委托方在此阶段违约，对已支付的款项没有权利要回；另一种意见认为，尽管委托方违约，但合同约定的付款阶段不是权利义务一致性的反映，应按照受托方完成内容向其支付对价。应当讲，前一种处理方式比较简单，但不符合创作内容与对价的对应性；后一种处理方式相对公平、诚信，但对创作内容的把握比较困难，所以处理起来有一定的难度。笔者同意后一种思路。因为，合同中约定的付款时间、比例，基本上与委托创作的内容不具有对应性，因此仅以约定的付款时间上分配对价，不符合权利义务相一致的原则，亦不符合公平原则，有违诚实信用原则。对于创作内容所对应的对价的判断，一是我们可以通过第三方鉴定机构进行；二是我们从合同约定的创作内容与合同标的之间的对价比例进行分配就可解决相关问题。这里需要注意的是，如果支付对价对应的创作内容的著作权归属于委托方，此时的价款应是受托方对创作作品享有的获酬权；如果支付对价对应的创作内容的著作权归属于受托方，此时的价款应是委托方向受托方支付的劳务报酬。由此，在判断对价时，仲裁庭应当向双方就支付价款对应的创作内容的著作权归属进行询问，为最终判断创作内容的对价提供全面的考量。

综上，付款请求的判断，要综合考虑以下几个问题：①考虑谁违约在先的情形。②判断是否达到根本违约的程度。③考量是否使用的情形。④创作内容的可使用性。⑤是否存在创作与价款对应的约定。⑥数量因素、所占的比例。⑦著作权的归属等。需要强调的是，付款的约定不等于付出的创作劳动，不能简单地依据合同约定的阶段判定。

综观本案，仲裁庭对费用支付的判断，是分阶段性的考量。“仲裁庭认为，前述证据中确有显示申请人履行阶段性职责拖延完成和被申请人付款时间拖延的情形，但此均未引发双方的争议，亦未影响双方对本案协议、补充协议的正常履行。在前述双方提交的证据中，均有对剧本创作、人物设置、服装造型、舞台调度等方面的修改意见，和演员的推荐、选择、排练等方面的沟通联络，但此均为艺术创作必经的惯常过程，亦符合艺术创作规律。在无证据证明在上述过程中确有一方因主观上固执地坚持而导致排演的停滞、拖延的事实，仅以时间节点作为判断是否违约的标准，不足以令人信服。故此，被申请人应当依照《委托创作协议》及《委托创作协议（补充协议）》的约定向申请人支付剩余款项。仲裁庭支持申请人关于被申请人向其支付 100 余万元的仲裁请求。”

“仲裁庭认为，同为前文所述，申请人没有参加公演即撤离《C》舞台剧项目，最终未能完成《委托创作协议（补充协议二）》约定的其职责义务，违反了协议的约定，没有理由请求支付该笔款项。据此，仲裁庭不支持申请人的该项仲裁请求。”

## 二、案例二

### 中国 A 出版公司与中国 B 文化传播公司图书出版合同争议仲裁案

#### 1. 基本案情

申请人中国 A 出版公司系在 T 省注册的公司，主营中英文书刊和印刷品的出版、发行、销售、代理等业务。被申请人系一家注册地在 B 市的公司，经营图书、期刊、电子出版物、音像制品批发零售及其他业务。申请人与被申请人之间具有多年的图书版权许可与合作关系。双方于 2013 年 1 月签订《申请人牌儿童丛书原合同》，并于 2013 年 6 月订立了《申请人牌数学手册原合同》，由申请人授权被申请人在中国大陆地区出版、发行、销售《申请人牌数学手册丛书》共 40 余本的简体中文字版精装本及印有申请人 logo 的某数学手册作品。后因合作关系发生变化，双方于 2019 年 6 月订立了《关于处理〈C 图书出版合同书〉及〈D 图书出版合同书〉合同终止事项协议书》（以下简称本案合同），就前述著作权合作关系予以终止，并就终止后的相关事宜进行了安排。

其中，本案合同约定，乙方（被申请人）应于 2019 年 8 月前将《申请人牌儿童丛书》简体精装本及某《申请人牌数学手册》简体版库存处理完毕并自主发店铺渠道下架，包括当当自营及其他所有主发店铺渠道。

另，本案合同约定：“乙方及其关联方亦不得在宣传、发行等销售乙方或关联方任何产品或进行商业活动过程中使用任何‘申请人作品’及其简体精装本、妈妈手册简体版的任何部分，包括但不限于书本封面、书本图案、书本文案。乙方并于库存销售期结束后即刻将其自有与可控制渠道（包括官方网站、微博、微信公众号、自营微店、当当自营平台）中有关某数学手册授权著作一切营销与宣传内容予以撤除下架。”

### 2. 申请人主张

申请人称，申请人与被申请人曾于 2013 年 1 月签订了 C 类图书出版合同，并于 2013 年 6 月签订另一 D 类图书出版合同，被申请人均存在违约的情形。后双方自 2018 年年底至 2019 年 6 月经多次友好协商，就上述两合同终止后的相关事宜达成一致意见，进而签订了本案合同。

根据本案合同，库存销售期的截止日期为 2019 年 8 月，另据本案合同，被申请人于库存销售期结束后即刻将其自有与可控渠道（包括官方网站、微博、微信公众号、自营微店、当当自营平台）中有关 D 类授权著作一切营销与宣传内容予以撤除下架。但库存销售期结束后，申请人仍发现被申请人及其关联公司在其微博、微信公众号等处保留关于 D 类授权著作的营销与宣传内容，严重违反了合同的约定。根据合同约定，被申请人应当向申请人支付违约金人民币约 30 万元。

申请人的仲裁请求如下：被申请人向申请人支付违约金人民币约 30 万元等仲裁请求。

### 3. 被申请人主张

被申请人在其答辩中表示，申请人的请求没有任何事实依据、法律依据与合同依据，请求驳回其全部仲裁请求。

（1）没有证据证明申请人对《申请人牌儿童丛书》及《申请人牌数学手册》（以下合称“申请人作品”，仲裁庭注）拥有著作权，本案合同是对“申请人作品”及相应原始作品著作权的处分行为，包含对案涉作品及相关原始作品的复制权、发行权、翻译权和信息网络传播权等著作权的处分。从本案合同来看，“申请人作品”为翻译作品，申请人不是原始权利人，不享有再许可他人使用的权利，申请人属于无权处分，本案合同无效。

（2）即使不考虑无效的情况，本案合同属于申请人预先拟定的格式条款合同明显违反公平原则，故合同中部分条款属无效条款。

（3）即使不考虑合同及条款无效的问题，协议应解释为在库存销售期结束后，被申请人“积极采取措施将本案合同签订后至库存销售期间形成的有关某数学手册著作的营销与宣传内容，从自有与可控渠道中予以撤除下架”。合同中的“营销与宣传”应是为解决库存产品的销售所做的营销与宣传，如果没有实质销售行为，原先固有的甚至是新形成的宣传与销售内容，不是该条指向的内容。

（4）即使不考虑合同和条款效力及解释问题，本案合同约定的违约金过高，应予免除或酌减。

### 4. 仲裁庭观点

有关格式合同及条款效力问题，仲裁庭认为，从申请人和被申请人的资格和能力方面看，双方当事人均为版权贸易和图书出版、发行、营销领域的专业经营者，不存在一方对另一方的控制优势或强行订约之情形。

有关著作权问题对合同效力的影响，仲裁庭认为，在没有相反证据的情况下，被申请人提出的著作权方面的抗辩，不足以否定申请人对案涉作品再许可权以及与被申请人订约的权利，亦不会损及本案合同的效力。

有关违约行为的认定，仲裁庭针对被申请人抗辩的申请人没有对案涉作品拥有网络传播权无权要求下架的主张，认为本案合同约定的仅是对案涉作品的营销和宣传内容的下架，无关作品内容的传播和取得，被申请人的此项抗辩没有针对性。针对被申请人提出“宣传与销售内容”是其基于原合作协议行使合同权利的方式，案涉某数学手册作品进入销售领域后申请人权利用尽、被申请人没有义务下架的抗辩，认为著作权的权利用尽原则旨在规定著作权产品的物权所有人有权再使用、销售著作权产品的情形。本案争议属于合同纠纷，被申请人作为合同相对方，有义务按照合同的约定在合作事项终止后将作品宣传内容予以下架，该等事项不适用权利用尽原则。

### 5. 案件评析

本案涉及著作权相关问题的内容如下：

（1）有关著作权权属的认定

任何权利的认定，都需要通过对证据、事实作为基础来判断，著作权权属的认定也不例外。

著作权在作者的创作完成之际即产生，所以该权利首先一定是自证。对著作权侵权判断的原则的“接触+实质性相似”，这就使“自证”的程度要达到

"接触"要求，当然，对于仅作为自我欣赏的作品，"自证"无须到达"接触"的要求。

为此，法律作出了相应的规定。《著作权法》第十二条规定："在作品上署名的自然人、法人或者非法人组织为作者，且该作品上存在相应权利，但有相反证明的除外。作者等著作权人可以向国家著作权主管部门认定的登记机构办理作品登记……"《最高人民法院关于审理著作权民事纠纷案件适用法律若干问题的解释》第七条规定，"当事人提供的涉及著作权的底稿、原件、合法出版物、著作权登记证书、认证机构出具的证明、取得权利的合同等，可以作为证据。在作品或者制品上署名的自然人、法人或者非法人组织视为著作权、与著作权有关权益的权利人，但有相反证明的除外"。这些规定中明确了对著作权归属在形式上判断的证明方式。如同本案中，申请人提供的在中国版权保护中心进行的著作权登记，进而取得的《著作权登记证书》，以此来证明其权属。

但此案在证明权属的过程中，涉及域外证据的认定。这在著作权案件中是经常出现的问题，因为随着国际文化交流的发展，文化多元性并存，使大量的域外作品进入国内，从而涉及需要对权属的证明。

《最高人民法院关于民事诉讼证据的若干规定》第十六条规定，"当事人提供的公文书证系在中华人民共和国领域外形成的，该证据应当经所在国公证机关证明，或者履行中华人民共和国与该所在国订立的有关条约中规定的证明手续。中华人民共和国领域外形成的涉及身份关系的证据，应当经所在国公证机关证明并经中华人民共和国驻该国使领馆认证，或者履行中华人民共和国与该所在国订立的有关条约中规定的证明手续。当事人向人民法院提供的证据是在香港、澳门、台湾地区形成的，应当履行相关的证明手续"。可见，域外证据原则上讲是需要公证认证的。对于境外形成的证据，目前的司法实践要求必须履行一定的证明手续、具备相应的形式要件后，方才具有证据效力。

涉及著作权权属的证明问题，目前，经国家版权管理机关认可的对境外作品著作权权属进行认证的机构共有八家，包括：国际作者和作曲者协会联合会、国际唱片业协会、商业软件联盟、美国电影协会、日本唱片协会、韩国著作权委员会、香港影业协会（中国香港特区）、社团法人台湾著作权保护协会（中国台湾地区）。经国家版权局批准，上述机构在中国设立的常驻代表机构可从事认证工作。上述机构或其经批准的在华常驻代表机构出具的权属证明文件，可以作为认定著作权归属的初步证据。但上述机构在港澳台地区或其他国家设立的代表机构、分支机构等以自己的名义出具的证明文件，不宜作为认定著作权归属的证据。

当然，并不是域外证据都必须经过公证认证的手续。例如，（2014）朝民初字第06652号案件法院认为，“元纯传媒公司提交的域外证据虽然没有原件或者未做公证认证手续，但其还提交了电子邮件的证据予以佐证，因此本院将在考虑其提交的全部证据的基础上进行综合认定”。在本案中，仲裁员亦是综合案件情况予以认定。

（2）信息网络传播权在销售过程中的认定

本案中，被申请人在抗辩中提出了案涉作品的网络宣传等事项属于网络传播权的范畴，而申请人没有对案涉作品拥有网络传播权无权要求下架的主张。

《著作权法》规定，信息网络传播权，即以有线或者无线方式向公众提供，使公众可以在其选定的时间和地点获得作品的权利。由此，我们应当清楚，信息网络传播权是针对作品而言的。涉案中的销售行为、对图书的宣传行为均不是对作品本身的展示使用，因而不涉及对相关作品著作权权属中信息网络传播权的使用。本案仲裁庭提出，“本案合同约定的仅是对案涉作品的营销和宣传内容的下架，无关作品内容的传播和取得，被申请人的此项抗辩没有针对性”。也是从作品本身上进行的考量。

（3）“权利用尽”在销售过程中的认定

本案中，被申请人提出“宣传与销售内容”是其基于原合作协议行使合同权利的方式，案涉某数学手册作品进入销售领域后申请人权利用尽、被申请人没有义务下架。

在著作权领域，权利用尽，是指发行权用尽。“发行权用尽”原则又称“发行权一次用尽”“权利穷竭”或“首次销售原则”。这个权利的设定，是著作权法对发行权的限制。其含义是，作品的原件或复制件经著作权人许可后，首次出售或赠与后，权利人则无权控制或限制了，包括对其的再转让。正是由于“发行权用尽”的存在，才使流通环节合法化，消除了交易的不确定性，促进了交易的进行。本案仲裁庭认为，“著作权的权利用尽原则旨在规定著作权产品的物权所有人有权再使用、销售著作权产品的情形。本案争议属于合同纠纷，被申请人作为合同相对方，有义务按照合同的约定在合作事项终止后将作品宣传内容予以下架”，也是基于对权利用尽原则的适用。

## 三、案例三

### 央视动画公司诉时代佳丽公司与大头儿子公司著作权纠纷案①

#### 1. 基本案情

1994 年刘某岱受托为即将拍摄的 1995 年版动画片《大头儿子和小头爸爸》(以下简称 95 版动画片）用铅笔勾画创作了“大头儿子”“小头爸爸”“围裙妈妈”三个人物形象正面图。刘某岱享有前述 1994 年创作的三幅美术作品的著作权。刘某岱创作的底稿由于年代久远和单位变迁，目前各方均无法提供。

中央电视台和东方电视台联合摄制了 95 版动画片，后中央电视台于 2013 年摄制了《新大头儿子和小头爸爸》动画片（以下简称 13 版动画片)。95 版动画片美术创作团队在刘某岱创作的人物概念设计图基础上，进行了进一步的设计和再创作，最终制作成了符合动画片标准造型的三个主要人物设计图以及之后的转面图、比例图等。刘某岱未再参与之后的创作。95 版动画片人物形象构成对 94 版刘某岱作品的演绎作品，央视应视为该演绎作品的作者，享有著作权。13 版动画片人物形象仍属于对刘某岱创作的原作品的演绎作品。13 版动画片人物形象与 95 版动画片人物形象构成实质相似。

2013 年 11 月 4 日，中央电视台向北京市版权局申请作品登记，取得京作登字-2013-F-00345835 号作品登记证书。该登记证书载明作品名称：动画片《大头儿子和小头爸爸》之大头儿子卡通形象；作品类别：美术作品；作者：刘某岱；著作权人：中央电视台；首次发表日期：1996 年 6 月 1 日。2014 年 1 月 21 日，央视动画公司向北京市版权局申请作品登记，取得京作登字-2014-F-

---

① 参见（2016）京 0105 民初 46001 号一审判决，(2018）京 73 民终 20 号二审判决（二审维持)。

00001590号作品登记证书。该登记证书载明作品名称：动画片《新大头儿子和小头爸爸》之大头儿子卡通形象；作品类别：美术作品；作者：央视动画公司；著作权人：央视动画公司；首次发表日期：2013年11月28日。

2015年1月，中央电视台出具授权确认书，确认将其拥有的95版动画片的全部著作权及动画片中包括但不限于文学剧本、造型设计、美术设计等作品除署名权之外的全部著作权专属授权央视动画公司使用，授权内容自2007年起生效。

2012年12月14日，刘某岱与洪某签订了《著作权（角色商品化权）转让合同》，约定刘某岱将自己创作的“大头儿子”“小头爸爸”“围裙妈妈”三件作品的所有著作权权利转让给洪某，刘某岱则应提供作品的原型图。洪某受让取得刘某岱1994年创作的三幅美术作品的著作权。

2013年1月23日，洪某向浙江省版权局申请作品登记，取得11-2013-F-1733号作品登记证书，该证书载明作品名称：大头儿子；作品类型：美术作品；作者：刘某岱；著作权人：洪某。洪某登记的美术作品并非刘某岱原始创作的人物概念图，而是95版动画片美术创作团队创作的标准设计图。

2014年3月10日，洪某与大头儿子公司签订《著作权转让合同》，将“大头儿子”“小头爸爸”“围裙妈妈”三幅美术作品的著作权全部转让给大头儿子公司。

大头儿子公司通过受让取得的作品是刘某岱1994年创作的美术作品，并非洪某于2013年1月23日登记的作品。

2013年1月4日，刘某岱（乙方）与央视动画公司（甲方）签订《大头儿子和小头爸爸》美术造型委托制作协议；该协议约定乙方为甲方制作的动画片《大头儿子和小头爸爸》创作“大头儿子”“小头爸爸”“围裙妈妈”三个人物造型。协议签订后，刘某岱并没有向央视动画公司交付作品。

2013年8月8日，刘某岱（乙方）与央视动画公司（甲方）签订《大头儿子和小头爸爸》美术造型委托制作协议补充协议，协议载明，20世纪90年代中期，甲方通过崔某昱邀请乙方参与95版动画片其中主要人物造型的创作；甲方以委托创作的方式有偿取得了“大头儿子”“小头爸爸”“围裙妈妈”三个人物造型除署名权以外的全部著作权，并据此制作了156集的95版动画片；乙方收取了相关的委托创作费用，除享有“大头儿子”“小头爸爸”“围裙妈妈”三个人物造型的署名权外，不再享有《大头儿子和小头爸爸》动画片中相关造型的其他任何权利；甲乙双方于2013年1月4日签署的“《大头儿子和小头爸爸》美术造型委托制作协议”合法有效，双方应继续履行各自未尽的合同义务，乙方无权单方面终止该协议的履行；乙方保证未接受过任何第三方的委托另行创作三个人物造型，也未通过转让、许可使用等方式授权第三方取得或使用相关造型作品。该协议附有附件附图。大头儿子公司以此作为刘某岱转让其94版著作权权利的表达内容的载体，并当庭认可其授权生产、销售的涉案大头儿子玩偶形象系依此使用的。但央视动画公司提出该附图是其95版动画片中的人物形象。央视动画公司以刘某岱未履行委托制作协议，将刘某岱诉至北京市东城区人民法院。此案，经北京知识产权法院终审判决认定，“上述《委托制作协议》签订后，崔某昱受央视动画公司委托将1995版动画片使用的三个人物美术造型标准设计图交与了刘某岱，刘某岱并没有向央视动画公司交付作品”。

大头儿子公司认可时代佳丽公司销售的涉案玩偶系其提供。且，时代佳丽公司已将涉案玩偶产品下架，停止销售。

经比对，涉案玩偶形象与央视动画公司主张的权利形象（见图二），基本一致。

| | 央视动画公司95版人物形象 | 央视动画公司13版人物形象 |
|---|---|---|
| 人物形象 |  |  |

图二：人物形象对比

### 2. 原告主张

我公司是95版动画片、13版动画片的著作权人，依法享有“大头儿子”

等动画形象著作权。经调查，大头儿子公司未经许可，擅自大量授权他人使用我公司享有著作权的人物形象生产、销售衍生产品，包括但不限于“大头儿子”形象玩偶；时代佳丽公司在其经营的“名创优品”店铺中，销售两款由大头儿子公司擅自授权生产、销售的“大头儿子”形象玩偶。大头儿子公司、时代佳丽公司侵犯了我公司的合法权益，故请求一审法院判令：（1）大头儿子公司、时代佳丽公司停止涉嫌侵权产品的授权生产和销售，并立即销毁现有涉嫌侵权产品；（2）大头儿子公司停止使用动画片人物形象开发衍生产品的侵权行为；（3）大头儿子公司赔偿央视动画公司经济损失 20 万元及合理维权费用 8 万元。

### 3. 被告主张

大头儿子公司辩称：（1）央视动画公司应当对其依据哪个作品的著作权行使请求权予以明确。（2）我公司没有侵犯央视动画公司的著作权，我公司使用的动画形象是我方享有著作权的原作品，央视动画公司据以起诉的著作权系演绎著作权，经过比对被控侵权玩偶在整体形象、身体比例、头面部特征、造型修饰处理手法上，均与原作品实质相同，而与央视动画公司演绎作品的独创性毫不相同。故不同意央视动画公司的诉讼请求。

时代佳丽公司辩称：我公司经合法注册成立，店铺销售的产品是正规渠道采购，不是我公司设计生产，没有侵权的主观故意。在收到传票后，我公司已经将涉案产品下架，停止销售。

### 4. 法院观点

对大头儿子公司提出抗辩意见的权利本院逐一进行考量，并认定如下：

（1）其通过 2014 年 3 月 10 日与洪某签订的《著作权转让合同》，获得了洪某从刘某岱处取得的、刘某岱于 1994 年受托当场用铅笔勾画的涉案人物形象的正面图。该刘某岱作品的表达内容，经浙江法院的终审判决，确认“由于年代久远和单位变迁，目前各方均无法提供”。

通过上述事实，应当注意到，洪某取得的是刘某岱于 1994 年创作作品的表达内容，而该内容却是“各方无法提供”，即该具体表达的内容无法确认。这就意味着，洪某并未实际取得刘某岱于 1994 年创作作品的实际内容；也就意味着大头儿子公司并未持有其主张涉案权利的作品基础。

（2）其认为作品的表达载体是刘某岱与央视动画公司于 2013 年 1 月 4 日、8 月 8 日签订的《大头儿子和小头爸爸》美术造型委托制作协议及其补充协议所附的附图。但该协议，经浙江法院认定刘某岱没有完成委托创作义务，亦经北京知识产权法院终审认定该协议附件系央视动画公司提供，刘某岱没有完成合同义务构成违约。

通过上述法院的认定可以得知，上述协议的附件，并非刘某岱提供，而是央视动画公司提供给刘某岱的内容；该附件的内容系央视动画公司 95 版动画片大头儿子的人物形象，即央视动画公司主张的 95 版涉案作品的美术形象。由此，大头儿子公司提出上述协议的附件系其授权生产、销售涉案形象的载体内容，即其主张涉案权利的作品基础，亦没有事实依据。

（3）2013 年 1 月 23 日，洪某向浙江省版权局就涉案人物形象申请了作品登记证书。

2014 年 3 月 10 日，洪某与大头儿子公司签订《著作权转让合同》，将“大头儿子”“小头爸爸”“围裙妈妈”三幅美术作品的著作权全部转让给大头儿子公司。该内容经浙江法院终审判决认定，“洪某登记的美术作品并非刘某岱原始创作的人物概念图，而是 95 版动画片美术创作团队创作的标准设计图”。

经过浙江法院的终审判决，可以确认，洪某所申请的版权登记的作品以及其依此所取得的著作权转让的作品内容，系央视动画公司 95 版动画片的涉案人物形象。由此，可以认定，大头儿子公司依此提出的抗辩权利基础仍然没有事实依据。

综上，大头儿子公司抗辩提出的权利依据，均没有事实基础，故在现有证据基础的事实上，本院不能支持其享有权利基础的抗辩主张。

就上述所示可以看到，大头儿子公司作为其涉案玩偶使用的权利人，应就其使用的依据进行举证；尤其对其提出的涉案玩偶形象是依据刘某岱享有著作权的 1994 年创作作品的形象进行生产使用的情况，负有举证的义务。通过上述分析，可以得出，大头儿子公司无法举证证明其抗辩主张的权利依据，故大头儿子公司应当承担举证不能的法律后果。

通过对比大头儿子公司授权生产、销售的玩偶形象与央视动画公司主张权利的涉案动画形象，二者明显一致，故可以认定大头儿子公司授权生产、销售的玩偶形象使用了央视动画公司主张权利的作品。

尽管央视动画公司涉案作品是对刘某岱于1994年创作设计图的演绎创作，其仍就该演绎作品享有著作权，其权利受到法律保护；任何人未经许可不得使用。大头儿子公司就其涉案玩偶形象在没有权利基础的前提下，且其认可该玩偶形象是按照刘某岱与央视动画公司于2013年签订的《大头儿子和小头爸爸》美术造型委托制作协议及其补充协议附件所载的形象进行使用，即按照央视动画公司享有权利的95版动画片形象予以使用，故其未经许可，使用了央视动画公司的涉案作品形象，显然侵犯了央视动画公司对涉案作品享有的演绎作品的著作权，应当承担相应的法律责任。故本院对央视动画公司提起的停止侵权的诉讼请求予以支持，但考虑到涉案产品已进入销售状况，且销毁行为系行政执法行为，本院判定的停止行为已达到停止侵权的目的，故对央视动画公司提起的销毁涉案产品的请求不再支持。

### 5. 案件评析

本案件是一起典型的著作权纠纷案件，但我们注意到此案双方主张自己享有的权利基础都是基于相应的合同获得。

首先，我们看到原告最初始权利的合同基础是1994年中央电视台委托刘某岱受托为即将拍摄的95版动画片用铅笔勾画创作的“大头儿子”“小头爸爸”“围裙妈妈”三个人物形象正面图，而后是中央电视台对原告授权的合同关系。同时，我们看到被告大头儿子公司权利的合同基础是2012年12月14日，刘某岱与洪某签订的《著作权（角色商品化权）转让合同》，约定刘某岱将自己创作的“大头儿子”“小头爸爸”“围裙妈妈”三件作品的所有著作权权利转让给洪某，而后是洪某2014年3月10日与被告大头儿子公司签订《著作权转让合同》，将“大头儿子”“小头爸爸”“围裙妈妈”三幅美术作品的著作权全部转让给被告大头儿子公司。

上述双方取得权利的合同基础的一个共同事实是，原、被告双方均不能提供刘某岱创造三幅作品的形象内容，即著作权表达的内容。

著作权相关合同与一般民商事合同的区别在于一般的民商事合同仅涉及人们的财产或者财产权交易，不涉及当事人的人身权，而著作权合同除涉及财产权交易，还涉及作者的人身权；在著作权合同中，即使涉及职务创作或者委托创作，如果没有就权利归属作专门的约定，应推定著作权属于作者；作品原件载体所有权的转移，不视为作品著作权的转移；著作权合同中还会涉及时间、地域限制等。在上述区别外，还有在履行过程中标的物的交付，由于著作权的无形财产性，在履行标的物交付上，不要求一定交付作品的原件，可以是复制件，但一定要对交付作品的表达内容予以明确，即创造出的作品展示的内容。因为著作权保护的是作者创造出的可视的能够表达出的内容。

就本案而言，被告大头儿子公司抗辩的权利来源是刘某岱对其创造的三个形象的权利转让，但是刘某岱并未将上述三个形象的具体表达内容，无论是原始载体还是复制件都未交付给洪某，致使刘某岱与洪某签订的《著作权（角色商品化权）转让合同》并未实际履行；从而使洪某亦未履行于 2014 年 3 月 10 日与被告大头儿子公司签订《著作权转让合同》。最终，使被告大头儿子公司没有进行生产、销售含有三个形象的权利基础。由此，法院认定“通过上述事实，应当注意到，洪某取得的是刘某岱于 1994 年创作作品的表达内容，而该内容却是‘各方无法提供’，即该具体表达的内容无法确认。这就意味着，洪某并未实际取得刘某岱于 1994 年创作作品的实际内容；也就意味着大头儿子公司并未持有其主张涉案权利的作品基础”。

本案涉及的另一著作权问题是对演绎作品的认定。

我国《著作权法》第十三条规定，“改编、翻译、注释、整理已有作品而产生的作品，其著作权由改编、翻译、注释、整理人享有，但行使著作权时不得侵犯原作品的著作权”。根据该条款的规定，演绎作品是在保留原有作品基础之上创作出的新作品。这里需要注意的是，演绎作品的创作者必须在原有作品基础上进行创作而形成新作品，这种创作出的新作品要符合作品独创性的要求；同时，创造出的新作品中应能体现出原作品的痕迹，即演绎作品既能体现出新作品的独创性，又能体现原作品的基本表达内容，如果新作品失去了原作品基本表达的内容，则不构成演绎作品。

本案中，原告原始权利基础有二，一是通过委托刘某岱创作的用铅笔勾画的“大头儿子”“小头爸爸”“围裙妈妈”三个人物形象正面图；二是在此基础上形成的95版动画片、13版动画片人物形象，13版动画片人物形象与95版动画片人物形象构成实质相似。通过刘某岱创作的用铅笔勾画的三个人物形象正面图与95版动画片人物形象相比较，可以看到，两者有明显的区分，前者仅为铅笔画，后者则为彩色的动画形象，从色彩角度讲，后者就是新的表达；从形象的体现而言，前者仅为铅笔画，较为简单，后者则为动画形象，人物表达丰满、丰富，构成改变，具有创造性，从而构成新的表述、新的作品，即演绎作品。对此法院认定：“本案中，刘某岱用铅笔勾画创作了‘大头儿子’‘小头爸爸’‘围裙妈妈’三个人物形象正面图，该作品系黑白铅笔画；央视动画公司主张权利的作品是在刘某岱创作的人物概念设计图基础上，进行的进一步的设计和再创作，最终制作形成了符合动画片标准造型的三个人物设计图以及之后的转面图、比例图等，故刘某岱创作的作品与央视动画公司主张权利的作品存在明显差异。由此，浙江法院的终审判决确认：央视动画公司享有95版动画片、13版动画片演绎作品的著作权，其对两版动画片中的三个主要人物形象享有著作权；并认定两者存在一定的区别。加之，央视动画公司通过向北京市版权局申请作品登记取得了涉案作品登记证书，该证书中记载的动画人物形象是彩色的，证书中登记的作品形象是其主张涉案权利的基础。由此，在认定刘某岱创作的作品与央视动画公司主张权利的作品存在上述区别以外，二者颜色的使用上也表明了两者的差异。故，就上述所示可以看到，央视动画公司作为演绎作品的著作权人，即作为95版、13版动画片演绎作品的权利人……”

在这里，需要进一步说明的是，原告的演绎作品是对刘某岱原作品的改编。我国《著作权法》规定，“改编权，即改变作品，创作出具有独创性的新作品的权利”。本案中原告是将刘某岱的原作品三个人物形象铅笔勾画创作的黑白正面图，改编为多维度、彩色的符合动画片要求的动画形象，这个过程具有独创性，形成新的作品，应当受到著作权法的保护。

最后，借此说明的一点是，原告提出“销毁现有涉嫌侵权产品”请求的处理意见。

本案中，原告提出“销毁现有涉嫌侵权产品”的诉讼请求，这种请求在合同案件中也会出现类似的要求。这里笔者认为，无论是诉讼还是仲裁解决争议的方式最终的判决或裁决结果，都应当是可执行、可操作的处理结果，对于不确定的、无法执行的情形无论在判决中还是在裁决中都不应作出处理；尤其是著作权的无形性，其侵权产品无法控制。我们知道，诉讼肯定是法院执行，而仲裁也是法院执行，法院的执行行为是司法权的行使，而非行政权力的行使。《著作权行政处罚实施办法》（中华人民共和国国家版权局令第 6 号）第四条规定，“对本办法列举的违法行为，著作权行政管理部门可以依法责令停止侵权行为，并给予下列行政处罚：（一）警告；（二）罚款；（三）没收违法所得；（四）没收侵权制品；（五）没收安装存储侵权制品的设备；（六）没收主要用于制作侵权制品的材料、工具、设备等；（七）法律、法规、规章规定的其他行政处罚”。第三十九条第一款规定，“没收的侵权制品应当销毁，或者经被侵权人同意后以其他适当方式处理”。由此，原告提起的该项请求是一种行政执法的执行行为。为此，法院认定：“但考虑到涉案产品已进入销售状况，且销毁行为系行政执法行为，本院判定的停止行为已达到停止侵权的目的，故对央视动画公司提起的销毁涉案产品的请求不再支持。”

本案虽为侵权案件，但对于处理著作权相关合同案件具有一定的参考性。

# 第五节　商业秘密领域仲裁案例分析

## 一、案例一

### 中国A管理咨询有限公司与中国B医院有限公司合作协议争议仲裁案

#### 1. 基本案情

2020年9月，申请人中国A管理咨询有限公司（以下简称申请人）基于其与被申请人中国B医院有限公司（以下简称被申请人）及案外人美国C公司、美国D公司于2017年9月签订的《合作协议》中仲裁条款的约定，就因履行前述《合作协议》而产生的争议向中国国际经济贸易仲裁委员会（以下简称仲裁委员会）提起仲裁。

申请人提起仲裁称，2017年9月，申请人与被申请人及案外人美国C公司、美国D公司签订《合作协议》。依据该协议，申请人、美国C公司和美国D公司将向被申请人位于中国E省的医院投资超过1000万美元，以建设一个生殖健康及不孕不育部（以下简称某中心）。该协议的主要内容包括：

《合作协议》约定，申请人将负责某中心的人事管理，包括但不限于组织结构、管理团队、人数、招聘、培训、薪酬体系、工作标准/程序、职位转换等。

《合作协议》约定，美国C公司（亲自或通过申请人或其员工）引入的任何与某中心治疗或某中心运营有关的系统、软件、指导、意见、手册、模式模型、流程均应视为美国C公司的专有技术和商业秘密。此外，所有某中心运营过程中以及提供某中心服务所产生或创造的所有知识产权应属于申请人。未经申请人同意，被申请人不得以任何目的使用或者允许任何第三方以任何目的使用前述知识产权。

《合作协议》约定，合作期限为 20 年，自某中心开业时起算，经各方合意可以延长。

《合作协议》签署后，申请人、美国 C 公司和美国 D 公司按照约定实际履行了合同，为建设某中心投资，被申请人顺利获取了某中心批复，该某中心批复可以使被申请人进行第一代、第二代和第三代试管婴儿手术。

申请人称，为了申请该某中心批复，申请人、美国 C 公司和美国 D 公司转移了大量知识产权，准备了数百份申请文件；申请人、美国 C 公司和美国 D 公司还提供了标准操作程序手册，该手册属于具有极高商业价值的专有信息、反映了两案外人生殖诊所通过数十年的执业获取的专有技术和经验。然而，在《合作协议》签署后，被申请人从事了多项违约行为，最终导致各方合作关系破裂，《合作协议》通过前案仲裁得以解除。在本仲裁案中，申请人指出被申请人实施的违约行为中包括"申请人在合作过程中向被申请人提供了大量知识产权，包括专有技术、商业秘密及其他高度机密的信息。然而，在被申请人根本违约并霸占某中心之后，其与多名非由申请人指定的'医生'及外国医疗机构合作，使用申请人的知识产权经营某中心，严重侵犯了申请人的合法权益并给申请人造成了巨大的损失"，并针对前述行为提出"裁决被申请人就其前案仲裁裁决作出之后持续侵犯申请人知识产权（包括但不限于申请人的专有技术、商业秘密、商标）的行为，赔偿申请人遭受的损失""申请人保留根据法律和仲裁规则增加、扩展或修改本《仲裁申请书》内所做的各项请求及寻求的救济，并保留就《合作协议》约定的合作期间内其他时间段包括管理费损失和侵犯知识产权而产生的其他损失在本案或在另案中提出赔偿请求的权利"。

被申请人答辩称，申请人再次基于《合作协议》对被申请人提起本案仲裁，违反了"一裁终局"和"一事不再理"原则，被申请人已经向仲裁委员会提出管辖异议。在保留对本案管辖异议的前提下，被申请人就申请人提出的仲裁请求发表答辩意见，其中就申请人有关上述知识产权的仲裁请求的答辩意见为："申请人未提供任何证据证明被申请人存在侵犯其知识产权的行为，仲裁庭应当直接驳回申请人的第三项仲裁请求。关于申请人在第三项仲裁请求中主张的前案裁决作出后因被申请人侵犯其知识产权而遭受的损失，申请人既未明确事实和理由，亦未提交任何与知识产权侵权有关的证据，甚至连损失金额都未能主张。因此，对于申请人提出的无任何证据支持的第三项仲裁请求，仲裁庭应当直接予以驳回。”

本仲裁案开庭后，申请人的主要代理人就上述与知识产权有关的问题发表如下两点代理意见：其一，申请人在本案中提出的第三项仲裁请求系要求被申请人就其在前案仲裁裁决作出之后持续侵犯申请人知识产权（包括但不限于申请人的专有技术、商业秘密、商标）的行为赔偿申请人遭受的损失。申请人提出的这一项仲裁请求同样是依据前案裁决作出之后的新事实，即取决于在《合作协议》解除之后被申请人是否向申请人退还承载该等知识产权的文件物品，以及被申请人经营某中心的情况。正是由于被申请人拒绝向申请人返还前述承载申请人知识产权的文件物品，并继续使用申请人的知识产权以经营某中心，即被申请人在《合作协议》解除之后做出侵权行为。申请人因此才获得了提起本案仲裁要求被申请人承担相应侵权责任的义务。因此，申请人系依据新的事实提出本案仲裁，与前案不属于同一纠纷，被申请人提出的管辖权异议缺乏事实和法律依据，明显不能成立。其二，申请人向被申请人提供了包括中英文的《实验室操作手册》《美国专家来 E 省执业规章制度》《人类辅助生殖技术项目申报书》等与某中心治疗或某中心运营相关的指导、意见，属于《合作协议》约定的商业秘密。时任被申请人总经理自然人 A 确认收到了前述文件，可以证明申请人向被申请人提供了这些承载了申请人商业秘密的文件。根据《合作协议》的约定，在前案裁决解除《合作协议》之后，被申请人应当按照该条款将前述文件返还申请人，但是在申请人反复沟通联系之后，被申请人仍然未能向申请人退还任何该等文件，反而使用包含申请人商业秘密的文件长期经营某中心，持续侵犯了申请人的知识产权。被申请人应该就其侵权行为向申请人作出赔偿。

对此，被申请人的主要代理人发表代理意见认为：申请人未提供任何证据证明被申请人存在侵犯其知识产权的行为，仲裁庭应当直接驳回申请人的第三项仲裁请求。在前案中，申请人也要求被申请人赔偿知识产权侵权损失。对此，前案仲裁庭认为，“申请人未能提供充分证据证明其在某中心留有上述物品，故，申请人的该项主张，无法得到仲裁庭的支持”；“由于申请人未能提供充分证据证明其商业秘密、商标及其他知识产权受到被申请人的侵害并遭受损失，故，对于本项仲裁请求，仲裁庭不予支持”。本案中，申请人提交的所谓知识产权载体与前案完全相同，即《人类辅助生殖技术项目申报书》《实验室操作手册》等文件，该等文件均非前案裁决后产生的文件，而申请人既未提供证据证明被申请人保有相关文件，亦未证明被申请人存在使用该等文件的行为，仲裁庭也应当驳回该项请求。

**2. 仲裁庭意见**

关于申请人是否有权要求被申请人就知识产权侵权行为赔偿申请人所遭受的损失，仲裁庭认为：

申请人要求裁决被申请人就其前案仲裁裁决作出之后持续侵犯申请人知识产权（包括但不限于申请人的专有技术、商业秘密、商标）的行为，赔偿申请人遭受的损失。鉴于申请人并未就其所称被申请人侵犯申请人的知识产权所遭受的损失提供明确的损失数额和计算依据，申请人的该项仲裁请求不能得到仲裁庭的支持。

最终，仲裁庭裁决驳回申请人包括商业秘密侵权损失在内的知识产权侵权损失请求。

**3. 案件评析**

本案是一起基于《合作协议》履行而产生的纠纷，争议焦点之一是被申请人是否应当向申请人赔偿因其侵害申请人的商业秘密而使申请人遭受的损失。

申请人在本案中所称的商业秘密，是指包括专有技术、商业秘密及其他高度机密的信息的大量知识产权。申请人在本案中指控的侵权行为包括被申请人拒绝返还承载商业秘密的文件物品，以及被申请人使用前述商业秘密以继续经营某中心。

针对申请人关于被申请人赔偿其因被侵害商业秘密而遭受的损失之仲裁请求，仲裁庭巧妙地选择以申请人未提供明确的损失数额和计算依据这个角度予以驳回。事实上，根据《反不正当竞争法》（2019 修正）第九条的规定，仲裁庭还可以从以下角度审理并裁决是否支持申请人提出的上述仲裁请求。

（1）申请人所称的"商业秘密"是否符合商业秘密的构成要件

《反不正当竞争法》第九条第四款规定，本法所称的商业秘密，是指不为公众所知悉、具有商业价值并经权利人采取相应保密措施的技术信息、经营信息等商业信息。根据前述法律规定，商业秘密应当符合以下四个构成要件：第一，权利人请求保护的信息是技术信息或经营信息等商业信息；第二，被请求保护的信息在被诉侵权行为发生时不为所属领域的相关人员普遍知悉和容易获得，即"不为公众所知悉"或"秘密性"或"非公知性"；第三，具有现实的或者潜在的商业价值，即"价值性"；第四，采用了与被请求保护的信息相适应的、在正常情况下足以防止被请求保护信息泄露的保密措施，即"保密性"。

在本仲裁案中，申请人虽称其与案外人美国C公司、美国D公司向被申请人"提供了标准操作程序手册，该手册属于具有极高商业价值的专有信息、反映了两案外人生殖诊所通过数十年的执业获取的专有技术和经验"及其他高度机密的信息，但申请人始终没有明确其请求保护的具体秘密点，以及承载前述明确秘密点的载体。并且，申请人也没有针对前述具体秘密点或结合前述承载秘密点的载体，初步证明在其所称的被申请人实施的侵害行为发生前，申请人采取了适当的保密措施。同时，由于申请人没有明确其请求保护的具体秘密点，被申请人也无法针对该等秘密点去证明在被指控的侵害行为发生前，前述具体秘密点"已为公众所知悉"，不具有"非公知性"。

综上，假设仲裁庭没有从损失证据的角度去评述，而是从申请人所称的"商业秘密"是否符合商业秘密的构成要件切入，从申请人的现有主张、证据来看，仲裁庭也可以认定申请人不足以证明其所称的"商业秘密"符合商业秘密的全部构成要件，应当承担不利后果。

（2）被申请人是否实施了被控侵害行为

《反不正当竞争法》第九条第一款规定，经营者不得实施下列侵犯商业秘密的行为：（1）以盗窃、贿赂、欺诈、胁迫、电子侵入或者其他不正当手段获取权利人的商业秘密；（2）披露、使用或者允许他人使用以前项手段获取的权利人的商业秘密；（3）违反保密义务或者违反权利人有关保守商业秘密的要求，披露、使用或者允许他人使用其所掌握的商业秘密；（4）教唆、引诱、帮助他人违反保密义务或者违反权利人有关保守商业秘密的要求，获取、披露、使用或者允许他人使用权利人的商业秘密。《最高人民法院关于审理侵犯商业秘密民事案件适用法律若干问题的规定》第九条规定，被诉侵权人在生产经营活动中直接使用商业秘密，或者对商业秘密进行修改、改进后使用，或者根据商业秘密调整、优化、改进有关生产经营活动的，人民法院应当认定属于反不正当竞争法第九条所称的使用商业秘密。

本仲裁案中，申请人主张被申请人使用申请人的知识产权（包括但不限于申请人的专有技术、商业秘密、商标）经营某中心，严重侵犯了申请人的合法权益并对申请人造成了巨大的损失。具体地，申请人主张在《合作协议》解除后，被申请人拒绝向申请人返还前述承载申请人知识产权的文件物品，并继续使用申请人的知识产权以经营某中心。据此，申请人在本仲裁案中主张的被申请人的侵犯商业秘密的行为为“使用商业秘密”的行为。

《反不正当竞争法》第三十二条第二款规定，商业秘密权利人提供初步证据合理表明商业秘密被侵犯，且提供以下证据之一的，涉嫌侵权人应当证明其不存在侵犯商业秘密的行为：(1) 有证据表明涉嫌侵权人有渠道或者机会获取商业秘密，且其使用的信息与该商业秘密实质上相同；(2) 有证据表明商业秘密已经被涉嫌侵权人披露、使用或者有被披露、使用的风险；(3) 有其他证据表明商业秘密被涉嫌侵权人侵犯。根据前述规定，在假定申请人有充分证据证明其主张的秘密点符合商业秘密的构成要件的情况下，申请人还应当进一步将其指控的被申请人拒绝返还且“使用”的信息与其主张的秘密点进行比对，并证明二者构成实质性相同。本仲裁案中，申请人没有开展上述工作，不足以证明被申请人“使用”的信息与其主张的“商业秘密”实质上相同，进而不足以证明被申请人实施了被控侵犯“商业秘密”的行为。

综上，假设仲裁庭从被申请人是否实施了被控侵权行为进行审理，从申请人的现有主张、证据来看，仲裁庭也可以认定申请人不足以证明被申请人实施了“使用商业秘密”的行为，应当由申请人承担不利后果。

## 二、案例二

### A 贸易公司与 B 科技公司执行复议案

#### 1. 基本案情

2020 年 7 月 7 日，江苏省高级人民法院（以下简称江苏高院）作出执行裁定书，驳回 A 贸易公司复议申请，维持无锡市中级人民法院（以下简称无锡中院）执行裁定。至此，A 贸易公司于 2017 年 4 月 6 日申请执行贸仲相关裁决书的复议程序终结。

A 贸易公司向无锡中院申请执行事项为要求 B 科技公司继续按照双方签订的《设立有限公司合同》约定向 C 公司履行以包括商业秘密在内的技术、知识产权出资的义务。由于 A 贸易公司与 B 科技公司签署的合同及相关附件中，仅有部分技术内容的描述，对哪些技术用于出资、如何实施出资、如何进行验收都没有明确约定，无锡中院通过案件相关证据及当事人的陈述无法确定约定出资的非专利技术及知识产权的具体内容，曾依法向仲裁委员会发出征询意见函，询问执行标的的具体内容、认定标准及验收方法等，但仲裁委员会函复称相关问题不属于双方仲裁请求或反请求的范围，故未作出分析和裁决。另在执行过程中，B 科技公司称双方合同约定投资的部分技术已经成为通用技术，原技术团队人员已经实际解散，故 B 科技公司已经实际无法履行技术出资的义务。无锡中院认为，《最高人民法院关于适用〈中华人民共和国民事诉讼法〉的解释》第四百六十三条①规定：当事人申请人民法院执行的生效法律文书应当具备下列条件：（1）权利义务主体明确；（2）给付内容明确。法律文书确定继续履行合同的，应当明确继续履行的具体内容。《最高人民法院关于人民法院办理仲裁裁决执行案件若干问题的规定》第三条第二款规定：仲裁裁决或者仲裁调解书仅确定继续履行合同，但对继续履行的权利义务，以及履行的方式、期限等具体内容不明确，导致无法执行的，依照前款规定处理，即人民法院可以裁定驳

① 对应 2022 年修正《最高人民法院关于适用〈中华人民共和国民事诉讼法〉的解释》第四百六十一条。

回执行申请。本案中，A 贸易公司申请的执行标的是依据相关裁决书要求，由 B 科技公司继续按照《设立有限公司合同》之约定向 C 公司履行以技术、知识产权出资的义务，而根据现有的证据，对于 B 科技公司应继续履行出资的技术、知识产权内容、履行方式、期限等具体内容，难以在执行程序中固定和明确。且无锡中院组织双方当事人进行协商，并向仲裁委员会发出征询意见函，仍无法确定。另 B 科技公司在执行过程中表示已经无法履行技术出资的义务。故本案对于执行依据要求 B 科技公司继续按照《设立有限公司合同》之约定向 C 公司履行以技术、知识产权出资的执行申请应予以驳回。对于因 B 科技公司无法履行相应出资义务所造成的损失，A 贸易公司可以另行起诉。综上，无锡中院裁定驳回 A 贸易公司根据相关仲裁裁定要求 B 科技公司继续按照《设立有限公司合同》之约定向 C 公司履行以技术、知识产权出资义务的执行申请。

A 贸易公司遂向江苏高院复议请求撤销上述执行裁定，并裁定 B 科技公司继续按照《设立有限公司合同》之约定向 C 公司履行以技术、知识产权出资义务。A 贸易公司称，其曾向无锡中院两次提交《执行标的具体描述》，从“技术范围、技术基本内容、技术指标、技术特点及优势、环保指标、利润指标”六个方面对执行标的进行了说明，执行标的具体明确。且 A 贸易公司还曾向无锡中院提交《回复意见》，也对执行标的做了说明。A 贸易公司与 B 科技公司同意执行双方已经确认的技术内容。B 科技公司称，执行标的应以涉案仲裁裁决的内容为准，A 贸易公司在执行过程中单方面主张技术出资范围，没有任何依据。

### 2. 复议法院意见

江苏高院认为，根据《最高人民法院关于人民法院办理仲裁裁决执行案件若干问题的规定》第三条规定，仲裁裁决仅确定继续履行合同，但对继续履行的权利义务，以及履行的方式、期限等具体内容不明确，导致无法执行的，人民法院可以裁定驳回执行申请；导致部分无法执行的，可以裁定驳回该部分的执行申请。涉案仲裁裁决主文第一项，即 B 科技公司履行按照《设立有限公司合同》之约定向 C 公司履行以技术、知识产权出资的义务，但关于技术、知识产权的范围、方式，以及交付的期限等内容不明确，导致无法执行。无锡中院裁定驳回 A 贸易公司的执行申请并无不当。

第一，涉案仲裁裁决在事实认定及说明部分均没有认定 B 科技公司应当交付的技术、知识产权的具体内容，法院无法依据涉案仲裁裁决明确执行内容。

第二，仲裁委员会复函也没有明确涉案仲裁裁决主文第一项。虽然仲裁委员会复函载明，B 科技公司与 A 贸易公司签署的《备忘录》第 2 条知识产权投入计划 2. 1. 1. 3 项为本合同附件一所列“目标产品”的配方、工艺路线、生产流程、品质管控技术，但是，B 科技公司与 A 贸易公司均认可没有签订合同附件一。

第三，《执行标的具体描述》《回复意见》不能作为人民法院执行依据。A 贸易公司向无锡中院提交了《执行标的具体描述》《回复意见》，并主张据此确定仲裁裁决主文要求 B 科技公司交付技术、知识产权的具体内容，但是《执行标的具体描述》《回复意见》并不是仲裁裁决所载明的内容，未经仲裁审理。A 贸易公司主张以《执行标的具体描述》《回复意见》确定涉案仲裁裁决的执行内容，不能成立。

综上，A 贸易公司的复议请求应予驳回。无锡中院执行裁定认定事实清楚，适用法律正确，应予维持。

### 3. 案件评析

这是一起具有代表性的、一方当事人在以知识产权出资成立新公司的过程中，因合作双方对用于出资的包括商业秘密在内的知识产权范围、内容、载体、交付方式、交付期限等约定不清，而最终导致纠纷无法彻底解决的典型案例。

《民法典》第一百二十三条规定，民事主体依法享有知识产权。知识产权是权利人依法就下列客体享有的专有的权利：（1）作品；（2）发明、实用新型、外观设计；（3）商标；（4）地理标志；（5）商业秘密；（6）集成电路布图设计；（7）植物新品种；（8）法律规定的其他客体。《反不正当竞争法》第九条第四款规定，本法所称的商业秘密，是指不为公众所知悉、具有商业价值并经权利人采取相应保密措施的技术信息、经营信息等商业信息。《公司法》第二十七条规定，股东可以用货币出资，也可以用实物、知识产权、土地使用权等可以用货币估价并可以依法转让的非货币财产作价出资；但是，法律、行政法规规定不得作为出资的财产除外。对作为出资的非货币财产应当评估作价，核实财产，不得高估或者低估作价。法律、行政法规对评估作价有规定的，从其规定。第二十八条第一款规定，股东应当按期足额缴纳公司章程中规定的各自所认缴的出资额。股东以货币出资的，应当将货币出资足额存入有限责任公司在银行开设的账户；以非货币财产出资的，应当依法办理其财产权的转移手续。

根据上述法律、司法解释的规定，民事主体可以包括专利、商标、计算机软件、商业秘密等在内的知识产权作价出资。在实践中，当民事主体以专利、商标、计算机软件等知识产权出资时，可以行政审查信息或者登记管理信息作为权属信息的初步证据，并以办理转移变更登记手续作为履行权属变更和出资义务的证明。但是，当民事主体以诸如技术信息或经营信息等符合商业秘密构成要件的秘密信息进行出资时，由于该等秘密信息不具有彰显其权属状态的外部证据，因此当事人首先应当明确相关出资方用于出资的商业秘密内容、载体等与确定商业秘密权属及范围密切相关的一系列重要问题。

我国现行法律法规中没有对商业秘密权属变更手续的强制性规定。《最高人民法院关于适用〈中华人民共和国公司法〉若干问题的规定（三）》（2020 年修正）第十条规定，出资人以房屋、土地使用权或者需要办理权属登记的知识产权等财产出资，已经交付公司使用但未办理权属变更手续，公司、其他股东或者公司债权人主张认定出资人未履行出资义务的，人民法院应当责令当事人在指定的合理期间办理权属变更手续；在前述期间内办理了权属变更手续的，人民法院应当认定其已经履行了出资义务；出资人主张自其实际交付财产给公司使用时享有相应股东权利的，人民法院应予支持。出资人以前款规定的财产出资，已经办理权属变更手续但未交付给公司使用，公司或者其他股东主张其向公司交付、并在实际交付之前不享有相应股东权利的，人民法院应予支持。根据上述规定，出资人以向目标公司实际交付商业秘密等无形财产并供目标公司予以使用，可以构成司法认可的商业秘密权属变更方式。因此，如果目标公司已经实际开展必须基于商业秘密出资人完成商业秘密出资方能开展的经营活动，则可以推定商业秘密出资人已经履行向目标公司进行商业秘密出资的义务。

反过来讲，当目标公司未能实际开展必须基于商业秘密出资人完成商业秘密出资，方能开展的经营活动时，不能仅简单推定商业秘密出资方未完成出资，还要进一步分析是否存在导致目标公司未能开展相关经营活动的其他原因。在这种情况下，往往还需要明确双方约定的用于出资的商业秘密内容、载体、出资方式及出资期限等问题，并进一步分析判断商业秘密出资人是否按照前述约定履行了相应的出资义务。而当双方对前述与商业秘密的范围及权属转移密切相关的问题没有约定或者约定模糊不清时，则仲裁机构将难以判定商业秘密出资人已经完成出资，以及在未完成出资的情况下如何继续履行商业秘密出资义务。在这种情况下，合作方要求商业秘密出资人继续履行出资义务的目标很可能难以实现。

江苏高院在执行复议程序中，基于 A 贸易公司与 B 科技公司对继续履行知识产权出资义务的履行方式、期限等具体内容约定不明确，最终认定无法执行并驳回 A 贸易公司的复议请求，具有法律与事实依据。无锡中院在驳回 A 贸易公司执行请求的同时向 A 贸易公司释明，A 贸易公司对于因 B 科技公司无法履行相应出资义务所造成的损失可以另行起诉，也体现了裁判者对公平、正义的追求。

## 三、案例三

### 某跨境电商有限公司与某自然人股权转让争议仲裁案

#### 1. 基本案情

申请人向贸仲提起仲裁称：申请人与被申请人及案外人某科技股份有限公司、自然人 B、某科技企业（有限合伙）于 2017 年签订本案协议，本案系因该协议中涉及的 A 收款账户、a 域名及 b 域名而产生的争议。

其中，涉案 A 收款账户的注册人为申请人 100%控股的某数据科技公司的控制子公司——某营销公司。某营销公司在一家境外在线支付平台上注册了收款账户，并与申请人或该公司在银行开设的银行账户关联，实现现金收支。根据 2017 年申请人与被申请人及其他案外人签订的本案协议的规定，被申请人承诺并保证申请人及其各分子公司的网站名称、域名等各种经营许可证等相关知识产权、许可权的唯一的、合法的所有权人（或使用权人），如在申请人原股东或第三人名下的，均须经过必要的批准或者备案过户到申请人名下或者知识产权有效期内独家无条件许可本案申请人无偿使用。被申请人作为本案协议中的乙方之一，原为申请人公司的法定代表人，因其职务的特殊性以其个人邮箱和信息等代申请人申请以上收款账户并进行管理。本案协议签订后，申请人按照协议约定履行了各项协议义务，而被申请人亦根据双方于 2020 年 6 月签署并生效的《解除劳动合同协议书》从申请人处离职，申请人于同日也发布了公告，确认被申请人与申请人协议离职，有关工作由新任命总经理负责。在此情况下，被申请人仍未按照本案协议的规定将归属于申请人的涉案 A 收款账户的登录账号、密码和管理权交给申请人或转让给申请人。申请人多次通过电话、邮件、信函等方式催告，被申请人均不予配合，导致申请人无法管理、控制、使用上述涉案收款账户。被申请人之行为已经构成严重违约，并给申请人的正常业务经营造成极大的损失。

被申请人以贸仲有效送达相关通知和资料，未出庭参加庭审，亦未向仲裁庭提交任何意见、证据或其他资料。对于申请人提出的证据、陈述的事实和理由，被申请人未提出异议。

申请人于庭后提交了代理意见等文件，就“关于被申请人立即向申请人归还和移交涉案 A 收款账户（包括主账号和子账号）的登录密码和使用权，并配合申请人在账号服务商品处进行账号管理权的变更事宜”，具体发表如下意见：(1) 涉案 A 收款账户的登录密码属于申请人的商业秘密，根据本案协议的规定，被申请人应向申请人归还和移交 A 收款账户的登录密码、使用权。涉案 A 收款账户是以申请人的关联公司某营销公司的名义通过第三方支付平台注册的收款账户。申请人需通过涉案 A 收款账户输入密码进行成功登录后，方能进入该收款账户的管理后台进行手动操作才能够将收款账户内的款项办理提现，并贷记至与该收款账户绑定的某营销公司的银行账户，进行申请人公司业务费用的提取。上述收款账户的登录密码对申请人的商业经营能够带来极大的商业价值、经济利益和竞争优势。涉案 A 收款账户的登录密码作为密码的作用和属性本身即可以表明其具有非公知性和保密性。申请人对其涉案 A 收款账户的管理专门制定了《申请人平台账号提款管理办法》和《申请人平台账号管理制度》。

针对资金管理，申请人制定的《平台账户提款管理办法》，就销售平台账户及支付平台资金账户提取及对外支付业务做了针对性的制度安排。由此可见，申请人对平台 A 收款账户等建立了严格的保密制度。根据《反不正当竞争法》第九条，《最高人民法院关于审理不正当竞争民事案件应用法律若干问题的解释》第九条、第十条、第十一条规定，具体到本案仲裁请求，申请人认为涉案 A 收款账户的登录密码是不为公众所知悉、具有商业价值并经申请人采取相应保密措施的经营信息，属于申请人的商业秘密，是申请人的知识产权。（2）涉案 A 收款账户的商业秘密及其所附有的财产权益为申请人所有，被申请人离职后应向申请人归还和移交涉案收款账户的登录密码，将涉案 A 收款账户的使用权归还申请人。根据申请人提交的证据可以充分证明某营销公司为申请人的公司，涉案 A 收款账户的实际注册人为某营销公司，根据本案协议的规定，某营销公司的知识产权的唯一合法的所有权人（或使用人）为申请人。根据本案协议的前述条款规定，涉案 A 收款账户（包括主账号和子账号）的登录密码均为申请人的商业秘密，属于该条款规定的知识产权范畴，有关该商业秘密的权益以及唯一的、合法的所有人为申请人，被申请人无权持有、篡改该商业秘密，并应履行将其持有的商业秘密完全地、无条件地归还和移交给申请人的义务。（3）被申请人离职后拒不归还其持有的商业秘密，仍然持有、使用和篡改涉案 A 收款账户登录密码的行为已严重侵害了申请人享有的知识产权，损害了申请人的经济利益，应立即予以归还。

**2. 仲裁庭意见**

仲裁庭查明，2017 年 7 月，申请人与被申请人以及案外人某科技股份有限公司、自然人 A、某科技企业（有限合伙）签署本案合同，就被申请人、自然人 A、某科技企业（有限合伙）向某科技股份有限公司转让其各自持有的申请人的股权事宜进行约定。本案合同具体约定了转让方各自转让的股份、对价、业绩承诺以及其他相应商业条件。

本案合同约定，“现有股东承诺并保证，除本协议另有规定之外，本协议签订之时及本协议签订之后，丙方（本案申请人）是申请人及各分子公司的名称、品牌、商标和专利、商品名称及品牌、网站名称、域名、专有技术、各种经营许可证等相关知识产权、许可权的唯一的、合法的所有权人（或使用人）。上述知识产权如果在原股东或第三人名下的，均须经过必要的批准或备案过户到申请人名下或者在知识产权有效期内独家无条件许可申请人无偿使用，且所有为保护该等知识产权而采取的合法措施均经过政府部门批准或备案，并保证按时缴纳相关费用，保证其权利的持续有效性”。

关于申请人主张的“涉案 A 收款账户的登录密码属于申请人的商业秘密，被申请人应向申请人归还和移交该收款账户的登录密码、使用权”，仲裁庭认为，从上文查明的基本事实可见，涉案 A 收款账户本质上属于申请人的关联公司某营销公司基于其与第三方在线支付平台运营商之间的合同关系而从该第三方在线支付平台运营商处获得的一种服务。虽然该服务的获取能够为申请人或其关联公司某营销公司的经营活动带来便利，从而使申请人或其关联公司某营销公司对该收款账户享有一定的权益，但是，该权益是基于合同关系而产生，合同具有相对性，故其与本案合同条款所描述的一般知识产权还是存在本质区别的，尤其表现为申请人的关联公司某营销公司不能像处置其所拥有的其他知识产权那样自由处置其基于 A 收款账户所享有的权益。另外，即使根据本案合同以及附件约定，各方均同意“申请人及其分子公司”可以享有相应权利，并未约定所有知识产权、有形或无形资产的权益必须从分子公司转移给申请人。申请人关于分子公司的知识产权、有形或无形资产的权益应由申请人唯一享有的主张，属于对本案合同约定的误解。虽然根据申请人提供的上述 A 收款账户主账号的邮箱信息，可以合理推断被申请人英文名@ a. com 系被申请人的邮箱，从而合理推断该收款账户的登录密码的实际控制人为被申请人，但是，某营销公司取得该账户的控制权需基于其与第三方在线支付平台运营商的合同关系，申请人要取得该账户的控制权，需通过其对某营销公司的控制而实现，而不应通过本案合同中的约定实现。虽然申请人提交的证据 16 表明，某营销公司认可申请人对该收款账户所享有的权利，并认可申请人有权要求被申请人归还和控制该收款账户的密码，但是，如前文所述，在无进一步证据证明其主张的情况下，由于合同的相对性，其基于合同关系所取得的权益并不能由其单方面决定转移。虽然仲裁庭认为，基于本案合同的缔约本意和诚实信用原则，被申请人应当采取提供密码、变更用户名等形式配合申请人或其关联公司某营销公司取得对该 A 收款账户主账号的控制权，但是，就本案争议而言，由申请人提出的该项主张缺乏合同依据。仲裁庭进一步认为，在被申请人拒绝配合的情况下，解决该 A 收款账户的控制权问题，宜由某营销公司基于其与第三方在线支付平台运营商的合同关系，由该第三方在线支付平台运营商协助解决。至于申请人主张的被申请人拒不归还其持有收款账户密码等商业秘密，侵害了申请人享有的知识产权问题，属于另外的法律关系，申请人可另循程序解决相应争议。综上，仲裁庭对申请人的该项仲裁请求不予支持。

### 3. 案件评析

这是一起有关案涉信息是否构成商业秘密的仲裁案例，仲裁庭没有采用《反不正当竞争法》第九条第四款有关“商业秘密”的定义及其构成要件对申请人所主张的信息是否构成商业秘密进行分析、认定，而是另辟蹊径，通过商业秘密是一种法定的知识产权而非通过合同约定取得的债权进行论述，从而否定了申请人所主张信息的知识产权性质。

根据《民法典》第一百二十三条规定，民事主体依法享有包括商业秘密在内的知识产权。在《民法典》施行前，商业秘密在我国的保护依赖于《反不正当竞争法》的规定。正如反不正当竞争法专家孔祥俊先生所言，“只有在法律规定商业秘密保护制度时，才存在商业秘密的法律保护”“反不正当竞争法施行以前的专有技术或者技术诀窍等信息，因无相应的法律规定而不称其为商业秘密，主要是受合同约定的债权保护，而缺乏侵权法意义上的法律保护”①。

申请人在本案中主张，某营销公司基于其与第三方在线支付平台运营商的合同关系而取得 A 收款账户主账号的用户名与密码，申请人基于案涉协议“现有股东承诺并保证，除本协议另有规定之外，本协议签订之时及本协议签订之后，丙方（本案申请人）是申请人及各分子公司的名称、品牌、商标和专利、商品名称及品牌、网站名称、域名、专有技术、各种经营许可证等相关知识产权、许可权的唯一的、合法的所有权人（或使用人）”约定而应当享有 A 收款

① 孔祥俊：《〈反不正当竞争法〉的创新性适用》，中国法制出版社 2014 年版。

账户主账号的用户名与密码，并进而享有相应的控制权利。然如本案仲裁庭所认定的，“该权益是基于合同关系而产生，合同具有相对性，故其与本案合同条款所描述的一般知识产权还是存在本质区别”，换言之，申请人所主张的 A 收款账户主账号的用户名与密码并不属于案涉协议上述条款中约定的“知识产权”。

如上所述，我国《反不正当竞争法》《民法典》对商业秘密作为一种知识产权的规定，彰显了商业秘密的权利法定性。本案仲裁庭除采用上述思路外，还可以换一种角度来分析和论述申请人所主张的 A 收款账户主账号的用户名与密码是否构成“商业秘密”。《反不正当竞争法》第九条第四款规定，“本法所称的商业秘密，是指不为公众所知悉、具有商业价值并经权利人采取相应保密措施的技术信息、经营信息等商业信息”。根据前述规定，商业秘密首先应当是一种通过权利人付出创造性的劳动而产生的技术信息或者经营信息。根据《最高人民法院关于审理侵犯商业秘密民事案件适用法律若干问题的规定》第一条第一款和第二款规定，其中的“技术信息”是指“与技术有关的结构、原料、组分、配方、材料、样品、样式、植物新品种繁殖材料、工艺、方法或其步骤、算法、数据、计算机程序及其有关文档等信息”，“经营信息”是指“与经营活动有关的创意、管理、销售、财务、计划、样本、招投标材料、客户信息、数据等信息”。申请人在本案中主张的 A 收款账户主账号的用户名与密码既非前述技术信息，亦非前述经营信息，故其本质上并非商业秘密。

此外，根据《反不正当竞争法》第九条第四款定义，商业秘密应当符合非公知性、价值性与保密性三个构成要件，而其中的价值性要件要求受商业秘密制度保护的信息应当能够为权利人带来现实的或者潜在的经济利益，使权利人获得竞争优势。申请人在本案中主张的 A 收款账户主账号的用户名与密码，并不具有能够为申请人带来竞争优势的特点，也不符合商业秘密价值性的构成要件。因此，A 收款账户主账号的用户名与密码不构成商业秘密。

在这种情况下，申请人以 A 收款账户主账号的用户名与密码构成商业秘密，属于一种知识产权，进而要求被申请人通过提供密码或者配合变更等形式配合申请人掌握对该主账号的控制权，不具有法律与事实依据。

# 第六节　影视文化行业知识产权仲裁案例分析

## 一、案例一

### 影视投资合同争议仲裁案

#### 1. 基本案情

2019 年 12 月，申请人与被申请人签订了《某电影份额转让协议》（以下简称涉案协议），涉案协议主要约定如下内容：（1）某电影预计上映日期为 2020 年内。（2）协议签订之日，申请人向被申请人支付约 40 万元。签署后三个工作日内，申请人向被申请人支付 100 余万元。被申请人在收到申请人第一笔投资款后，为申请人当日挂上猫眼。如在三个工作日内未上猫眼，被申请人退还定金约 40 万元，另支付违约金约 10 万元。（3）双方在协议中约定：申请人可将其在本协议项下申请人的部分投资额与其他任何第三方分担和享有，但须经被申请人事先书面同意。（4）申请人有权作为联合出品方，其署名将体现在猫眼中。署名顺序为其他联合出品方按照各自投资比例由多至少排列，投资比例相同的按投资款支付时间先后排列，署名形式（包括字样、字体大小）由被申请人最终决定但应保证申请人与其他联合出品方（如有）相同；同时还约定，如前述署名方式违反发行地区的政府相关规定的，则以政府相关规定进行调整，该调整不视为任何一方违约。（5）双方约定宣传发行开支包括但不限于广告、宣传、电影节及电影展的放映。（6）如本协议影片未在 2020 年 12 月底前上映，被申请人应返还申请人全额投资款。（7）如因本协议产生的争议，应提交中国国际经济贸易仲裁委员会仲裁。

2019 年 12 月涉案协议签署之日，申请人向被申请人支付约人民币 40 万元。被申请人于 2019 年 12 月中下旬起为申请人“挂猫眼”（被申请人将申请人作为影片的“联合出品方”，为申请人在猫眼 App 上的涉案某影片进行署名），结合双方提交的证据，被申请人为申请人“挂猫眼”的时间至少持续到 2021 年 4 月。双方当事人于 2021 年 4 月开始沟通猫眼 App 中涉案影片更新事宜，在 2021 年 4 月以后，申请人的名称已不再体现在猫眼 App 中（“下猫眼”）。截至申请人提交仲裁之日，被申请人仍未为申请人办理猫眼 App 署名更新事宜。涉案某影片于 2020 年 7 月取得了《电影片公映许可证》，申请人的名称未核准在出品单位名单中。某影片于 2021 年 8 月底在全国院线上映，上映时影片的片头、片尾均未体现申请人名称。

本案其他相关事实为，涉案某影片于 2020 年 12 月在某市电影节进行放映，在全国院线上映日期为 2021 年 8 月底；涉案当事人双方均认可，在申请人的名称“下猫眼”前，申请人将涉案协议项下其享有的投资份额部分转让给了案外人某影业有限公司，2019 年 12 月，申请人与被申请人签订补充协议，被申请人知晓并同意申请人对申请人所持有的份额进行转让；另外，双方均确认，申请人选择对其份额进行不同溢价的转让。

### 2. 申请人主张

申请人认为，因影视行业的特殊性，双方合作的目的系申请人提高行业知名度和资金的短期回笼，故本案协议中针对署名权和最晚上映期限进行了专条专款的明确约定。

申请人已按涉案协议的约定向被申请人支付了协议约定的定金约 40 万元，被申请人应持续为申请人“挂猫眼”，被申请人未能持续为申请人办理涉案某影片在猫眼 App 署名更新事宜，且其在报审《电影片公映许可证》时并未加入申请人的署名，某影片上映时片头、片尾没有申请人的署名，构成违约。

涉案某电影应于 2020 年 12 月底前上映。国家电影局已于 2020 年 7 月 16 日发文恢复电影院开放，自电影院开放之日起截至协议约定的最迟上映时间（2020 年 12 月底），电影院共有 300 余部影片上映，疫情对影片在电影院上映的影响早已消除。涉案某影片于 2020 年 7 月即取得《电影片公映许可证》，于 2020 年 12 月在某市电影节进行的放映仅为“展映”，属于电影宣发环节，并非正式上映。涉案某影片实际上映时间为 2021 年 8 月底。被申请人未按照协议约定在 2020 年 12 月底前上映，构成违约。

申请人的仲裁请求具体为：（1）请求裁决解除双方签署的协议；（2）被申请人双倍返还申请人支付的定金约 80 万元；（3）被申请人返还申请人剩余投资款 100 余万元；（4）被申请人按中国人民银行同业间拆借利率返还资金占有期间的利息；（5）被申请人承担违约金 10 余万元；（6）本案的仲裁费、交通费、律师费由被申请人承担。

### 3. 被申请人主张

被申请人认为，申请人要求解除涉案协议不符合法定解除及约定解除的条件。涉案协议主要内容本身正常履行，不影响申请人主要合同目的的实现，不符合法定解除的条件；涉案协议未约定解除合同事由及条款，不符合约定解除的条件；影片已进入结算环节，申请人的合同目的已实现。

申请人的合同目的系对影片收益权价值投资及在二级市场溢价转让收益权份额，该合同目的已经实现，因此不具备要求被申请人“双倍返还定金”“退还剩余投资款”“承担违约金”“支付资金占用利息”等请求权基础。

被申请人已经按照涉案协议约定为申请人在规定时间“挂猫眼”，后申请人被“下猫眼”不属于被申请人的责任，且涉案协议中，被申请人未作出单方承诺并保证申请人署名的意思表示，涉案协议中明确了署名规则应当“以政府相关规定进行调整，该调整不视为任何一方违约”，因此被申请人不存在违约行为。另外，申请人是否署名不影响其已实际取得 5%份额的收益权，以及其向二级市场溢价转让份额的基础，因此申请人不存在实际损失。

涉案协议已约定某影片 2020 年 12 月底前为“预计上映期”，协议未约定影片的上映是在全国院线，因此 2020 年 12 月底在某市的放映属于上映，被申请人未违反涉案协议的约定。

### 4. 仲裁庭观点

针对本案，仲裁庭认为争议焦点集中在：（1）关于申请人署名权问题；（2）关于影片的上映日期。

①针对第一个争议焦点，仲裁庭从以下角度进行了分析：

首先，关于涉案协议约定的“挂猫眼”所涉的申请人署名相关权利。仲裁庭认为，署名权属于持续性的权利，涉案协议约定的署名行为，应当是具有持续性、稳定性的行为，被申请人应当保证申请人在猫眼 App 的涉案影片持续署名。然而在 2021 年 4 月，双方对猫眼 App 更新事宜沟通后，被申请人违反了涉案协议的约定，未能持续为申请人在猫眼 App 上进行署名，应视为被申请人违反本协议项下的义务，应当承担相应的责任；另外，关于申请人主张的被申请人未在报审《电影片公映许可证》时对申请人进行报审构成违约，仲裁庭认为，一方面涉案协议约定“如前述署名方式违反发行地区的政府相关规定，则以政府相关规定进行调整，该调整不视为任何一方违约”；另一方面双方未明确约定申请人在《电影片公映许可证》上享有署名权，因此申请人未在《电影片公映许可证》上署名不视为被申请人违约。

其次，关于涉案当事人双方关于申请人署名的履行行为。仲裁庭认为，被申请人在协议签订当日为申请人“上猫眼”，履行了合同义务，保证了申请人的署名权，但是在 2021 年 4 月以后未能根据申请人的要求为其更新猫眼，被申请人保证申请人署名权的行为存在瑕疵。同时，仲裁庭认为由于申请人选择对二级市场进行不同溢价转让，扰乱了市场秩序，对被申请人的利益造成了一定的损害，出品单位以及项目的其他出品单位均有所耳闻。申请人的上述行为违反了合同法规定的诚实信用原则，扰乱了市场秩序，对被申请人的利益造成了一定的损害。因此，申请人对其被“下猫眼”存在一定的过错。

综上，在申请人署名权问题上，仲裁庭认为双方均有过错，应根据各自过错的大小承担相应的责任。

②针对第二个争议焦点，仲裁庭认为：

关于 2020 年 12 月涉案影片在某市电影节放映的行为是否属于本协议约定的上映，双方存在争议。针对此争议，仲裁庭进行了以下认定：

首先，涉案影片在某市电影节放映情况。涉案影片在某市电影节上放映，表明电影已经全部制作完成，具有了面对公众的基础，即公开发行、获取票房收入的基础。然而涉案影片在某市电影节放映时，放映场地仅有 100 多个座位，由于疫情原因，影院上座率要求不超过 75%，且涉案影片仅安排了一场放映，最多可供约 100 名观众观影。100 人的规模，显然不符合公众的概念，也不符合电影上映是营业性质商业行为的属性。

其次，涉案协议中关于“宣传发行开支”的约定。涉案协议明确约定：(宣传发行开支）是指符合国际电影发行一般规范的宣传发行开支，包括但不限于：广告、宣传、电影节及电影展的放映……即双方明确约定：电影节上的放映属于宣传发行活动。仲裁庭认为，电影节上的放映是为了提高影片的知名度，属于宣传活动范畴，尚未进入公众视野，并非直接为了赚取票房收入进行的商业性上映活动，属于扩大电影知名度，为正式上映之前的宣传发行活动。

综上，仲裁庭认为，涉案影片 2020 年 12 月在某市电影节的放映属于正式上映前的宣传活动，该影片的上映时间为 2021 年 8 月底。

### 5. 案件评析

（1）关于本案出品方“署名权”的问题

本案涉案当事人双方对于出品方的署名权进行了约定，而该署名权约定的法律适用及是否属于我国《著作权法》规定的署名权问题，需要重点关注。

我国《著作权法》第十条第一款规定，署名权，即表明作者身份，在作品上署名的权利；第十七条第一款规定，视听作品中的电影作品、电视剧作品的著作权由制作者享有，但编剧、导演、摄影、作词、作曲等作者享有署名权，并有权按照与制作者签订的合同获得报酬。

根据上述规定，编剧、导演、摄影、作词、作曲等作者享有在电影中署名的权利，《著作权法》也并未限制署名人的范围。但是根据《著作权法》第十七条“编剧、导演……等作者享有署名权”的规定，可以理解为，为该电影的拍摄、制作、宣传发行等作出具有独创性智力成果的相关作者，经电影作品著作权人同意，有权在电影中进行署名。但作为出品方，其没有参与电影作品的创作、制作过程，没有为电影作品提供智力成果，如其不享有电影作品的著作权，其在电影中进行署名的行为并非《著作权法》意义上的署名权，而是表明出品方身份的一种权利，相应的权利基础来自协议约定。

回归本案，申请人系涉案某影片的出品方，“出品方”“出品人”并非法律概念，出品方是否为《著作权法》规定的制作者而享有相应的著作权，主要依据协议的约定。涉案协议未约定申请人享有该影片的著作权，同时，涉案协议中约定申请人仅为影片投资，并在其投资份额内享有相应的收益权，同时通过“挂猫眼”的方式表明其在影片中的身份以扩大其投资收益，具有重大商业价值。申请人未对涉案影片提供创作性智力成果，并非该影片或影片中可构成单独作品的作者。因此，申请人与被申请人在涉案协议中约定的其所享有的“署名权”，不同于《著作权法》规定的表明作者身份，仅为依据涉案协议表明出品方身份，在相应权利受到侵犯时无法依据《著作权法》的相关规定主张侵权，而仅能依据涉案协议的约定主张被申请人违约。

本案中，虽然仲裁庭未明确指出申请人享有的所谓“署名权”本质上并非《著作权法》所规定的署名权，但结合仲裁庭对于本案法律的适用进行分析，仲裁庭以《民法典》合同编的相关规定作为裁决本案的依据，无疑是正确的。

（2）关于“挂猫眼”与电影作品署名范围的问题

关于署名范围与署名权的问题，根据我国《著作权法》的相关规定，署名权即表明作者身份，在作品上署名的权利。因此针对在影片宣传的相关载体上进行署名，是否属于实现署名权的问题，目前司法实践具有不同的认定，但一般情况下认为署名权的呈现载体应为作品。例如，在蒋某男与王某平、东阳市某影视文化有限公司侵害作品署名权纠纷案①中，温州市中级人民法院认为署名权应以作品为载体，离开作品，就不存在侵害《著作权法》意义上的署名权。为宣传电视剧而制作的海报、片花并非作品本身，不具备全面传达该作品相关信息的功能，因此片花和海报等并非行使署名权的载体。

回归本案，如上分析，本案申请人享有的并非作为著作权人享有的署名权，其表明出品方身份权利的权利基础来源于合同的约定，因此，申请人署名的范围、载体等均有赖于在合同中进行具体、明确约定。申请人在本案中主张被申请人没有在《电影片公映许可证》及影片中为其署名，应适用“无过错责任原则”，无疑系未厘清其享有权利的性质及相应的权利基础。结合涉案协议并未明确约定被申请人为申请人报审《电影片公映许可证》，被申请人没有为其报审的行为不构成违约，本案仲裁庭的认定正确合理。

---

① 温州市中级人民法院（2017）浙03民终351号民事判决书。

## 二、案例二

### 中国 A 公司与中国 B 公司收益权争议合同争议仲裁案

#### 1. 基本案情

2017 年 8 月，申请人中国 A 公司（以下简称申请人）与作为影片 D 电影（以下简称影片）出品方的被申请人中国 B 公司（以下简称被申请人）签署《投资合同》，《投资合同》中约定被申请人将影片七年期收益权转让给申请人，同时约定本案当事人双方均同意申请人可参与该影片在大陆地区的发行工作，具体联合发行详细工作由被申请人授权的发行公司中国 E 公司与申请人另行签订协议。

2017 年 11 月，被申请人向申请人出具了《授权书》，授权申请人及中国 E 公司负责该影片在中国大陆地区的发行工作，2017 年 11 月底，申请人与中国 E 公司、中国 F 公司就影片的发行事宜签订了《电影联合发行协议》（以下简称发行协议）。发行协议签署后，申请人与中国 E 公司实际履行了涉案影片在中国大陆地区的联合发行事宜，其间申请人垫付了影片发行成本，包括影片发行后的分账收入，被申请人经申请人反复催要仍未支付，申请人遂依据《投资合同》仲裁条款的约定向中国国际经济贸易仲裁委员会提出仲裁申请，申请人的仲裁请求为：

（1）被申请人偿还申请人在委托发行涉案影片过程中垫付的发行成本共计约 800 万元；

（2）被申请人向申请人支付发行成本逾期偿还的利息（自 2019 年 1 月起至被申请人实际清偿之日止）；

（3）被申请人向申请人支付分账收入 80 余万元；

（4）被申请人向申请人支付分账收入逾期支付的违约金 20 余万元；

（5）被申请人承担本案仲裁费以及由此产生的律师费、公证费。

#### 2. 申请人主张

（1）申请人按照本案合同该条约定与中国 E 公司签订了联合发行协议，满足获得申请人授权在大陆地区发行涉案影片的约定条件。

（2）被申请人签署的《授权书》明确表明了中国 E 公司与申请人同属被申请人在大陆地区就涉案影片发行事宜的被授权方，申请人与中国 E 公司之间没有授权与被授权关系。

（3）根据本案合同约定，申请人与被申请人间成立了涉案影片收益权转让法律关系，同时根据《合同法》第三十七条①规定，本案申请人与中国 E 公司实际履行了涉案影片在中国大陆地区的联合发行事宜，被申请人并未对申请人履行的行为提出过任何异议，该委托发行合同关系实际上已有效成立并实际履行，故申请人与被申请人之间存在依法且有效的对涉案影片在中国大陆地区的授权委托发行法律关系。

（4）2018 年 12 月底，双方就该影片截至 2018 年 9 月底的收益收入及分账报告达成一致。申请人将影片票房收入按照双方约定及法律规定扣除后，剩余票房收入不足以抵扣申请人垫付的宣发成本。根据法律规定，委托人应当偿还受托人为处理委托事务垫付的必要费用及其利息。其中，申请人垫付但未能收回的影片发行成本合计约 800 万元，可供发放之实际可收之发行收益金额 80 余万元。又根据本案合同约定，发行公司至今未能按约定将申请人应得分账收入支付给申请人。

（5）申请人与中国 E 公司在《发行协议》中约定双方之间对未能收回的成本互补追讨，该约定不能及于并非《发行协议》签约方的被申请人，申请人与中国 E 公司作为受托人对各自未能收回的发行成本都有权依法向被申请人主张偿还，被申请人应当向申请人支付申请人因委托事项垫付的影片发行成本及逾期偿还利息，并且应向申请人支付本应由申请人获得的分账收入以及逾期支付违约金。与此同时，本案的全部仲裁费用和申请人因此支付的相关法律费用依约定应由被申请人承担。

### 3. 被申请人主张

（1）被申请人与申请人之间不存在电影委托发行法律关系，申请人无权向被申请人主张偿还发行成本差额损失及利息。

---

① 对应《民法典》第四百九十条第一款。

1）被申请人与申请人之间为电影投资收益权合同关系，而非委托发行关系，根据《投资合同》约定申请人作为投资人之一可以自行选择是否参与影片后续发行，申请人选择参与则与中国 E 公司签署了《发行协议》另行执行，而投资合同中没有任何双方委托发行责任权利和费用支出、成本分担、利益结算的明确约定，申请人的仲裁请求没有依据；

2）被申请人与中国 E 公司之间为电影委托发行合同关系

2017 年 9 月，被申请人与中国 E 公司签订了《电影〈D 电影〉发行合同书》，同时向中国 E 公司出具了授权书，授权中国 E 公司独家负责该影片在中国大陆地区的全媒体发行事宜。在该合同中，双方约定中国 E 公司就上述发行权利内容有权转授或许可任何第三方行使。由此可见，中国 E 公司为影片在中国大陆地区的独家发行方，同时其有权选择与第三方签署联合发行合同，而申请人就是中国 E 公司的联合发行方，双方签署了《影片〈D 电影〉联合发行合同书》（以下简称《联合发行合同》），并按该合同的约定开展了电影发行工作。

3）中国 E 公司与申请人之间为电影委托联合发行合同关系

中国 E 公司与申请人签订了《联合发行合同》，中国 E 公司授权申请人在中国大陆联合发行该影片，双方在该合同中协商确定该影片的宣发费用不少于 3000 万元，并按照约定比例分担宣发费用，并约定如果该影片出现亏损，票房分账收入不足以抵扣发行服务费、发行代理费的，双方按照实际垫付的宣发费比例承担，双方互不追讨。

综上所述，被申请人与申请人之间属于投资收益权合同关系；被申请人与中国 E 公司之间属于委托发行法律关系；中国 E 公司与申请人之间属于委托联合发行法律关系。合作的层级为：被申请人作为影片的出品方，申请人参与影片投资；在影片发行方面，被申请人独家授权中国 E 公司负责大陆地区的发行工作；而中国 E 公司在拿到独家发行权后授权申请人在中国大陆地区联合发行涉案影片。所以，申请人与被申请人之间根本不存在电影委托发行法律关系。

（2）被申请人没有与申请人就影片委托发行事宜签订过任何书面合同，也没有通过任何形式委托申请人发行电影，双方没有委托发行关系，更没有有效的仲裁协议，申请人主张与被申请人存在委托发行关系系申请人的推论，申请人主张的宣发费用没有合同依据、事实依据和法律依据。

（3）申请人按照《联合发行合同》约定开展电影发行工作，视为其对该合同效力的认可，其在享有合同权利的同时，亦应当自行承担相应的合同义务。

1）申请人收取了电影发行服务费、发行代理费，并在电影发行时享有了署名的权利。

2）申请人通过参与联合发行工作完全有获利的可能性，当然亦应当承担相应的风险。

3）申请人混淆案件事实，要求被申请人偿还宣传发行费用违背合同相对性原则，其实质是申请人意图转嫁商业风险的恶意行为。

（4）由于申请人坚持认为其未收回的宣发费用应当由被申请人承担，双方无法达成一致意见，故在成本无法确定的情况下无法就收益部分进行核算，也无法进行收益分配，据《投资合同》约定，只有在影片发行收入扣除发行佣金、发行成本以及其他全部合理支出后仍有剩余收入时，申请人与被申请人之间才具备分配影片收益的前提条件。但截至目前，该影片是亏损的，且申请人始终认为其未收回的790余万元宣发费用应该计入发行成本中并要求被申请人进行支付，包括申请人主张被申请人向其支付分账收入85余万元是将其支付的790余万元计入发行成本后计算得出的数据，完全违背合同约定和客观事实而被申请人对此不予认可，故双方无法对发行收益进行核算，无法进行发行收益的分配。

### 4. 仲裁庭观点

（1）关于本案的法律适用

被申请人是一家在香港特区注册成立的公司，提起仲裁申请的依据是《投资合同》，该合同第十一条明确约定适用内地法律，同时根据《涉外民事关系法律适用法》及其司法解释的规定，双方在《投资合同》中约定适用内地法律符合规定，仲裁庭予以确认。

（2）关于本案合同的效力

本案合同是双方当事人在平等自愿的基础上签订的，主体适格，意思表示真实一致。仲裁庭未发现本案合同存在违反中华人民共和国法律、行政法规的强制性规定或损害社会公共利益或第三方合法利益等情形，故仲裁庭确认本案合同合法有效。

（3）本案双方当事人之间形成的法律关系性质

根据《投资合同》约定，双方经协商同意，被申请人将其出品及制作的涉案影片的部分收益权转让给申请人。合同“权益”约定：“甲方（指被申请人，下同）享有该影片著作权并有权签署本合同转让部分收益权予乙方（指申请人），甲方永久独家负责该影片在全世界地区的发行工作；乙方只享有该影片自全世界范围内首次公映之日起计七（7）年期（下称收益期限）内之全球收益的百分之三十（30%）收益权及约定的署名权。该影片在收益期限届满后产生的全球收益将自动归甲方拥有，乙方无权再就本合同享有任何收益。”双方就“投资比例、支付、管理、分账”作了具体约定。双方还就“有关该影片的发行佣金的计算方式”作了详细约定，包括“发行佣金计算规则”“发行成本”“发行合约及核数”以及“全球收益结算方式”等。双方还在合同中约定：“本合同内概无任何条文企图或促使本合同甲、乙双方构成合伙关系；除本合同所载外，甲、乙双方概无权以任何方式约束另一方。”整个合同中涉及双方权利义务的约定，仅限于部分收益权的转让和取得、投资比例、分账等与收益权有关的约定。此外没有任何涉及双方权利义务关系的约定。

本案合同对影片发行的事宜约定如下：甲乙双方同意乙方可参与甲方发行公司负责该影片在中国境内（不包含香港，澳门及台湾）（以下简称中国大陆地区）的“院线发行”及“其他公开放映版权”之联合发行工作，有关的联合发行工作详细内容，由甲方及/或甲方授权的发行公司，即“中国E公司”与乙方另行签订联合发行协议执行。定义如下：“该影片发行安排及分账：（1）该影片由甲方及其指定的发行方及/或被授权方（以下简称发行公司）负责在全球地区的一切版权发行工作，按如下执行，详见如下：1. 中国大陆地区由甲方与‘中国E公司’及其指定的其他被授权方负责……”

2017 年 11 月，被申请人向申请人发出授权书载明：“现‘中国 B 公司’授权‘中国 E 公司’及‘中国 A 公司’共同负责及签订该片在中国大陆地区（不包括香港、澳门及台湾地区）的首轮影剧院及其他公开放映之发行（院线及发行放映单位）事宜，由签署本授权书日起生效至该片首轮放映期结束为止。”

申请人与中国 E 公司于 2017 年 11 月签订了《联合发行合同》，该合同对“影片基本情况”“影片发行的地域、期限、权利范围”“甲方（中国 E 公司，下同）的权限及责任”“乙方（申请人，下同，仲裁庭注）的权限及责任”“分成、统计、结算办法”“违约责任”“纠纷解决”等作了详细约定，双方对宣发费用作了详尽具体的约定并实际执行。根据《授权书》和《联合发行合同》，申请人和中国 E 公司都得到了被申请人的授权，因此申请人与中国 E 公司通过签订合同进行联合发行，与联合发行相关的权利义务在该合同中作了具体约定。

仲裁庭认为，根据本案合同以及《联合发行合同》签订的主体，合同约定的内容，以及申请人和被申请人提供的证据和陈述的事实，本案合同是申请人与被申请人收益权转让并获取相应收益的合同。对此申请人在其“仲裁申请书”中也明确认为双方签订的是“投资合同”。申请人在庭审后提交的代理意见中又提出本案合同“包含了涉案影片收益权转让法律关系和委托发行法律关系，合同性质为混合合同”的观点完全没有合同依据。同时，仲裁庭还注意到，申请人引用了《民法通则》《民法总则》以及《合同法》有关民事法律行为委托代理和委托合同的相关规定，但是申请人并未提供其与被申请人签订有“委托代理合同”的事实，也没有申请人接受被申请人的委托并为被申请人垫付费用的约定和事实，申请人关于其与被申请人存在委托法律关系的主张缺乏法律依据和事实依据，因此仲裁庭难以采纳。

（4）关于申请人的仲裁请求

1）关于被申请人偿还申请人在委托发行涉案影片过程中垫付的发行成本共计约 800 万元和逾期利息的仲裁请求

申请人明确该笔款项为影片发行中的宣发费用，是其依据《联合发行合同》与中国 E 公司约定由其支付的费用。申请人通过分析本案合同中的被申请人的代理人、联系人和地址信息与案外人中国 F 公司的法定代表人、经理等有交叉任职以及使用同一地址等情况以及该等人员与申请人的相关人员建立的微信工作群论及垫付宣发费用事宜，认为“应推定微信记录中被申请人应退回申请人垫付的宣发费用是被申请人的真实意思表示”。仲裁庭认为，关于本案被申请人的偿还义务，需要申请人提供事实依据、合同依据和法律依据予以证实，无论怎样的推定都不能构成被申请人负有偿还义务的依据。申请人的此项请求仲裁庭难以支持。同理，申请人基于该请求而主张的逾期利息仲裁庭亦无法支持。

2）关于被申请人向申请人支付分账收入 80 余万元以及支付分账收入逾期支付的违约金 20 余万元的仲裁请求

关于分账收入，申请人与被申请人在本案合同中有相关详细的计算方式和程序的约定。由于申请人纠结与中国 E 公司的宣发费用问题，至今与被申请人未对投资收益、支付、分账等进行核算确定，被申请人也未认可申请人提出的“分账收入”。现申请人依据前述要求被申请人支付宣发费用完全相同的理由，推定“申请人应得分账数额一致的结果是被申请人的真实意思表示”，同样缺乏事实依据、合同依据和法律依据，因此对于申请人的主张，仲裁庭难以采纳。

关于申请人提出的违约金主张，仲裁庭注意到，由于本案合同尚未对投资收益、支付、分账等进行核算确定，合同并未履行完毕，因此被申请人的违约责任无法在本案中解决。申请人可以依据本案合同并提供证据另行解决。

3）关于被申请人承担本案仲裁费，以及向申请人支付由此产生的律师费、公证费的仲裁请求

关于本案的仲裁费，依据《仲裁规则》第五十二条第一款的规定，并考虑到申请人的仲裁请求未能得到支持的实际情况，仲裁庭认为，本案仲裁费应由申请人自行承担。

综合考虑本案实际情况及对申请人的仲裁请求的支持情况，依据《仲裁规则》第五十二条第二款的规定，对申请人要求被申请人支付律师费和公证费的仲裁请求，仲裁庭不予支持。

据此，仲裁庭裁决如下：驳回申请人的全部仲裁请求；本案仲裁费全部由

申请人承担。

### 5. 案件评析

本案涉及电影收益权转让及电影发行相关的纠纷，案件核心争议焦点在于申请人与被申请人之间的法律关系定性问题，申请人主张《投资合同》包含涉案影片收益权转让法律关系和委托发行法律关系，合同性质为混合合同，故而依据委托合同的相关约定，要求被申请人支付其垫付的发行成本、分账收入、违约金及与其利息底层款项，而被申请人主张双方之间仅系一般的投资关系，《投资合同》中并未包括任何针对委托发行的双方权利义务的约定，申请人对影片的发行行为包括其相关损益受到其与中国 E 公司签署的《联合发行合同》条款约束，应当由其自行承担而无权向被申请人进行主张。最终仲裁庭实际采纳了被申请人的观点，根据《投资合同》条款内容结合在案证据，认为双方并不存在委托法律关系，最终驳回了申请人的全部仲裁请求。

深层次而言，本案实际涉及电影发行这一流程的本质属性的探讨，包括申请人、被申请人、中国 E 公司在这一法律关系中的实质定位。影片作为《著作权法》保护的视听作品（电影作品），电影发行的本质即对于影片的复制权、发行权、放映权乃至信息网络传播权、广播权①等权利的行使。具体到本案中，被申请人作为影片的著作权人，即可以自行行使相关专有权利，同样也可以转让或授权他人进行行使，被申请人与申请人签署的《投资合同》实质是对于行使影片著作权一定期限内收益的让渡，而非针对影片著作权专有权利的转让或许可，更非申请人主张的所谓“委托发行”的关系，申请人的主张并不符合著作权权利行使的一般规律。

《投资合同》签署前被申请人即已确定中国 E 公司负责影片在中国大陆地区的发行工作，此种权利安排方符合著作权专有权利许可的实质，此后申请人与中国 E 公司的“联合发行”，实质是基于《投资合同》中约定申请人有权选择是否参与电影发行，通俗而言申请人即可以作为“甩手掌柜”不参与电影发行，仅按照《投资合同》中约定的收益分成条款坐享期限内的收益，同样也可

① 狭义的电影发行仅指院线发行，不涉及信息网络传播权及广播权问题，但目前影视行业网络发行电影也越发常见，电影发行的内涵和外延也在不断扩展。

以选择主动参与电影发行，目的在于分摊发行成本、争取更高的发行收益，最终转化为更为可观的收益分成。

但是，一旦申请人选择参与电影发行，即必然面临受到与中国 E 公司签署的《联合发行合同》条款的直接约束，同时因中国 E 公司的发行权利来源于被申请人的授权，申请人明知中国 E 公司与被申请人关系的前提下，势必需要受到中国 E 公司与被申请人签署的《电影〈影片〉发行合同书》及被申请人签发的《授权书》条款内容的间接约束。在此前提下，被申请人实际未参与电影发行工作，电影发行相关的工作内容及相关支出均由申请人和中国 E 公司负责，也即该二主体系电影 D 相关著作权专有权利的被许可方及行使方，被申请人仅依据与中国 E 公司签署的《电影〈影片〉发行合同书》坐享分成，而此种分成势必需要对于包括申请人主张的垫付发行成本在内的支出进行相应的扣除，方具备进行分成的基础，但因影片票房惨淡导致扣除成本后发生亏损，本身已不具备分成的前提基础，申请人主张的实质在于将其联合发行过程中产生的成本（或曰亏损）混同至《投资合同》约定的相关成本，但此种情形应当仅限于申请人获得申请人独家授权、自行发行的情形下方具备相关合同条款的支持，但在联合发行的情形下，针对成本的扣除、收益分账等约定应当首先遵循申请人与中国 E 公司签署的《联合发行合同》的约定进行，被申请人收到联合发行相关收益分成（如有），再根据《投资合同》的约定分成给申请人或被申请人，而不能将其在联合发行阶段支出的成本直接转嫁到由被申请人承担，此种请求显然不具备法律及事实基础，被申请人也从未认可该种分成计算方式，双方实质也未达成一致、计算收益分成，申请人的主张自然无法得到支持。

总结而言，《投资合同》实质约定了两种模式，即纯投资、不参与发行（或曰不行使著作权权利）的模式一，和并非单纯投资、需要参与发行（行使著作权权利）的模式二，模式二下的相关权利义务需要受到另行签订的《联合发行合同》约束，而不可简单与模式一进行混同，否则实质效果相当于申请人额外享受“保底收益”，明显不符合双方合同约定内容，而被申请人也从未认可此种所谓的分账方式，申请人的主张也不符合著作权权利行使的一般规律，即在无特别约定的情况下被许可人（也即本案申请人）因行使著作权权利产生的亏损不能转嫁给许可人（也即本案被申请人），仲裁庭驳回全部仲裁请求即暗含这一精神，符合著作权法的相关精神和影视行业投资的一般规律，维护了当事人之间的权利义务平衡，有利于行业良性健康发展。

## 三、案例三

## 张某野等诉乐视影业公司等著作权权属、侵权纠纷案①

### 1. 基本案情

（1）涉案作品权利情况

2005年12月，张某野以“天下霸唱”笔名在天涯网上连载小说《鬼吹灯（盗墓者的经历）》。2006年，安徽文艺出版社正式出版图书《鬼吹灯之一精绝古城》（涉案小说），署名“天下霸唱”。2007年1月18日，张某野（笔名：“天下霸唱”）作为乙方与上海玄霆娱乐信息科技有限公司（甲方，以下简称上海玄霆公司）签订《协议书》，其中约定：经甲乙双方协商，乙方同意在本协议生效之日将《鬼吹灯（盗墓者的经历）》除中国法律规定专属于乙方的权利外的著作权全部转让给甲方。

2007年6月5日，上海玄霆公司（乙方）与Meridian Pictures（甲方）签订《著作权授权协议》，约定将授权作品的影视改编权及转授权权限授予甲方。此后Meridian Pictures（甲方）与梦想者公司（乙方）签订《影片权利转让协议》，约定甲方将系列文学作品《鬼吹灯》的影视改编权转让给乙方，由乙方承担和享有前述权利。

2014年4月25日，中国电影股份有限公司（甲方，以下简称中影公司）、梦想者公司（乙方）、乐视影业公司（丙方，以下简称乐视公司）签订《电影〈精绝古城〉上部和下部合作投资核心商务条款》，约定由甲方负责本项目立项送审事宜，同时本片由北京猿川影视文化有限公司（后更名为北京环球艺动影业有限公司，以下简称环球公司）具体承制各方按照投资比例享有本项目的净利润和影片的著作权及相关权利。2014年4月26日，梦想者公司、乐视公司、

① 北京知识产权法院（2016）京73民终587号民事判决书。

环球公司签订《电影〈精绝古城〉上部和下部合作投资、承制合同》，对合作背景、项目概况、拍摄制作及时间安排、收益分配结算、著作权及署名等内容进行了约定。

影片拍摄完成后，公映的正式名称为《九层妖塔》（涉案电影），公映日期为2015年9月30日。

（2）涉诉情况

涉案电影公映后，原告张某野认为涉案电影没有给自己署名，且电影的内容对原著歪曲、篡改严重，在人物设置、故事情节等方面均与原著差别巨大，侵犯了原告的保护作品完整权，给原告造成了巨大精神伤害，遂将中影公司、梦想者公司、导演陆某、乐视公司诉至北京市西城区人民法院诉讼请求如下：

1）四被告立即停止侵权行为，即立即停止所有途径对侵权作品电影《九层妖塔》的发行、播放和传播；

2）被告向原告公开赔礼道歉、消除影响；

3）四被告连带赔偿原告精神损害抚慰金人民币100万元。

西城法院受理本案后，经审理于2016年6月28日作出本案一审判决如下：

①被告在发行、传播电影《九层妖塔》时署名天下霸唱为电影《九层妖塔》的原著小说作者；

②被告在溢价全国发行的报纸上就涉案侵权行为刊登致歉声明，向原告张某野公开赔礼道歉，消除影响；

③驳回原告张某野的其他诉讼请求。

一审判决作出后，张某野不服一审判决，向北京知识产权法院提出上诉，请求撤销一审判决，改判支持其诉讼请求。二审法院经审理于2019年8月8日作出本案二审判决如下：

①撤销一审判决；

②中影公司、梦想者公司、乐视公司立即停止发行、播放和传播电影《九层妖塔》；

③中影公司、梦想者公司、乐视公司在《中国新闻出版广电报》上就深谙侵犯署名权和保护作品完整权的行为刊登致歉声明，向张某野公开赔礼道歉、

消除影响；

④中影公司、梦想者公司、乐视公司连带赔偿张某野精神损害抚慰金5万元；

⑤驳回张某野的其他诉讼请求。

### 2. 原告（上诉人）主张

涉案电影的故事情节、人物设置、故事背景均与涉案小说相去甚远，均远远超出了法律允许的必要的改动范围，已经严重歪曲、篡改了原著，社会评价极低，不但侵犯了张某野的保护作品完整权，也给张某野造成巨大的精神伤害，一审判决认定被告改编、摄制行为不构成对张某野保护作品完整权的侵害是错误的，具体理由如下：

（1）上海玄霆公司在授权改编权时允许被授权方做出“一切甲方认为适当的修改和编辑等的权利”，明显超出上海玄霆公司所享有的关于涉案小说著作财产权范畴，属于对著作人身权的处分。

（2）我国法律对保护作品完整权的保护力度高于《保护文学和艺术作品伯尔尼公约》（以下简称《伯尔尼公约》）的相关规定，并未规定保护作品完整权之侵权认定应以作者的声誉、声望受损作为构成要件。对作品进行歪曲、篡改与作者声誉的降低亦没有逻辑上的必然联系。

（3）就本案而言，一审判决认定的网络评论可以看出涉案电影的改编使涉案小说及作者的声誉遭到严重贬损。因此，即便以作者的声誉、声望受损为要件，中影公司、梦想者公司及乐视公司的行为亦已经足以构成对张某野保护作品完整权的侵害。

（4）保护作品完整权属于著作人身权，其法益高于属于著作财产权的改编权，故不应以获得改编权授权而对保护作品完整权进行限制。改编权的行使不应歪曲、篡改原作品，应当尊重作者与作品之间不可分割的、不可歪曲的精神纽带，这与原作者的声誉是否因改动而受损无关。

### 3. 被告（被上诉人）主张

（1）涉案电影对涉案小说的改编是专业、善意且符合影视行业的专业特点以及内容审查需求的，是本案相关当事人依法行使改编权的行为；

（2）在电影摄制方受让获得合法的电影改编权、摄制权的情况下，原作品作者所享有的保护作品完整权应有边界，应当以改编后的电影作品是否损害原作品作者声誉为侵权构成要件；

（3）认定是否侵害原作品作者的保护作品完整权还应当考虑以下因素：《著作权法实施条例》第十条考虑到电影作品创作的特殊性，允许对原作品的内容进行较大幅度的必要改动；本案有关涉案小说改编权的授权文件中并不存在任何关于改编幅度、改编范围的限制；涉案小说已经发表且传播范围广、知名度高，因而公众已知晓涉案小说的内容，不会对涉案电影的内容与涉案小说内容产生误认。

#### 4. 合议庭观点

（1）关于涉案电影是否侵犯张某野的署名权

1）法律明确规定改编作品行使著作权时不得侵犯原作品的著作权

涉案电影系根据涉案小说改编而成。《著作权法》第十二条[①]规定：改编作品著作权人行使著作权时不得侵犯原作品的著作权。涉案电影权利人作为改编作品著作权人，在行使权利时必须为涉案小说作者张某野署名，否则即视为侵犯了张某野的署名权。

2）《著作权法》并没有对改编作品为原著作者署名作出特殊规定

无论是合理使用还是法定许可，法律的规定都是具体和封闭的。既然《著作权法》第十二条明确规定了改编作品行使著作权时不得侵犯原作品的著作权，在合理使用、法定许可这两种著作权使用的例外情形并没有对改编作品为原著作者署名作出特殊规定的情形下，任何人都不能为改编作品对原著作者署名创设新的例外，即规定改编作品可以不用为原著作者署名的权利，被告关于涉案电影无须为原著作者即原告张某野署名的抗辩于法无据。

3）标明作品名称并不等同于为作者署名

作者的署名权是指表明作者身份，在作品上署名的权利。作者有权署名，也有权不署名；有权署真名，也有权署假名，即使是在合理使用、法定许可等

---

① 对应2020年修正的《著作权法》第十三条。

对著作权进行限制的特殊情形下,《著作权法》也都要求标明原著的作者姓名、作品名称,作者姓名显然不等同于作品名称。因此,被告关于涉案电影已经标明改编自涉案小说就可以免除为原著作者署名义务的抗辩于法无据。

(2)关于涉案电影是否侵犯张某野的保护作品完整权

1)保护作品完整权的一般规定

作者的名誉、声誉是否受损并不是侵害保护作品完整权的要件。首先,我国现行《著作权法》规定的保护作品完整权并没有"有损作者声誉"的限制。是否有"有损作者声誉"的限制,涉及权利大小、作者与使用者的重大利益,对此应当以法律明确规定为宜,在《著作权法》尚未明确作出规定之前,不应对该权利随意加上"有损作者声誉"的限制。

另外需要关注的是,本案中各被告享有涉案小说改编权,改编权与保护作品完整权的关系也需要探讨,整体而言改编权属著作财产权,保护作品完整权属著作人身权。著作财产权保护的是财产利益,著作人身权保护的是人格利益,故改编权无法涵盖保护作品完整权所保护的利益。如果改编作品歪曲、篡改了原作品,则会使公众对原作品要表达的思想、感情产生误读,进而对原作品作者产生误解,这将导致对作者精神权利的侵犯。所以,如果属于未经授权的改编行为,其改动不存在歪曲、篡改的,则不会侵犯保护作品完整权,但将会侵犯改编权。如果属于经过授权的改编行为,则不会侵犯改编权,却有可能因为歪曲、篡改而侵犯保护作品完整权。可见,侵权作品是否获得了改编权并不影响保护作品完整权对作者人身权的保护。

2)《著作权法》对电影作品中保护作品完整权的特殊规定

我国《著作权法实施条例》第十条规定了将其他作品改编成电影或类似电影作品可以进行必要的改动。根据该规定,改编者获得了合法的改编权,即视为原作者允许对原作品进行必要的改动,但是这种改动依然不得歪曲、篡改原作品。因此,改编者的自由不是绝对的,而是有限度的。法律应允许电影作者在改编电影的过程中,对原作品进行必要的改动。这个过程中需要平衡考量原作者与电影作者甚至公众的综合利益,既要防止原作者过分敏感从而阻碍电影作者在合理创作范围内的改编拍摄行为,又要防止电影作者在新的演绎中歪曲篡改原作者在原作品中受保护的精神利益，同时还要兼顾社会公共利益，包括电影审查、公共政策和广大观众的接受程度等。必要的改动的内涵包括改动是必要的和改动应当在必要限度内两个要件，前者是指如果不进行改动，则原作品无法进行拍摄，或者将严重影响电影作品的创作和传播，最为典型的是为符合电影审查制度进行的改动；后者强调如果剧本对原作品的主要人物设定、故事背景、主要情节等核心表达要素进行了根本性的改动，则有可能导致改编作品与原作品设计的人物性格、关系迥然不同，与原作品描述的主要故事情节差距很大，甚至于改变了作者在原作品中所要表达的思想情感、观点情绪导致超出必要限度。

但是，并不能得出只要符合“必要的改动”就不会“歪曲、篡改原作品”这一结论。也就是说，即便满足上述两个条件，属于“必要的改动”，《著作权法实施条例》第十条的但书内容也再次重申了“这种改动不得歪曲、篡改原作品”。法条如此行文并不是不必要的重复，而是对保护作品完整权的强调。就是说，即使改动是必要的，所做的改动程度也须在必要限度内，但如果改动的结果仍然导致作者在原作品中想要表达的思想情感被曲解，则这种“必要的改动”仍然有可能歪曲、篡改原作品，进而侵犯原作者的人身权利。

3）结合本案具体情况判断涉案电影是否对涉案小说构成歪曲、篡改

根据《电影剧本（梗概）备案、电影片管理规定》第十三条和第十四条的规定，如果涉案小说中涉及上述规定中的内容，则在改编成电影时应当进行修改。而根据本案查明的事实，涉案小说中被改编的情节中并没有宣扬“盗墓”行为正确的内容，也没有出现鬼神。涉案小说主人公在昆仑山和沙漠探险的目的均不是盗墓，而是地质勘探或帮助科考队探墓考古。涉案小说中的主人公因为懂得风水之术，所以才被雇用去探查古人墓葬的合理地理位置，不能将这种行为简单归于封建迷信。所以，中影公司等无法证明所做的改动属于必要的改动，其行为并不在《著作权法实施条例》第十条允许的范围之内。此外，《关于原则同意吹灯传说之精绝古城拍摄的通知》也并没有对涉案电影剧本中哪些情节违反了相关审查规定而需要改动提出具体要求。中影公司等关于涉案电影的改动系为了满足电影审查要求的抗辩理由缺乏依据，本院不予支持。

本院认为，即便把盗墓及风水等相关因素以审查为由予以改动，也应当尽可能地采取尽量不远离原著的方式，而不是任意改动。将涉案小说主人公的身份从盗墓者改成外星人后裔并具有超能力，这一点与原著内容相差太远，因此不属于必要的改动。涉案小说关于外星文明及姑墨国王子反抗精绝女王的猜测，所占篇幅极少，不属于涉案小说的整体背景设定。中影公司等认为这部分改动是来源于涉案小说的相关情节，本院不予认可。所以，涉案电影中把外星文明直接作为整体背景设定，并将男女主人公都设定为拥有一定特异功能的外星人后裔，严重违背了作者在原作品中的基础设定，实质上改变了作者在原作中的思想观点，足以构成歪曲、篡改。此外，涉案电影增加的 749 局、王馆长、沙漠打怪兽等内容，其体量也远远大于涉案小说被改编的部分，且内容与被改编的部分基本无关联。

综上，本院认为，电影改编者应当正确认识我国电影审查制度的要求，根据原著的内容和精神进行适当的改编，而不是以电影审查为由对原著进行随意改动。本案中，结合涉案电影对涉案小说主要人物设定及故事背景的根本性改动，即使考虑到涉案电影系获得授权拍摄等因素，本院仍认为涉案电影中改动的部分偏离原作品太远，且对作者在原作品中表达的观点和情感做了本质上的改变，构成对原作品的歪曲、篡改。

### 5. 案件评析

本案涉及知名盗墓题材小说《鬼吹灯》涉及的影视改编侵权纠纷，被控侵权的电影作品《九层妖塔》公映后，影片本身包括主创人员荣获了国内外著作荣誉奖项，具有较高的知名度与影响力，使该案的认定在相关领域内备受关注。

整体而言，本案权利冲突的起点在于张某野将涉案小说《精绝古城》的著作权财产权利全部转让给上海玄霆公司，具体而言，涉案小说最早系张某野于 2006 年在天涯论坛进行连载的网文，一经发表即引起热议追捧，其后张某野于 2007 年通过协议方式将包括涉案小说在内的已创作完成部分的小说著作权财产权利转让给上海玄霆公司，可见张某野本身具有较强的尽快将智力成果变现的意愿，而 2007 年前后影视 IP 改编与近年的火爆情况差别显著，相关作品的市场价值也不能同日而语，故张某野在合同条款方面明显处于较为弱势的地位，导致涉案作品的主要财产权利被上海玄霆公司以较低的代价收入囊中，张某野本人仅保留法律规定无法转让的著作权人身权利。但是，随着影视改编市场的持续火爆，类似具有较高艺术价值的原创 IP 逐渐受到市场热捧，市场价值水涨船高，而上海玄霆公司的部分争议行为（如组织他人“续写”《鬼吹灯》系列作品）同样导致张某野的反对，双方之间的矛盾不可调和，最终形成了一系列的诉讼争议案件，本案即其中重要的组成部分，相关认定也具有较强的典型性。

在本案中，上海玄霆公司将从张某野处受让的涉案小说的电影电视权（实质包含摄制权、改编权等著作权财产权利）许可给案外人，案外人通过转让权利（实践中一般认为附期限的权利转让应当视为相应期限内的专有许可）的方式许可中影公司、乐视公司、梦想者公司等被告主体拍摄完成涉案电影《九层妖塔》，本身授权链条完整，而张某野在庭审中也认可梦想者公司享有相关改编授权，因而其诉讼请求集中在署名权和保护作品完整权等著作权人身权利控制的范围内。关于涉案电影是否侵犯署名权的认定相对明晰，争议不大，盖因署名权的行使方式法律法规及相关司法实践中的认定标准已经较为成熟，且属于典型的客观认定标准，被告主体仅在涉案电影中表明涉案小说名称而未给张某野署名的行为构成对其署名权的侵犯，一审判决中法院对于作者姓名和作者名称的功能区分进行了较为详细的解读和认定，明确了作品名称不能代替作者署名的基本原理，相关认定并无太大争议，且各被告主体均未对此提出上诉。

结合前述内容，双方争议的核心焦点显然在于涉案电影是否侵犯涉案小说的保护作品完整权，而一、二审法院对此作出了完全相反的认定。具体而言，考虑到我国《著作权法实施条例》第十条针对电影作品改编的特殊规定，一审法院认为作者的名誉、声誉是否受损是认定电影作品改编侵犯原作品著作权人保护作品完整权的核心标准，并据此认定各被告未实施相关侵权行为，进而驳回了张某野的该项诉讼请求，而二审法院认为我国法律与《伯尔尼公约》的表述不同，从未规定作者的名誉、声誉是否受损属于判定是否侵犯保护作品完整权的构成要件。在《著作权法》尚未明确作出规定之前，不应对该权利随意加上“有损作者声誉”的限制，同时作者的名誉、声誉是否受损的认定不应凌驾于“歪曲、篡改”这一根本标准之上。在此前提下，二审法院将涉案小说及涉案电影的内容进行了详尽比对，对其中涉及改编的部分进行了分类总结并进行具体认定，详尽剖析其改动是否必要，而最终认定各被告实施了侵犯张某野保护作品完整权的行为。

综合而言，本案具备较多的创新亮点，一方面二审法院对于侵犯保护作品完整权的构成要件进行了详尽的分析和论证；另一方面对于电影作品“必要的改动”的认定标准进行了详细列举说明，并对涉案小说和涉案电影的内容进行了全面概括提炼基础的比对，特别是对作品在涉及电影审查的敏感题材的情况下的改编提出了指导意见和标准，对于类似改编权纠纷案件中这一常见抗辩事由的判定影响进行了明晰，具有较高的参考价值。

利益平衡是《著作权法》立法和实践的永恒主题，在现下的影视 IP 改编市场环境下，原作者虽然处于整个创意链条的源泉位置，但相较于影片出品方普遍处于弱势地位，对于最终的影视作品的影响和掌控相对有限，在此前提下本案判决实质申明了即使获得改编权也不能“任意妄为”超出必要限度进行改编，对于保护相关作者的创作动力，规范市场有序发展均有极为深远的意义，值得借鉴。但是本案判决同样存在较大的争议，双方纠纷背后的实质是作者享有的人身权利与改编电影作品权利人的相关财产权利的直接冲突，影视公司等主体为获取作品改编授权、拍摄发行电影作品付出了较高的时间和金钱成本，但最终法院依据著作人身权对其享有的财产性权利进行了制约，导致相关电影改编创作受到限制，甚至最终可能面临无法正常放映获利的风险，判决的决心和尺度不可谓不巨大，而对于行业投入可能产生的负面影响也不能完全忽略，个案当中的审查最终还是依赖于法官对于“必要的改动”、是否歪曲或篡改原著内容的判断，自由裁量权较大且尺度依赖法官主观心证，导致影视公司等潜在改编主体对于自身行为后果缺乏可预期性，最终可能影响其投入影视 IP 改编的信心和力度，此方面因素同样不能忽略，其间的利益平衡与抉择仍需要立法与司法层面的进一步明确与固化。

# 第七节　汽车行业知识产权案例分析

## 一、案例一

### 中国 A 科技有限公司与中国 B 汽车有限公司<br>技术许可协议争议仲裁案

#### 1. 基本案情

2019 年 6 月，申请人中国 A 科技有限公司（以下简称申请人）与被申请人中国 B 汽车科技有限公司（以下简称被申请人）就纯电动汽车平台领域的技术签署《技术许可协议》（以下简称本案协议），约定由申请人向被申请人提供协议约定的技术，被申请人支付总额为约 2 亿元人民币的许可费。

本案协议规定被申请人在相关条件成就后一定期限内分四期向申请人支付许可费。被申请人在依约支付了第一期及第二期许可费后，以申请人所提供的技术资料存在大量、严重缺陷为由，拒绝发出验收通知，并拒绝支付第三期许可费。

申请人于 2020 年 1 月向中国国际经济贸易仲裁委员会（以下简称仲裁委员会）提起仲裁，并提出如下仲裁请求：（1）请求裁决被申请人按约支付本案协议项下第三期许可费约 1 亿元；（2）请求裁决被申请人向申请人支付第三期许可费对应的逾期付款违约金，按照每日约 2 万元的标准，自 2019 年 10 月起算，至被申请人实际支付之日止；（3）请求裁决被申请人赔偿申请人的全部损失，包括但不限于律师费、财产保全费和保全担保费；（4）请求裁决被申请人承担本案的全部仲裁费用。

被申请人继而以申请人交付缺陷导致其违约为由，提出如下仲裁反请求：（1）裁决申请人向被申请人返还已支付的第一期、第二期许可费共计约 6000 万元，并赔偿被申请人按照中国人民银行同期贷款利率、全国银行间同业拆借中心公布的贷款市场报价利率分段计算的利息直至完全支付之日；（2）裁决申请人向被申请人按照约定的约 2 万元/天的违约金标准自申请人未提交更新、改正的技术资料逾期之日起支付迟延交付违约金；（3）裁决申请人向被申请人赔偿被申请人因申请人的违约行为所遭受的从第三方采购平台开发服务的损失共计约 2000 万元；（4）裁决申请人向被申请人赔偿其在本案程序中支出的全部费用，包括但不限于律师费、财产保全相关费用；（5）裁决申请人承担本案的全部仲裁费用。

### 2. 申请人主张

（1）申请人对于“技术资料”的交付义务

本案协议对技术许可的范围及合同标的约定清晰，申请人的交付义务就是交付以附件为载体的技术资料。自 2019 年 3 月起申请人与被申请人展开了长达三个月的密切沟通，这期间双方多次就本案协议项下技术许可的范围进行讨论沟通，并最终于 2019 年 6 月在被申请人提供的技术资料清单的基础上确定本案协议中技术许可的范围，即附件的“技术资料”。

申请人主张本协议下的技术许可的范围不能用“合同目的论”来解释。合同中表示目的的“鉴于”条款中，采用了“加快”，但是如何量化“加快”只能由被申请人自己进行定义。“加快其自有车辆平台和车型的研发”是被申请人的单方商业目标，与申请人无关。

此外，对于非申请人所有的知识产权，双方在签署合同时已作出明确约定。电动汽车平台由一系列组件、系统、功能和软件子集组成，涵盖数千项知识产权，因为权属不一，所以双方根据情况协商确定了许可范围并锁定交付物清单（附件），其中的 A、B、C 类定义的基准在于相关知识产权是属于供应商还是申请人，签署合同时已经明确并标示在交付物清单中。

综上所述，本案协议项下技术资料系双方经充分协商确定，均精确对应到附件的技术资料，不存在任何可以或需要解释的空间，双方应按约履行。

（2）申请人对于“技术资料”交付义务的履行

基于申请人对本案协议下的技术许可的范围界定，申请人主张，申请人已于2019年6月完成附件技术资料的完整、准确交付并且被申请人以邮件和确认函方式对此予以确认，因此，申请人已经按照本案协议规定履行了“技术资料”的交付义务。

（3）被申请人的支付义务

根据本案协议约定：“若被许可方于上述规定的核实期内未书面通知核实结果，则应视为核实结果令被许可方满意。”由于申请人已按约交付技术资料，履行合同义务，且其于2019年10月向被申请人交付零部件供应商出具的《共有知识产权许可确认函》，故被申请人应于2019年10月之后的五个工作日向申请人支付第三期许可费约1亿元。被申请人一直拒绝支付第三期许可费构成违约。

（4）本案协议的解除问题

申请人已依约交付全部技术资料，技术许可已经完成，被申请人无权要求终止合同。不仅如此，由于知识产权、技术机密等非实物财产在移交后无法进行销毁、抹除，无法保证其不被复制、扩散、借鉴、吸收，因此无法退回。技术许可一旦完成即具有不可逆性。而且因技术的无形性，申请人也难以获得救济。如通过简单返还技术资料和技术许可费以达到所谓的恢复原状的目的，将严重损害申请人作为守约方的合法权益，破坏正常的技术许可市场的秩序。因此，在申请人已依约交付全部技术资料的情况下，被申请人无权要求终止合同并返还技术许可费。

### 3. 被申请人主张

（1）申请人对于“技术资料”的交付义务

申请人应当按照本案协议关于合同目的、概念定义、验收标准和陈述保证的约定交付技术资料。被申请人根据本案协议的“鉴于”条款认为，本案协议的合同目的是加快被申请人自有车辆平台和车型的研发，这对于合同解释和履行有着重要意义。本案协议从合同目的以及平台定义的角度界定了“技术资料”的定义，明确约定了技术资料的验收标准以及许可方对于技术资料的陈述和保证，说明申请人应交付技术资料的外延包括但不限于附件所列的技术资料。申请人应承担为实现上述合同目的所需要的任何及所有技术文件的交付义务，包括与平台相关的任何其他文档、文件、软件和数据。

此外，“技术资料”的范围应当依据“背景知识产权”术语定义的范围确定。因此，由于本案协议对“背景知识产权”的定义未区分申请人的知识产权还是供应商的知识产权，无论技术资料的知识产权归属为谁，申请人均应向被申请人提供。

被申请人还主张附件是“技术资料清单”，其是以列举的方式明确申请人应提交的平台重点部分涉及的主要技术资料。本案协议实际上采取了“整体界定+重点列举”的方式来约定申请人应交付技术资料的范围和内容。

由上可知，申请人的交付义务不仅仅限于附件。本案协议要求申请人对被申请人所许可技术应当包含与平台相关的完整技术，包括但不限于所有知识产权，进而实现被申请人在所许可技术基础上进行完整车型开发的根本目标。

（2）申请人对于“技术资料”交付义务的履行

根据被申请人认定的本案协议技术许可的范围，被申请人主张申请人从未提交完整的技术资料，其提交的内容中存在大量的缺失及错误，导致被申请人无法有效使用相关技术资料、无法实现本案合同的合同目的。申请人的交付缺陷已经导致其严重违约。

（3）被申请人的支付义务

由于申请人的交付缺陷，被申请人从未向申请人发出验收通知，且被申请人已向申请人明确表示拒绝验收确认。根据本案协议相关规定，在被申请人对交付技术和技术资料表示满意并发出验收通知之前，第三期许可费支付的前提条件未成就，被申请人没有义务支付第三期许可费。

（4）本案协议的解除问题

申请人所提供的技术资料存在大量严重缺陷，经被申请人反复催告仍未提供符合本案协议的技术资料，导致被申请人无法有效验收、理解、使用相关技术资料，更无法在此基础上加快自有平台的开发和车型研发，并最终造成被申请人的合同目的无法实现。此行为属于严重的违约行为，且根本违反了协议项下约定的申请人的交付义务。在此情况下，合同已无继续履行的可能和必要，合同权利义务因申请人的严重违约行为而被迫终止。

#### 4. 仲裁庭观点

（1）本案协议为有效合同

本案双方当事人对本案协议效力均没有提出异议。仲裁庭认为，本案协议系双方当事人的真实意思表示，仲裁庭并未发现上述协议内容存在违反国家法律、行政法规强制性规定的情形，因此确认本案协议为有效合同。

（2）本案协议的解除问题

仲裁庭核查了双方所有往来电子邮件，未发现被申请人曾经向申请人发出过解除合同的通知。在庭审中，被申请人亦承认：没有发出过解除合同通知函。关于与本案协议终止问题相关的邮件，仲裁庭仅发现被申请人自然人 A 于 2019 年 10 月回应申请人补充提交技术文件邮件的一封电子邮件。申请人当时向被申请人提出，可以提供补充材料并请求被申请人开通上传账号，自然人 A 在回复邮件中称："关于协议相关事宜，我会联系 B 总见面商谈具体解决方案……因为不少技术文件缺失……原定的车型开发计划已被迫终止。"仲裁庭认为该邮件从形式到内容均不能构成法律意义上的解除合同的通知。仲裁庭确认，本案协议未被解除，至今仍具有效力。

（3）申请人对于"技术资料"的交付义务

1）本案协议所约定的交付范围

仲裁庭认为，为了确定申请人的交付范围，首先应分析本案协议中关于交付的合同条款中所约定的交付范围是否清晰明确，如果清晰明确，则应依据本案协议的相关条款的约定来确定申请人的交付范围。如果本案协议有关交付义务的条款不清晰不明确，此时才需要参考合同目的等因素对有关交付范围的合同条款进行解释。

本案协议关于"许可范围"的约定是：申请人向被申请人提供一项许可，允许被申请人拷贝、纳入、公开展示、完全复制、使用、实施、修改"所许可技术"，或者开发"所许可技术"的衍生作品。

本案协议进而将"所许可技术"术语定义为：①"技术资料"中所载、所含及体现的"背景知识产权"；②申请人以后对其做出的"任何改进"。

本案协议再进而将"技术资料"术语定义为："是指附件列出的为了完成

本协议项下所拟目的而需要的所有技术文件”；将“背景知识产权”术语定义为：在平台上、为了平台或与平台相关而被创建、开发、使用或者存在的所有知识产权，尤其指附件所列明的专利和专利申请。

综合分析上述条款，申请人在本案协议的许可范围内的交付义务和交付范围是清楚的，它们共有三项：第一项是附件所列出的……所有技术文件；第二项是指附件所列明的专利和专利申请；第三项是申请人日后做出的“任何改进”。对于第二项及第三项的交付义务，双方均无争议。关于上述第一项交付义务，仲裁庭认为“技术资料”术语中的关键词清楚地定义了这个范围：附件所列出的任何及所有技术文件，都属于应交付的“技术资料”，而未列出的技术文件则不应属于本案协议所称的“技术资料”。

因此，申请人在本案协议项下“技术资料”的交付范围是附件所列出的技术文件。

2）合同目的与“技术资料”术语的外延

在“技术资料”术语已经被本案协议清楚地做了定义的情况下，不应当再援引合同目的对“技术资料”术语进行扩大性解释。如果单一将合同目的“鉴于”条款中无法量化的意向性表述用来扩大申请人交付“技术资料”范围的外延，将申请人的交付范围扩大到“附件 2 所列出的……”之外，显然会使交付范围无法合理确定，也并非双方当事人当时签署本案协议的真实意思。

3）本案协议签订前的协商过程所体现的交付范围

仲裁庭认为，2019 年 3 月至 2019 年 6 月三个多月的时间内，申请人和被申请人对拟许可的技术进行过多次具体的协商讨论，其中不但涉及平台车辆的一般性指标参数等问题，而且包括具体技术问题。申请人和被申请人对于技术许可的交付物举行过沟通确认会议，其中涉及被申请人与申请人讨论的交付物的具体要求。被申请人于 2019 年 6 月最终对附件内容向申请人做出确认。

综合考虑本案协议签约之前双方进行协商讨论的时间长度、双方协商讨论技术问题的具体程度和深度等因素，仲裁庭确定，本案协议的交付客体附件是经过双方充分协商、讨论后确定的合同标的。被申请人在签约前对附件的技术文件有机会进行充分了解和协商，对于应交付的客体有明确的认识。

4）“背景知识产权”术语与交付范围

本案协议定义“背景知识产权”为平台上所有的“知识产权”。而整机项目或整车项目中都会包含大量的权属复杂的知识产权，包括相互独立的知识产权以及相互依存的改进型知识产权，本案中的“背景知识产权”的范围囊括案涉平台上所有的“知识产权”。

根据本案协议约定，“所许可技术”是指“技术资料”范围内的“背景知识产权”，即它不包括“技术资料”范围以外的“背景知识产权”。因此，即使“背景知识产权”包含非申请人所有的知识产权，其也不应当认为申请人对“背景知识产权”范围内所有的非申请人所有的技术文件都应当负有交付责任。申请人的交付技术文件责任的确定，要严格依据双方在“技术资料”项下的约定，即依据附件所列出的文件确定交付范围，而不是依据“背景知识产权”的范围来确定交付范围。

且双方在签约前协商沟通过程中的情况表明，双方一直是知道本案许可的技术对他人的知识产权如有需要，则应该明确进行约定，如果没有约定，则不应当包括在许可范围之内。

综上，对于“技术资料”的交付范围应当依据“技术资料”术语定义的范围并参考双方签约前的协商过程来确定，不应当依据“背景知识产权”术语定义的范围来确定。

5）关于被申请人所主张的“整体界定+重点列举”

仲裁庭对本案协议和附件进行了综合分析后认为，第一，无论从本案协议的具体条款还是从本案协议整体角度进行理解，都得不出应以“整体界定+重点列举”方式确定交付范围的结论，双方没有就此方式进行过约定并达成过一致，换言之，“整体界定+重点列举”方式不存在合同基础。第二，在实践中以此种方式进行交付，也不符合技术许可领域中的行业惯例。可以预想，此种方式极易出现纠纷，很难实现技术许可合同的合同目的。因此，仲裁庭对于被申请人提出的以“整体界定+重点列举”方式确定交付范围的主张不予支持。

6）申请人对于“技术资料”交付义务的履行

仲裁庭认为，为了确定申请人对于本案协议约定的申请人应交付技术文件的义务的履行情况，应当结合申请人应交付技术文件的总量、申请人已经交付技术文件的数量、申请人未交付技术文件的数量、已交付的技术文件的重要程度与未交付的技术文件的重要程度的比例等因素做出判断。

申请人于 2019 年 6 月交付了附件的技术文件 2 千多份，其后多次提交补充技术文件 6 百多份，共计不到 3 千件。已交付的技术文件全面包含了平台研发中各部门的重要信息和数据。但申请人尚未交付"整车控制器工具链"等 5 项文件和"待决定"文件。

综合考虑申请人已经提交的文件数量和未提交的文件数量及各自重要程度在整体技术许可中的占比等因素，仲裁庭确认，申请人已经基本履行了本案协议约定的第三期许可费支付之前的技术资料交付义务，但申请人对于上述交付义务的履行存在若干瑕疵。

（4）仲裁庭裁决

1）被申请人向申请人支付第三期许可费人民币约 9000 万元。

2）被申请人向申请人支付第三期许可费对应的逾期付款违约金，按照每日人民币约 2 万元的标准，自 2019 年 10 月起算，至被申请人实际支付之日止。

3）被申请人向申请人补偿申请人为办理本案而支出的律师费、财产保全费和保全担保费。

4）申请人向被申请人支付按照每日人民币约 2 万元标准计算的，自 2020 年 4 月起至"整车控制器工具链"等五项文件和"待决定"数据交付完成之日止的违约金。

5）驳回被申请人的其他仲裁反请求。

6）本案本请求仲裁费由被申请人承担 90%，申请人承担 10%。

**5. 案件评析**

（1）汽车行业技术许可模式与架构

本案核心争议焦点之一是认定合同目的，因为这影响确认双方合同权利、义务边界。根据本案中事实情况可知，双方当事人的合作目标仅停留在提供、收悉、实施技术的层面，因此在界定合同目的时仲裁庭也只能依据合同书面呈现内容界定双方权利义务范畴。但实际上，本案所涉合作模式对于被许可方不利，核心原因在于，从被许可方角度来看，许可合同应以服务项目落地为目标导向，许可仅是实现上述目标的手段。如果许可和被许可方未在此核心焦点达成一致，对于被许可方而言就会呈现本末倒置的尴尬局面，纠纷也在所难免。

跳出个案来看汽车行业的许可，客观上技术许可在汽车行业很常见，其特点包括：①技术许可合同双方存在严重的信息不对称；②合同中有较多的附随义务，通常包含有大量的培训；③再开发技术的权利归属常引发纠纷。基于上述汽车行业技术许可的特点，实践中常见的许可模式常是针对一个车型的某个部件、架构，这样的模式可在一定程度上减弱信息不对称引发的弊端，同时亦可将可能引发技术权利归属纠纷的范围予以控制。例如，北汽蓝谷新能源科技股份有限公司发布公告称其全资子公司北京新能源汽车股份有限公司拟就其基于 BE21 纯电动汽车产品平台所开发的 ARCFOX αT 车型的电子电气 E/E 架构相关知识产权，与斯太尔美国有限责任公司签署《E/E 架构非独家许可协议》，其中技术许可费固定价款为 1.92 亿元。北汽蓝谷介绍，许可斯太尔美国 E/E 架构的知识产权是不可撤销、永久、非独家、全球范围的、可转让、可让与、可再许可的。[①]

此外，实践中关于签订技术许可合同的双方主体，技术提供方为合同一方主体，技术提供方与整车厂会合营成立一家公司，该合营公司为技术被许可方，如图三所示：

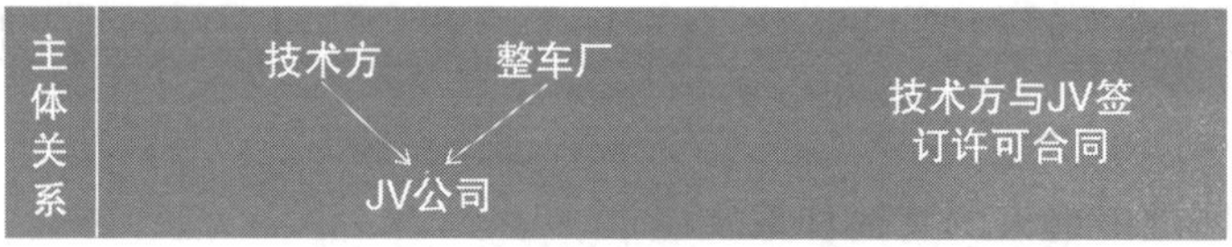


**图三：技术许可合同主体示意**

图三所示架构会在一定程度上减少技术方对技术披露失控的担忧，从而可有效地保障合同顺利履行，实现合同目的。

（2）汽车行业标准必要专利许可已成为热点问题

近年来，随着通信行业与汽车产业发生关联，汽车行业专利许可问题越发

---

① 参见北汽蓝谷新能源科技股份有限公司官网，http：//static. sse. com. cn/disclosure/listedinfo/announcement/c/2021-02-02/600733_ 20210202_ 2. pdf，2023 年 4 月 13 日访问。

引人关注，其中涉及标准必要专利的许可问题是讨论最多的话题。以下两个事件在一定程度上具有代表性：2021 年 6 月 1 日，诺基亚和戴姆勒分别宣布，两家公司的全球专利诉讼达成和解协议，结束了双方之间长达两年时间的专利许可争议。按照双方签署的专利许可协议，诺基亚将向戴姆勒授权移动通信技术。2021 年 7 月 7 日，华为宣布与大众汽车集团的一个供应商达成专利许可协议。该协议包括华为 4G 标准必要专利（SEP）许可，涵盖装有无线连接功能的大众汽车。

在以上两个事件中，出现了两个标准未定的付费方式：一是许可单元是以整车来计算，还是以零部件来计算；二是许可费用确定的方式，是以固定金额为准，还是以特定费率为准。相关数据显示，目前诺基亚已先后与奥迪、宾利、宝马、保时捷、劳斯莱斯、斯柯达、大众和沃尔沃等在内的诸多汽车品牌达成专利许可合作。而作为坚定的非整车许可支持者，华为希望通过提供更低费率或费用的方案，实现对汽车厂商或市场的广泛专利许可覆盖。与其持同样立场的还有 Burry、TomTom、Valeo/Peiker、博世、Sierra Wireless 等零部件供应商。①

关于汽车行业标准必要专利许可费用的问题，我国亦有了正面响应。中国汽车技术研究中心在 2020 年 11 月成立了汽车标准必要专利工作组，正在准备起草与汽车行业 SEP 许可及费率计算的指南。此外，中国汽车技术研究中心也曾就英国的《标准必要专利与创新》草案反馈意见，意见包括：①应考虑 SEP 专利权人、实施方、社会公众三者利益平衡；②不应简单复制其他行业的商业模式；③许可费应考虑不同地域的经济发展水平、司法环境和产业发展环境；④法院应对禁令持审慎态度。②

综上，无论是全球视野，还是聚焦国内，汽车行业标准必要专利许可成为热点已是大势所趋，后续将引发更多的讨论与思考。

---

① 刘通：《汽车标准必要专利许可势在必行》，载《汽车纵横》2021 年第 8 期，第 8—10 页。

② 参见中国汽车知识产权运用促进中心官网，http：//autoip. com. cn/contents/431/1803. html? WebShieldDRSessionVerify = 9ue4U4mONksQNKzI7Pm3，2023 年 4 月 13 日访问。

（3）专家证人在知识产权仲裁案件中的价值

本案中被申请人邀请了专家证人出庭作证是本案亮点。贸仲现行《仲裁规则》中有关于专家证人的规定，《仲裁规则》第四十四条规定：仲裁庭可以就专门问题向专家咨询。[①]

关于专家证人的重要性在知识产权纠纷解决中是显而易见的，这一点从司法审判亦采用该制度即可得到印证。北京知识产权法院在审理案件过程中，技术调查官要在庭前向合议庭解释案件中涉及的各种专业术语，出具相关技术意见，并且在庭审中帮助合议庭厘清技术问题。截至 2020 年年底，北京知识产权法院技术调查官共参与了 2489 件案件的技术事实查明工作，提交技术调查意见 1674 份[②]。本案中，专家证人规则的适用可以体现出知识产权案件的特性，也为其他知识产权仲裁案件当事人提供了一个解决问题的思路。

## 二、案例二

### 本田诉恒胜及其关联公司<br>汽车定牌加工商标侵权纠纷案[③]

#### 1. 基本案情

原告为本田技研工业株式会社（以下简称原告），是第 314940 号、第 1198975 号及第 503699 号“HONDA”英文及图形系列商标（以下简称涉案三商标）的权利人，核定使用类别均为 12 类，包括飞机、船舶、车辆和其他运输工具等。涉案三商标具体信息如下：

---

① 《中国国际经济贸易仲裁委员会仲裁规则》第四十四条规定：“专家报告及鉴定报告（一）仲裁庭可以就案件中的专门问题向专家咨询或指定鉴定人进行鉴定。专家和鉴定人可以是中国或外国的机构或自然人。（二）仲裁庭有权要求当事人、当事人也有义务向专家或鉴定人提供或出示任何有关资料、文件或财产、实物，以供专家或鉴定人审阅、检验或鉴定。（三）专家报告和鉴定报告的副本应转交当事人，给予当事人提出意见的机会。一方当事人要求专家或鉴定人参加开庭的，经仲裁庭同意，专家或鉴定人应参加开庭，并在仲裁庭认为必要时就所作出的报告进行解释。”

② 《人民日报：北京任用技术调查官助力法官办案》，载北京知识产权法院官方网站，https://bjzcfy.bjcourt.gov.cn/article/detail/2021/12/id/6419356.shtml，2023 年 3 月 1 日访问。

③ 最高人民法院（2019）最高法民再 138 号民事判决书。

表五：涉案商标具体信息

| 序号 | 商标号 | 类别 | 申请人 | 申请时间 | 商标 |
|---|---|---|---|---|---|
| 1 | 314940 | 12 | 本田技研工业株式会社 | 1987/05/22 | HONDA |
| 2 | 1198975 | 12 | 本田技研工业株式会社 | 1997/06/26 | |
| 3 | 503699 | 12 | 本田技研工业株式会社 | 1988/12/17 | HONDA |

2016 年 6 月 30 日，原告收到昆明海关向其发出的《确认进出口货物知识产权状况的通知》，告知原告瑞丽海关于 2016 年 6 月 28 日查获申报出口的 220 辆摩托车（以下简称涉案产品）使用了“HONDAKIT”标识，涉嫌侵犯原告商标权。经查，缅甸 MEIHUA COMPANY LIMITED 公司（以下简称美华公司）授权委托本案被告重庆恒胜集团有限公司（以下简称被告一）加工生产涉案产品并贴附使用缅甸商标“HONDAKIT”于产品上，最后由被告重庆恒胜鑫泰贸易有限公司（以下简称被告二）申报出口。

原告收到上述海关通知后，于 2016 年 9 月 13 日向云南省德宏傣族景颇族自治州中级人民法院提起商标侵权诉讼，指控被告未经原告许可，在相同商品上使用与原告注册商标相近似的商标标识，侵犯了原告的注册商标专用权。一审法院认定两被告构成侵权，两被告均不服，后上诉于云南省高级人民法院，二审法院撤销一审判决，改判两被告不构成侵权。原告不服二审判决，向最高人民法院申请再审。本案经一审、二审及再审程序后结案，最高人民法院最终认定两被告构成侵权。

### 2. 原告主张

本案中，原告指控被告实施的具体侵权行为是指：被告二申报出口的涉案产品使用缅甸商标“HONDAKIT”标识，该批货物由被告一生产，被告二系被告一子公司。两被告在其生产和出口的涉案摩托车头罩、发动机盖、左右两边的风挡、铭牌上使用“HONDAKIT”文字及图形，并且突出增大“HONDA”的文字部分，缩小“KIT”的文字部分，同时将H字母和类似羽翼形状部分标以红色，涉嫌与原告请求保护的三个商标构成在相同或者类似商品上的近似商标。

原告基于上述被控侵权行为，主张如下：

（1）被诉侵权行为属于在涉案产品上贴附商标标识，具有识别商品来源的功能，属于商标法意义上的商标使用行为。

（2）被告在涉案产品上突出增大“HONDAKIT”中的“HONDA”部分并缩小“KIT”部分，属于在被诉侵权商品上使用变形的缅甸商标标识，目的不再是贴附某一境外客户指定的图标，而是意欲误导消费者。考虑到国际贸易环境下，相关公众有接触到被诉侵权商品的可能，且涉案三商标具有很高的知名度，国内或境外的公众都有可能对被诉侵权商品来源产生混淆与误认。

（3）被告在涉案产品上明显突出使用原告的“HONDA”商标，具有攀附商标声誉的意图，易造成相关公众的混淆与误认，其行为构成商标侵权。

综上，原告主张被告实施的被控侵权行为侵害了其所有的涉案三商标的专用权，构成商标侵权，应承担停止侵权并赔偿损害的侵权责任。

### 3. 被告抗辩

被诉侵权行为属于涉外定牌加工行为，因此不构成商标性使用，故不涉及商标侵权问题。

美华公司授权委托被告一加工生产摩托车散件，其常务董事作为缅甸商标“HONDAKIT”的权利人，授权被告一在产品上贴附“HONDAKIT”商标，被告二负责申报出口。涉案产品属美华公司所有，不会进入中国市场。因此，被告的行为属于涉外定牌加工行为，故在涉案产品上贴附商标标识不属于商标法意义上的商标使用。

此外，涉案产品不可能进入中国市场，不会导致中国境内相关公众混淆与误认。且缅甸的跨境电子商务非常滞后，涉案产品回流至国内市场的可能性非常低，不具有造成国内相关公众混淆的可能性。

综上，被告的行为不构成商标侵权。

### 4. 法院观点

一审、二审及再审法院归纳本案争议的焦点问题均为：（1）是否属于涉外定牌加工行为；（2）是否构成商标使用行为；（3）是否构成商标侵权。

（1）被诉侵权行为是否属于涉外定牌加工行为

一审法院认为两被告提交的证据不能形成完整的证据链条，无法确认其行为系受美华公司授权的定牌加工行为。

二审法院认为，被告一与美华公司于 2016 年 4 月 3 日签订的《销售合同》，实为涉外定牌加工合同。合同明确约定：买方订购的产品为：125CCMOTORCYCLEINSKDFORM，BRAND：HONDAKIT，125CCHONDAKIT 牌摩托车散件；数量 220 套；单价 538 美元；总价 118360 美元；发运目的地缅甸；买方收货后质量异议期为 30 日。这些合同条款符合定牌加工的条件。且涉案产品全部交付定作方，不进入中国市场。被告也获得缅甸“HONDAKIT”商标权利人的授权。因此，可以认定被告按照涉案商标权利人要求，将“HONDAKIT”商标贴附在涉案产品上，属于涉外定牌加工行为。

最高人民法院对二审法院的观点予以认可，认定被诉行为属涉外定牌加工行为。

（2）被诉侵权行为是否构成商标使用行为

一审法院认为被告的被诉侵权行为属于商标使用行为。

二审法院认为被告的行为不属于商标法意义上的商标使用行为。理由是根据《商标法》第四十八条规定，商标法在保护商标使用问题上的本意，是保护商标在商业活动中的识别性。以此推知，如果某种标识的使用不是在商业活动中用于识别商品的来源，自然不能满足《商标法》第五十七条第二项关于“使用”的前提性要求。本案中，涉案产品全部出口至缅甸，不进入中国市场参与“商业活动”，中国境内的相关公众不可能接触到该产品，因而被告的这种使用行为不可能在中国境内起到识别商品来源的作用，因此这并非商标法意义上的商标使用行为。

最高人民法院在该问题上与二审法院持不同观点。最高人民法院认为，商标使用行为是一种客观行为，包括许多环节，如物理贴附、市场流通等。是否构成商标法意义上的“商标的使用”应当依据商标法作出整体一致解释，不应该割裂一个行为而只看某个环节，要防止以单一环节遮蔽行为过程，要克服以单一侧面代替行为整体。

商标使用意味着使某一个商标用于某一个商品，其可能符合商品提供者与商标权利人的共同意愿，也可能不符合商品提供者与商标权利人的共同意愿；某一个商标用于某一个商品以至于二者合为一体成为消费者识别商品及其来源的观察对象，既可能让消费者正确识别商品的来源，也可能让消费者错误识别商品的来源，甚至会出现一些消费者正确识别商品的来源，而另外一些消费者错误识别商品的来源这样错综复杂的情形。这些现象纷繁复杂，无不统摄于商标使用。因此，在生产制造或加工的产品上以标注方式或其他方式使用了商标，只要具备了区别商品来源的可能性，就应当认定该使用状态属于商标法意义上的“商标的使用”。

此外，本案中相关公众除被诉侵权商品的消费者外，还应该包括与被诉侵权商品的营销密切相关的经营者。本案中被诉侵权商品运输等环节的经营者即存在接触的可能性。而且，随着电子商务和互联网的发展，即使被诉侵权商品出口至国外，亦存在回流国内市场的可能。同时，随着中国经济的不断发展，中国消费者出国旅游和消费的人数众多，对于“贴牌商品”也存在接触和混淆的可能性。

综上最高人民法院认为，被告的行为属于商标法意义上的商标使用行为。

（3）被诉侵权行为是否构成商标侵权

一审法院认为，美华公司的授权商标图样中的“HONDAKIT”文字及图形商标并未突出“HONDA”的文字部分，缩小“KIT”的文字部分，而是同一大小字体的文字及图形，被告在涉案产品上突出增大“HONDAKIT”中的“HONDA”并缩小“KIT”，其行为与缅甸美华公司的授权不符。被告明显在突出和强调涉案商品中“HONDA”文字及图形的使用和视觉效果，构成在相同或者类似的商品上使用与其注册商标相同或者近似的商标，其行为已经构成商标侵权。

二审法院认为，涉外定牌加工模式下的生产行为是否侵害中国国内相关商标权人的商标权，应根据个案的具体情况具体分析。商标法保护商标的根本目的，就在于确保商标识别功能的实现；判断商标侵权与否的关键，就在于审查商标使用行为是否容易导致相关公众对商品或服务的来源产生混淆。只有容易引起相关公众对商品或服务来源产生混淆的使用行为，才可能发生近似商标使用行为侵害他人商标权的情况。在本案中，涉案产品均全部出口至缅甸，不进入中国市场销售，中国境内的相关公众不可能接触到该产品，因此不存在让中国境内的相关公众产生混淆的问题，没有损害原告的实际利益，即不具备构成商标侵权的基础要件。

最高人民法院认为，商标的基本功能是区分商品或服务来源的识别功能，侵犯商标权本质上就是对商标识别功能的破坏，使一般消费者对商品来源产生混淆、误认。商标侵权行为的归责原则应当属于无过错责任原则，且不以造成实际损害为侵权构成要件。《商标法》第五十七条第二项规定的“容易导致混淆的”一语，指的是如果相关公众接触到被诉侵权商品，有发生混淆的可能性，并不要求相关公众一定实际接触到被诉侵权商品，也并不要求混淆的事实确定发生。

本案中，被告在涉案产品上突出增大“HONDA”并缩小“KIT”，同时将H字母和类似羽翼形状部分标以红色，与原告的三个商标构成在相同或者类似商品上的近似商标。如前所述，被诉侵权行为构成商标的使用，亦具有造成相关公众混淆和误认的可能性，容易让相关公众混淆。

此外，商标权作为知识产权，具有地域性，对于没有在中国注册的商标，即使其在外国获得注册，在中国也不享有注册商标专用权。与之相应，中国境内的民事主体所获得的所谓“商标使用授权”，也不属于我国《商标法》保护的商标合法权利，不能作为不侵犯商标权的抗辩事由。

综上，最高人民法院认为被告的被诉侵权行为构成侵害原告请求保护的涉案三个商标的注册商标专用权，依法应当承担停止侵权、赔偿损失的民事责任。

（4）法院判决

综上，最高人民法院最后作出以下判决：

1）撤销云南省高级人民法院（2017）云民终800号民事判决；

2）维持云南省德宏傣族景颇族自治州中级人民法院（2016）云31民初52

号民事判决。

### 5. 案件评析

（1）定牌加工定义及其特征

1）定牌加工的定义

定牌加工（Original Equipment Manufacture，即原始设备制造），俗称贴牌或贴牌加工，是指承揽人按照定作人的要求，生产加工并交付带有定作人提供商标的商品，由定作人给付报酬的市场合作方式，其法律关系是承揽合同关系。按照定作人和承揽人的国别，可分为国内定牌加工和涉外定牌加工；按照定作人授权的范围，可分为单纯的定牌加工和授权销售的定牌加工；按照委托生产加工的层次环节，可分为直接定牌加工和间接定牌加工。

涉外定牌加工商标侵权纠纷中涉及多种法律关系，既包括合同问题也包括侵权问题。在涉外定牌加工合同中，合同双方约定，由定牌加工企业按照境外委托方的要求从事加工生产活动，提供劳务，在完成定牌加工产品后，将产品出口以交付境外委托人。一般认为，定牌加工合同为承揽合同类型或以承揽合同为主的混合合同，加工人的主要义务为按定作人的要求加工、贴牌并出口交付定牌商品，主要权利为获得加工、贴牌的报酬。

合同是当事人之间设立、变更或终止债权债务关系的协议，区别于其他民事法律关系（如物权关系）的重要特点在于合同关系的相对性。合同关系的相对性既是合同规则和制度赖以建立的基础和前提，也是司法所必须依据的一项重要规则。涉外定牌加工合同属于承揽合同，亦应当遵循相对性的规则，涉外定牌加工合同委托方和加工方的约定仅对其合同当事人具有拘束力。而知识产权作为一种无形财产权，一般认为，涉及财产（智力成果及其他利益）和财产的归属（具有支配性和排他性），可通过合同而转让（具有可让与性），并具有对抗一切人的绝对效力（为绝对权）。因此，作为知识产权的一种，商标权亦具有对世权的法律属性。从法理上来讲，涉外定牌加工合同的相对性不能对抗商标权的对世性。①

① 林广海、秦元明、马秀荣：《涉外定牌加工商标侵权的法律适用——兼谈“本田案”最高人民法院再审判决的意蕴》，载《人民司法》2021年第16期。

2）定牌加工的特征[①]

涉外定牌加工的特征包括：相关商标权利在国内归属某一权利主体所有；境外定作方在境外法域享有该商标权利；涉案商品使用商标标识与该境外注册商标标识相同；涉案商品属于该境外商标的核定使用商品类别且全部销往境外；境外收货人应为境外的商标权利人或经其合法授权或指定的第三方。

（2）关于定牌加工项下商标性使用的认定

在定牌加工纠纷案中关于被控侵权行为是否构成商标性使用是核心争议焦点。在题述“本田案”中，最高人民法院认定涉案定牌加工行为构成商标性使用，这一结论与在先“东风案”[②] 的结论截然相反，现总结、对比最高人民法院在此两案中的论述要点如下：

**表六：最高人民法院论述要点**

| | 本田案（题述案） | 东风案（前案） |
|---|---|---|
| 结论 | 定牌加工构成商标性使用。 | 定牌加工不构成商标性使用。 |
| 说理 | 1. 商标使用行为是一种客观行为，通常包括许多环节，如物理贴附、市场流通等，是否构成商标法意义上的“商标的使用”应当依据商标法作出整体一致解释，不应该割裂一个行为而只看某个环节，要防止以单一环节遮蔽行为过程，要克服以单一侧面代替行为整体。 | 1. 商标使用是指将商标用于商品、商品包装或者容器以及商品交易文书上，或者将商标用于广告宣传、展览以及其他商业活动中，用于识别商品来源的行为。 |
| | 2. 在生产制造或加工的产品上以标注方式或其他方式使用了商标，只要具备了区别商品来源的可能性，就应当认定该使用状态属于商标法意义上的“商标的使用”。 | 2. 商标的本质属性是其识别性或指示性，基本功能是用于区分商品或者服务的来源。<br>3. 不用于识别或区分来源的商标使用行为，不会对商品或服务的来源产生误导或引发混淆，以致影响商标发挥指示商品或服务来源的功能，不构成商标法意义上的侵权行为。 |

① 俞则刚：《乱花渐欲迷人眼——再论“涉外定牌加工”行为的构成要件》，载“知产力”微信公众号，2016年9月28日。

② 最高人民法院（2016）最高法民再339号民事判决书。

续表

| | 本田案（题述案） | 东风案（前案） |
|---|---|---|
| 说理 | 3. 本案中相关公众除被诉侵权商品的消费者外，还应该包括与被诉侵权商品的营销密切相关的经营者。本案中被诉侵权商品运输等环节的经营者即存在接触的可能性。<br>而且，随着电子商务和互联网的发展，即使被诉侵权商品出口至国外，亦存在回流国内市场的可能。<br>同时，随着中国经济的不断发展，中国消费者出国旅游和消费的人数众多，对于“贴牌商品”也存在接触和混淆的可能性。 | 4. 本案中，常佳公司与印尼 PTADI 公司签订委托书接受该公司委托，依据印尼 PTADI 公司合法拥有的商标权生产柴油机及柴油机组件，并将产品完全出口至印度尼西亚销售。在常佳公司加工生产或出口过程中，相关标识指向的均是作为委托人的印尼 PTADI 公司，并未影响上柴公司涉案注册商标在国内市场上的正常识别区分功能，不会导致相关公众的混淆与误认。 |

从表六对比可知，最高人民法院在上述两案中对于是否构成商标性使用结论迥异的核心在于认定逻辑终点的差异性，具体体现为是否应以“可能”产生指示性作用作为认定商标性使用的核心。

在“本田案”中，法院认定是否构成商标性使用的逻辑终点是相关公众范围认定、商品最终是否有返回国内市场的可能，将这些因素均作为评价是否构成商标使用应考虑的范畴；而在“东风案”中法院的逻辑终点是，涉案贴牌合同内容认定商品最终完全出口国外，涉案被控侵权行为的本质是物理贴牌行为，因商品不在中国市场流通，商标指示功能无法实现，故缺乏评价涉案行为是否构成商标性使用的前提，换言之“东风案”认定逻辑的终点在于商品不出现在中国市场，不再继续延伸其是否有返回的可能以及相关公众的范围是否应予解释等问题。

《商标法》第四十八条规定：“本法所称商标的使用，是指将商标用于商品、商品包装或者容器以及商品交易文书上，或者将商标用于广告宣传、展览以及其他商业活动中，用于识别商品来源的行为。”与此同时，知识产权具有地域性，故在认定是否构成商标性使用时不仅要从使用场景出发，亦要兼顾地域属性。“东风案”和“本田案”中法院虽对商标使用认定稍有差异，但均可自圆其说、逻辑自洽，若从维护国际贸易秩序的角度来看，“本田案”站位更高远，因为在该案中法院更多地考虑到了互联网经济下国际贸易日益灵活的流通性。正如“本田案”承办法官在该案判决后所著文章中称：“涉外定牌加工纠纷案件，关涉中国知识产权司法保护的国际形象。在经济全球化背景下，人民法院长期以来一直努力以前瞻性的国际视野，力图协调好知识产权的地域性和国际化关系，注重权利人权利和公共利益的平衡。”①

（3）定牌加工合理性边界的认定

在“本田案”和“东风案”中均提及受托人的“合理注意义务”。②“本田案”中请求保护的商标权利稳定且驰名，在境外亦不存在商标权纷争，被诉侵权人接受委托难言已经履行了审慎适当的注意义务。在“东风案”中，法院认为：“常佳公司作为定牌加工合同中的受托人，在接受印尼 PTADI 公司的委托加工业务时，已经审查了相关权利证书资料，充分关注了委托方的商标权利状态。在印度尼西亚相关司法机构判决相关商标归属上柴公司期间，还就其定牌加工行为与上柴公司沟通并签订协议，支付了适当数额的补偿费用。可见，常佳公司接受委托从事定牌加工业务，对于相关商标权利状况已经适当履行了审慎适当的注意义务。”③

认定涉外定牌加工行为附条件地构成商标侵权的裁判依据主要考察是否尽到合理注意义务及是否造成实质性损害。合理注意义务是对国内加工企业注意义务的一般要求，通常情况下，满足合理注意义务，国内加工企业即可以免责；而实质性损害标准，则是给予具有一定影响特别是驰名商标特殊保护，即对于涉嫌在境外抢注我国具有一定影响的商标，特别是驰名商标，再进入我国进行回溯性定牌加工出口，基于诚实信用原则的要求，应当认定境外委托人的行为不具有正当性，实质性损害了我国商标权人的合法利益，对此，国内加工企业作为同业经营者应当尽到更高的注意义务和合理的避让义务。如果国内加工企业明知或应知国内商标具有一定影响，特别是驰名商标，而境外委托人涉嫌恶意抢注却

① 林广海、秦元明、马秀荣：《涉外定牌加工商标侵权的法律适用——兼谈“本田案”最高人民法院再审判决的意蕴》，载《人民司法》2021 年第 16 期。

② 林广海、秦元明、马秀荣：《涉外定牌加工商标侵权的法律适用——兼谈“本田案”最高人民法院再审判决的意蕴》，载《人民司法》2021 年第 16 期。

③ 最高人民法院（2016）最高法民再 339 号民事判决书。

仍然接受委托的，应认定国内加工企业存在过错，应承担相应的民事责任。[①]

综上可知，受托方的合理注意义务在认定定牌加工是否具有合理性方面具有重要作用，也应成为相关企业日后应予重视的工作。

## 三、案例三

## 捷豹路虎公司诉江铃控股有限公司及达畅陆风汽车销售有限公司不正当竞争纠纷案

### 1. 基本案情

（1）本案基本案情

2016 年 6 月，原告捷豹路虎公司（以下简称原告）向北京市朝阳区人民法院提起不正当竞争纠纷诉讼，指控江铃控股有限公司（以下简称被告一）及达畅陆风汽车销售有限公司（以下简称被告二）生产、宣传及销售的“陆风 X7”汽车车型抄袭其“揽胜极光”车型设计，属于擅自使用与原告有一定影响的装潢相同或近似的标识，容易导致相关公众对于产品来源发生混淆与误认，构成不正当竞争。

一审法院经审理后认定被控侵权行为构成不正当竞争；被告不服，上诉至北京知识产权法院，二审法院最终认定被控侵权行为构成不正当竞争，判令两被告承担相应的法律责任。本案经一审、二审程序后结案。

（2）前案基本案情

在上述不正当竞争纠纷案件之前，原告和被告一曾有过专利行政纠纷，为更清晰地了解本案全貌情况，简要介绍前案如下：

原告于 2011 年 11 月申请了“揽胜极光”汽车外观设计专利，2012 年 8 月获得授权，专利号是 20113043××××. 3。被告于 2013 年 11 月申请了“陆风 X7”汽车外观设计专利，2014 年 4 月获得授权，专利号是 20133052××××. 5。随后，原告和被告一相继针对对方上述外观设计专利提出无效宣告请求，国家知识产权局经审查后，于 2016 年对上述两项外观设计专利均予无效宣告。

---

① 江苏省高级人民法院（2015）苏知民终字第 00036 号民事判决书。

原告和被告一双方专利无效纠纷时间轴如下：

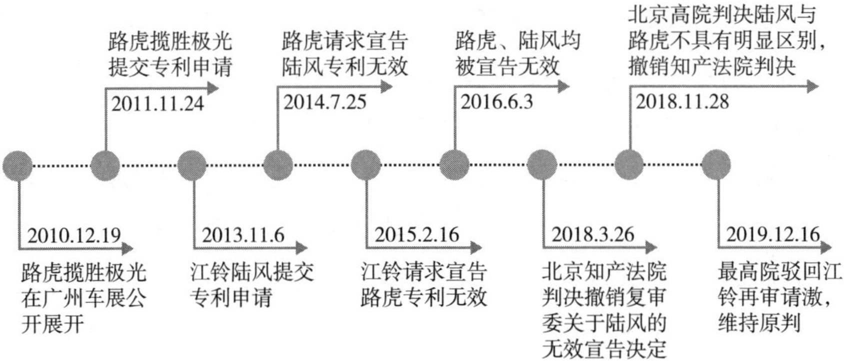


图四：专利无效纠纷时间轴

## 2. 原告主张

本案中，原告主张其生产、销售的“揽胜极光”车型设计构成有一定影响的商品装潢。原告指控两被告实施的具体不正当竞争行为分别是指：被告一生产、宣传、销售“陆风 X7”汽车以及被告二宣传、销售、展示“陆风 X7”汽车的行为，上述两被告行为属于擅自使用与原告有一定影响的装潢相同或近似标识的不正当竞争行为。

两车外观对比如图五所示：

| 揽胜极光（原告）设计 1 主视图① | 陆风（被告）主视图② |
| --- | --- |
|  |  |
| 揽胜极光（原告）设计 1 右视图③ | 陆风（被告）右视图④ |
|  |  |

图五：两车外观对比

① 图片来源：中国国家知识产权局专利复审委员会无效宣告请求审查决定（第 29147 号）。
② 图片来源：中国国家知识产权局专利复审委员会无效宣告请求审查决定（第 29146 号）。
③ 图片来源：中国国家知识产权局专利复审委员会无效宣告请求审查决定（第 29147 号）。
④ 图片来源：中国国家知识产权局专利复审委员会无效宣告请求审查决定（第 29146 号）。

原告主张如下：

（1）原告“揽胜极光”车型整体上具有区别于一般汽车外观常见设计的显著特征，且原告已对“揽胜极光”车型进行了长期的生产、销售和宣传，在相关公众中具有一定影响，构成“有一定影响的商品装潢”。

（2）两被告生产、展示、销售的“陆风 X7”车型在外观视觉上与原告的“揽胜极光”车型基本无差别，且具有“揽胜极光”车型上述五大独特装潢设计，具体而言是“揽胜极光”车型汽车采用了自身特有的下压式车顶、悬浮式车顶、上扬的特征线条、蚌壳式发动机盖、整车轮廓造型五大独特装潢设计，易使相关公众无法区分，具有混淆误认可能性。

（3）被告一生产、宣传、销售“陆风 X7”汽车的行为以及被告二宣传、销售、展示“陆风 X7”汽车的行为，属于擅自使用与原告有一定影响的装潢相同或近似标识的不正当竞争行为，上述行为同时也违背了诚实信用原则和应遵守的商业道德。

综上，原告主张两被告的行为属于擅自使用与原告有一定影响的装潢相同或近似的标识，容易导致相关公众对于产品来源发生混淆误认，构成不正当竞争，故应承担相应的法律责任。

### 3. 被告抗辩

两被告一致认为其并未实施被控侵权行为，具体理由如下：

（1）原告“揽胜极光”车型设计不属于《反不正当竞争法》规定的具有显著性并有一定影响的装潢，也不属于知名商品特有的装潢。其一，涉案车型明显具有技术功能，车型本身不能成为形状构造类装潢。其二，原告的车型设计并非其独有的、排他性的，不具有区分产品来源的显著性。其三，一审判决对于原告商品的“知名度”的认定证据不足。

（2）涉案车型外观设计未导致相关公众对产品来源产生混淆误认。首先，构成混淆的判断主体应当是车辆的“购买者”，原告没有证据证明涉案车型的购买者系基于混淆错误而购买涉案车型。其次，在判断产品来源混淆性方面，汽车作为高价值商品，商标、销售渠道销售价格、产品说明等在判断来源方面应当具有更多比重。

（3）一审中，两被告均主张自 2018 年 1 月前停止生产、销售涉案“陆风 X7”汽车。

二审中，被告一提供新的证据主张其没有生产和销售型号为 JX7200 的涉案车型产品，且 JX7200L 车型产品因不满足乘用车燃料消耗量限值的国家质量标准，在 2018 年 1 月 1 日前已停止生产、销售。被告二在二审阶段未提交新的证据材料。

**4. 法院观点**

一、二审法院归纳本案的争议焦点问题为：（1）原告“揽胜极光”车型设计是否属于“有一定影响的装潢”；（2）被告涉案行为是否构成不正当竞争；（3）法律责任的认定。

针对上述焦点问题，法院认定如下：

（1）原告“揽胜极光”车型设计是否属于“有一定影响的装潢”

一审法院认为，《反不正当竞争法》所保护的商品包装装潢，不仅指为识别与美化商品而在商品或者其包装上附加文字、图案、色彩及其各元素的排列组合，还包括属于商品本体但具有装饰作用的物品整体或者局部外观构造，但由商品自身的性质产生的形状、为获得技术效果而具有的商品形状以及使商品具有实质性价值的形状除外。

本案中，原告主张“揽胜极光”五大独特装潢设计，整体上具有区别于一般汽车外观常见设计的特征，具有商品装潢应有的显著性。此外，原告所举证据可显示出，在“揽胜极光”汽车形状装潢与原告分离时，相关公众依然将使用“揽胜极光”汽车形状装潢的汽车认为属于原告出品，可见，“揽胜极光”汽车形状装潢已经具有显著性，且与原告建立起稳定的市场联系。

另外，《反不正当竞争法》所保护的商品装潢还应该具有一定知名度、影响力。根据原告提交的证据可以证明“揽胜极光”车型具备宣传持续时间长、宣传范围广的特征。同时，该车型还获得了国内外众多奖项，为国内外汽车行业及媒体知晓并认可，在相关公众中亦具有一定知晓度，足以证明该车型有一定市场声誉。此外，根据中国汽车工业协会网站转载的“揽胜极光”车型的销量报道及该车型经销商名录、声明等证据，可以证明该车型在我国销售时间较长、销售量较高、销售范围较广。因此，在案证据足以证明“揽胜极光”汽车形状装潢已在我国具有一定知名度和影响力。

综上，一审法院认定涉案“揽胜极光”汽车外观作为形状装潢，符合《反不正当竞争法》第六条第一项规定的“有一定影响的装潢”的情形。

二审法院对上述观点予以认可，继续认定原告“揽胜极光”车型设计属于“有一定影响的装潢”。

（2）被告涉案行为是否构成不正当竞争

一审法院认为，《反不正当竞争法》中规定的造成混淆的后果为“引人误认为是他人商品或者与他人存在特定联系”。据此可知，判断混淆与否应指具有发生混淆或者误认的可能性，而非需要实际发生混淆或者误认。本案中，“揽胜极光”汽车装潢与“陆风 X7”汽车装潢在整体视觉效果上相似，在五点独特设计上一致，相关公众施以一般注意力，容易对原告及被告提供的商品的来源发生混淆和误认。根据在案证据可以证明被告使用在“陆风 X7”汽车上的形状装潢，足以导致相关公众将其与原告的“揽胜极光”汽车发生混淆和误认。

综上，被控侵权行为违反《反不正当竞争法》第六条第一项规定，构成了擅自使用与他人有一定影响的商品装潢相同或近似的标识的不正当竞争行为，引起了市场混淆。故被告行为构成不正当竞争。

二审法院对上述观点予以认可，继续认定被告涉案行为构成不正当竞争。

（3）法律责任的认定

一审法院认为，对于损害赔偿，根据《反不正当竞争法》第十七条的规定，损害赔偿包括实际损失及合理支出。本案中应依据侵权商品销售量、商品利润、涉案商品销售范围等多种因素确定经济损失的数额。对于合理支出部分，通过原告提供的相关票据和公证书予以确定。

对于消除不良影响，基于被告一涉案不正当竞争行为给原告造成了不良影响的事实，判令被告一以登报声明的方式消除影响。

关于停止不正当竞争行为，两被告均未向一审法院提交任何证据证明其现已停止生产、销售、宣传“陆风 X7”汽车，故被告一应立即停止生产、展示、销售“陆风 X7”、产品型号为 JX7200 和 JX7200L 的汽车的行为，被告二应立即停止展示、销售“陆风 X7”、产品型号为 JX7200 和 JX7200L 的汽车的行为。

被告二作为被告一的经销商，现无证据证明其实施了擅自使用与“揽胜极光”形状装潢相同或近似的装潢的行为，故其仅需承担停止展示、预售及销售“陆风 X7”汽车的法律责任。

二审法院对一审法院作出的关于被告应承担损害赔偿及消除不良影响的法律责任认定予以认可。关于停止不正当竞争行为，经本二审法院在审理过程中查明：两被告曾实际生产、销售的车型中并无编号为 JX7200 的车型；且依据国家机动车质量标准，被告一在 2018 年 1 月 1 日后，已事实上停止生产、销售涉案车型；根据原告二审提交的证据显示，一审判决之前被告一仍对涉案车辆进行过报道、宣传。故二审法院确认，被告一在本案一审判决前停止生产、销售 JX7200L 汽车的不正当竞争行为，但并未停止展示 JX7200L 汽车的不正当竞争行为，故被告一应立即停止展示“陆风 X7”、产品型号为 JX7200L 的汽车的行为。鉴于被告二并未对其在一审判决前已经停止不正当竞争行为提交证据，故一审判决的此部分认定应予维持。

（4）法院判决

综上，二审法院判决如下：

1）被告一于本判决生效之日起立即停止展示产品名称为“陆风 X7”、产品型号为 JX7200L 的汽车的行为；

2）被告二于本判决生效之日起立即停止涉案不正当竞争行为，包括停止展示、预售和销售产品名称为“陆风 X7”、产品型号为 JX7200L 的汽车的行为；

3）被告一于本判决生效之日起三十日内履行在其网址为 www. landwind. com 的官方网站上及《中国汽车报》上公开发表声明的义务（在网络媒体上的发布持续时间不少于七日），消除因本案不正当竞争行为给原告造成的不良影响；

4）被告一于本判决生效之日起十日内赔偿原告经济损失及合理费用；

5）驳回原告的其他诉讼请求；

6）驳回被告一的其他上诉请求。

### 5. 案件评析

（1）商品装潢的含义

商品装潢是指商品的装饰，它起着美化商品的作用。一般而言，凡是具有美化商品作用、外部可视的装饰，都属于装潢。最高人民法院认为商品的装潢一般可以分为两种类型：一是文字图案类装潢；二是形状构造类装潢。[①] 题述案件中，涉案车型外观就属于形状构造类装潢，因此落入《反不正当竞争法》的调整范围。

（2）“有一定影响的商品装潢”的认定

根据《反不正当竞争法》第六条规定可知商品装潢属标识范畴。此外，《最高人民法院关于适用〈中华人民共和国反不正当竞争法〉若干问题的解释》第四条第一款规定，具有一定的市场知名度并具有区别商品来源的显著特征的标识，法院可以认定为《反不正当竞争法》第六条[②]规定的“有一定影响的”标识。由此可见，立法层面对于认定“有一定影响的装潢”考量因素包括市场知名度及来源标识的功能是否实现。

如上文所述，商品的装潢一般可以分为两种类型，本案涉及的是形状构造类装潢。最高人民法院在宁波微亚达制笔有限公司与上海中韩晨光文具制造有限公司、原审被告宁波微亚达文具有限公司、原审被告上海成硕工贸有限公司擅自使用知名商品特有装潢纠纷案[③]中明确，是否构成形状构造类装潢成为知名商品装潢需要满足：（1）该形状构造应该具有区别于一般常见设计的显著特征；（2）通过在市场上的使用，相关公众已经将该形状构造与特定生产者、提供者联系起来，即该形状构造通过使用获得了第二含义。

本案中，法院认定原告“揽胜极光”车型外观属于有一定影响的形状构造类商品装潢的认定逻辑与上述最高人民法院判决逻辑一致，具体而言，本案中

---

① 最高人民法院（2010）民提字第16号民事裁定书。

② 《反不正当竞争法》第六条规定：“经营者不得实施下列混淆行为，引人误认为是他人商品或者与他人存在特定联系：（一）擅自使用与他人有一定影响的商品名称、包装、装潢等相同或者近似的标识；（二）擅自使用他人有一定影响的企业名称（包括简称、字号等）、社会组织名称（包括简称等）、姓名（包括笔名、艺名、译名等）；（三）擅自使用他人有一定影响的域名主体部分、网站名称、网页等；（四）其他足以引人误认为是他人商品或者与他人存在特定联系的混淆行为。”

③ 最高人民法院（2010）民提字第16号民事裁定书。

法院对原告主张的显著设计特征与被告商品进行了翔实的对比，并对原告商品在市场知名度予以充分考量。

（3）《反不正当竞争法》项下“混淆”的认定

根据《反不正当竞争法》第六条规定可知，混淆的结果是“引人误认为是他人商品或者与他人存在特定联系”。

本案中，法院认为被告的行为导致提供商品的来源发生混淆和误认，换言之消费者无法准确辨识“揽胜极光”汽车和“陆风 X7”汽车提供者分别是原告及被告，属法律规定中所述的“引人误认为是他人商品”。对此，法院说理如下：“揽胜极光”汽车装潢与“陆风 X7”汽车装潢在整体视觉效果上相似，在五点独特设计上一致，相关公众施以一般注意力，容易对原告及被告提供商品的来源发生混淆和误认，同时根据网络用户留言及新闻报道的在案证据，认定被告使用在“陆风 X7”汽车上的形状装潢，足以导致相关公众将其与原告的“揽胜极光”汽车发生混淆和误认。①

此外，司法实践中还存在主体之间的混淆，具体而言是指法条所述“引人误认为与他人存在特定联系”。华润（集团）有限公司、华润知识产权管理有限公司等侵害商标权及不正当竞争纠纷民事再审判决②中认定华润商店被诉侵权行为是否构成对华润集团及华润知识产权公司构成不正当竞争时，认为华润集团的“华润”字号已经在多个相关行业为社会公众广泛知晓，华润集团在超市行业已产生了较高知名度。华润商店将华润集团的字号作为自身企业名称中的字号使用，以及将与涉案商标相同或近似的文字“华润”作为企业名称中的字号使用并从事类似服务，相关公众一般会认为其存在特定联系，客观上容易造成相关公众的混淆误认。

此外，在该案中最高人民法院还关注到一个重要事实，即原国家工商行政管理总局分别于 2001 年和 2010 年下发通知，载明“华润”字号具有独创性和显著性，经过 50 多年的使用和广泛宣传，已具有较高知名度；同时要求各地工商行政管理局对已经登记注册的以“华润”作为字号的企业名称进行清理，并

① 北京知识产权法院（2019）京 73 民终 2033 号民事判决书。

② 最高人民法院（2021）最高法民再 338 号民事判决书。

要求对在2001年10月20日之后申请“华润”作为字号的，如果与华润集团、中国华润总公司无投资关系，一律不予核准。在上述情况下，华润商店仍注册与华润集团字号相同的企业名称，客观上容易造成相关公众的混淆误认。综上，最高人民法院认定被诉侵权行为构成对华润集团及华润知识产权公司不正当竞争。

汽车领域车型外观设计纠纷持续引发大众关注。2018年11月30日，上海知识产权法院就沃尔沃·拉斯特韦格纳公司起诉江苏威菱汽车部件有限公司、丹阳市威菱汽车配件有限公司的两起侵害外观设计专利权纠纷案[①]作出判决，判令两被告立即停止对原告享有的外观设计专利权的侵害，并赔偿损失。

此外，2022年3月，高合汽车的母公司华人运通控股（上海）有限公司对雷诺公司在2021年推出的新能源品牌Mobilize中的一款提出无效宣告请求，最终雷诺公司的外观专利因其专利图案与在先商标构成近似而被宣告无效。[②]

综上可知，车型外观设计保护的重要性不言而喻，如发生法律纠纷积极应对抑或通过法律妥善维护权利自然均是可取之策略，但鼓励原创并及时进行权利保护是企业长久焕发市场活力的根源所在。

---

① 上海知识产权法院（2017）沪73民初139号民事判决书。上海知识产权法院（2017）沪73民初140号民事判决书。

② 中国国家知识产权局专利复审委员会无效宣告请求审查决定（第57220号）。

# 第五章

# 贸仲视角下的知识产权仲裁

## 第一节　知识产权仲裁的现状和未来

随着商业竞争越发激烈，科学技术的迭代速度也越来越快，以生产要素市场化配置为导向的知识产权的有效生命周期越来越短，市场主体的知识产权意识也越来越强，知识产权争议数量的日益增长已是大势所趋。知识产权争议的快速、公正解决也成为一个新的社会需求。除司法途径外，通过仲裁的方式进行争议解决，成为解决知识产权争议的新发展方向。

2019 年 11 月，中共中央办公厅、国务院办公厅发布的《关于强化知识产权保护的意见》（以下简称《意见》）更是对进一步完善知识产权保护制度、强化与优化知识产权保护机制进行了战略部署。《意见》提出，完善知识产权仲裁、培育和发展仲裁机构，构建知识产权大保护工作格局，是完善产权保护制度最重要的内容，也是提高我国经济竞争力的最大激励。

2021 年 10 月，国务院印发了《“十四五”国家知识产权保护和运用规划》，要求完善知识产权纠纷多元化解决机制，培育和发展知识产权调解组织、仲裁机构、公证机构。

仲裁解决途径与诉讼程序相比，具有保密性强、灵活性高、管辖确定性强、国际化程度好的特点，这些特点对于知识产权或者广义的无形财产权争议来说，具有特别的优势，这些优势体现在如下三个方面：

第一，知识产权保护的客体往往涉及科学技术类的信息，由于其易于获知、易于复制、易于披露的无体性，导致对争议解决程序的保密性具有很高的要求。这一保密性的要求不但体现在争议各方之间的保密上，同时也存在于对社会公众的保密上。无论是科学技术的内容、科技技术的发展阶段甚至科学技术的应用与否，往往都是争议方所不愿意对外披露的，因为争议双方是否使用某一科学技术这一细微信息，都可能给资本市场带来动荡。因此，仲裁程序往往都不是公开进行的，并且对仲裁参加人的身份有更严格的限制。

第二，科学技术的复杂性也需要在争议解决的程序中，由更专业的人员深入浅出地把科学技术的内容讲清楚，因此更多的具有专业技术背景的人员参与进来，将会为涉及知识产权特别是科学技术类的争议解决提供便利，但是更多的专业人员的参与与仲裁案件的保密性又构成一对矛盾。

第三，知识产权的地域性限制以及全球一体化的进程，迫切希望一项争议解决的结果一旦做出，能够在全球得到有效执行，司法判决跨境承认的困难，为这一需求带来了挑战。《承认及执行外国仲裁裁决公约》是目前国际上关于承认和执行仲裁裁决最重要的公约，我国于 1986 年加入并于第二年开始执行这一公约。这一公约为中国仲裁机构的裁决走向世界提供了坚实的法律基础，这是司法途径所无法比拟的优势。

尽管根据我国仲裁法的规定，应当由行政机关处理的行政确权争议案件不能进行仲裁，但是在技术开发、技术转让、技术服务、股权投资领域的科学技术类纠纷还是非常多的。

就目前所了解到的明确以知识产权为分类的仲裁案件，虽然数量相较于其他类型，并没有那么多，但是仅就技术类争议案件而言，其实际数量要远高于这个数字。就笔者接触到的案件而言，无论是在机电设备纠纷、股权投资与转让、服务合同纠纷、委托合同纠纷还是在中外合资、合作经营纠纷、互联网、电子商务纠纷中①，都可以看到科学技术争议的影子，而且在有些案件中，技术问题往往是双方争议的重要焦点，直接关系到事实的认定和法律适用。

在涉及科学技术类争议案件中，特别是在技术合同案件中，无论是过去的《合同法》还是《民法典》，对于何谓新技术、新产品、新工艺，对于何谓转化、何谓技术指导、何谓技术成果，何谓后续改进，都没有给出精确的定义，而且由于技术的复杂性和多样性，也不可能给出具体的定义。在发生争议时，争议各方往往各执己见，发表关于对涉案技术的不同见解，而对于裁决者来说，纷繁复杂的技术术语，各种化学结构式、DNA 的蛋白质序列、IEEE1588 网络同

---

① 上述分类来自贸仲《2021 年工作报告与 2022 年工作计划》中在“新兴领域案件增长趋势呈亮度”部分中的案件类型分类。

步协议、时分多址、Python 等，即使是技术人员也不一定能立即理解，对于不是专业人员的裁判者来说，要想听明白、梳理清楚，更是一件困难的事情。

在涉及技术类纠纷的诉讼案件中，司法机关为了解决这一问题，最高人民法院以及各地的高级人民法院建立了很多专家库，而且从 2002 年开始，在民事诉讼证据规则中，首次引入了“具有专门知识的人员”制度[①]，允许具有专业技术知识的专家（又称专家证人）参加庭审，并且就案件中的技术问题提供专业意见。

而且最高人民法院还于 2019 年 1 月 28 日通过了《最高人民法院关于技术调查官参与知识产权案件诉讼活动的若干规定》（以下简称《规定》）。[②] 根据该《规定》，人民法院审理专利、植物新品种、集成电路布图设计、技术秘密、计算机软件、垄断等专业技术性较强的知识产权案件时，可以指派技术调查官参与诉讼活动。技术调查官可以参加的庭审活动包括调查取证、勘验、保全、询问当事人、听证、庭前会议和开庭审理活动，可以询问当事人以及当事人方的具有专门知识的人，并且就案件中的技术问题出具技术意见。通过这样的制度设计，无论是审判方还是争议方，在庭审过程中都可以获得科学技术人员的专业支持。

目前就法院系统来说，已经有技术调查官 450 余人，几乎所有涉及技术的复杂案件都有技术调查官参加，这样的制度安排对于提高诉讼效率，确保技术事实认定的中立性、客观性和科学性，起到了比较好的促进作用。

事实上，在仲裁案件中，面临着同样的需求。对应于上述技术调查官制度，根据贸仲《仲裁规则》第四十四条规定，仲裁庭可以就专门问题向专家咨询[③]。

---

① 2002 年《最高人民法院关于民事诉讼证据的若干规定》第六十一条第一款规定，“当事人可以向人民法院申请由一至二名具有专门知识的人员出庭就案件的专门性问题进行说明”。

② 该规定于 2019 年 5 月 1 日开始正式实施。

③《中国国际经济贸易仲裁委员会仲裁规则》第四十四条规定，“专家报告及鉴定报告（一）仲裁庭可以就案件中的专门问题向专家咨询或指定鉴定人进行鉴定。专家和鉴定人可以是中国或外国的机构或自然人。（二）仲裁庭有权要求当事人、当事人也有义务向专家或鉴定人提供或出示任何有关资料、文件或财产、实物，以供专家或鉴定人审阅、检验或鉴定。（三）专家报告和鉴定报告的副本应转交当事人，给予当事人提出意见的机会。一方当事人要求专家或鉴定人参加开庭的，经仲裁庭同意，专家或鉴定人应参加开庭，并在仲裁庭认为必要时就所作出的报告进行解释”。

并且规定双方当事人“应对仲裁庭指定的专家予以协助，提供其要求的文件和信息。专家应出具专家意见，交由双方当事人评论”。

对应于诉讼程序中的“具有专门知识的人”这一制度，根据贸仲《证据指引》第九条规定，“当事人可就特定问题提交专家意见以支持己方的主张”。同时由于专家证人的证人属性，再考虑到仲裁案件的保密性，《证据指引》在第十七条规定，“证人和专家在作证之前不应出席庭审”，而且各方的专家证人只能在质证程序中出现。

虽然可以在质证程序中就特定技术问题进行说明并且可以接受本方询问和对方盘问，但是这些专家仅仅在质证程序中出席庭审显然是远远不够的，因为随着案件的发展，在辩论环节讨论法律适用时，都可能随时出现技术问题的争议，而这时由于技术专家不在场，导致技术疑惑不能得到及时、有效的解答。

这一困难已经在诉讼中显现出来，为了解决这一困难，在诉讼程序的法庭辩论过程中，法官经常不得不暂停法庭辩论，重新请具有专门知识的人入庭，再次进行法庭调查。

在诉讼程序中所遇到的瓶颈目前难以克服，原因在于专家证人的身份无法进行转换。因为根据我国《民事诉讼法》第六十一条的规定，当事人只能委托一至二人作为诉讼代理人，而且在该条的第二款对诉讼代理人的身份进行了规定，只有下面三类人员具有诉讼代理人资格：（一）律师、基层法律服务工作者；（二）当事人的近亲属或者工作人员；（三）当事人所在社区、单位以及有关社会团体推荐的公民。因此具有专门知识的人不可能作为代理人全程参与庭审活动。

事实上，在解决此类困境上，仲裁争议解决程序具有其独特的优势。因为在仲裁案件，对于代理人的身份以及人数并没有限制。根据我国《仲裁法》第二十九条的规定，当事人、法定代理人可以委托律师和其他代理人进行仲裁活动。该法条没有对“具体代理人”的人数和资格进行任何限制。因此在仲裁案件中，在不减少法律专家作为代理人的名额的前提下，技术专家得以获得机会，以仲裁代理人的身份参与到整个仲裁审理过程中去，不但可以在质证阶段协助说明技术问题，而且可以在庭审的辩论过程中，针对随时出现的技术争议提出意见。通过这样的方式，可以大大方便仲裁庭在审理过程中对于技术问题的理解，确保仲裁庭的仲裁员在准备仲裁裁决时充分理解技术争议导致的争议焦点，为作出各方均能满意的合理裁决提供坚实的基础。

随着案件的标的越来越大，技术越来越复杂，同时仲裁员中具有技术背景的仲裁员人数的增加，对于知识产权案件中的科学技术问题的澄清越来越重要，因此要求审理过程不单在法律专家之间进行，而且同时在技术专家之间进行。

尽管没有统计数字，笔者也注意到，在大部分涉及科学技术的争议案件中，都是由 1—2 名律师来代理的，这一现状说明技术专家作为仲裁代理人出庭的案件还不多，这与历史上的仲裁程序过于侧重贸易有关，也与参与仲裁案件的律师更多的是从民事诉讼法的角度理解仲裁程序有关。

尽管仲裁程序的这一优势目前并没有得到企业界的充分认识，随着仲裁知识的普及，相信更多的当事人认识到仲裁途径对于知识产权争议特别是涉及科学技术类争议的优势。

此外，仲裁程序本身的优势必须与仲裁机构本身的信誉相结合，才能最大限度地发挥知识产权仲裁在解决知识产权争议中的优势。

根据贸仲 2021 年度的报告，英国伦敦大学玛丽女王学院公布的《2021 年国际仲裁调查》显示，"北京作为仲裁地对亚太地区、非洲地区、欧洲地区与中东地区的当事人来说具有较高的吸引力，其中在欧洲地区、中东地区和非洲地区，北京作为仲裁地的吸引程度超过了中国香港特别行政区，分别为 30%、29% 和 32%（中国香港特别行政区分别为 26%、27% 和 18%）。对中国的当事人来说，仲裁地的首选应为亚太国家和地区。与伦敦、巴黎等久负盛名的国际仲裁地相比，北京具有支持仲裁的法律和政策、国际化的商业流动性、以贸仲为代表的国际知名仲裁机构、高性价比的仲裁成本优势以及良好的配套措施与素质精良的仲裁员，值得当事人广泛关注"。①

随着知识产权仲裁特别是涉及技术类的仲裁案件的增多，对涉及技术类案件的解决质量要求也越来越高，更多的具有技术背景的专家加入仲裁员队伍中

---

① 中国国际经济贸易仲裁委员会：《中国国际商事仲裁年度报告》（2020—2021），法律出版社 2021 年版，第 24 页。

来，仲裁不限制代理人资格和人数这一优势将会越发显现出来，一定会吸引更多的技术类纠纷案件通过仲裁进行解决。

结合相关工作和实践，贸仲将从以下三个方面入手就加强知识产权保护进行努力：一是充分利用贸仲已有的经验优势、专家优势，结合知识产权争议解决专业性强等特点，努力打造知识产权争议解决的中国品牌；二是要对国际知识产权保护制度与争议解决实务开展深入研究，革新理念，拥抱技术革新，用创新的方式来保护创新；三是大力推进知识产权领域的国际交流与合作，深度参与全球知识产权治理，推动构建开放包容、平衡普惠的知识产权国际规则。

# 第二节　中国国际知识产权仲裁：起点、发展与未来

## 一、国际知识产权仲裁现状概况

2021年国际仲裁全球排名前5位仲裁地，伦敦和新加坡（并列第一）、香港特区、巴黎、日内瓦、纽约和北京（并列第五），地处亚洲的首次占了3席①；而且，前5位国际商事仲裁机构，国际商会国际仲裁院（ICC）、新加坡国际仲裁中心（SIAC）、香港国际仲裁中心（HKIAC）、伦敦国际仲裁院（LCIA）、中国国际经济贸易仲裁委员会（CIETAC，亦简称贸仲），总部在亚洲的也首次占了3席②。2012年至2021年，世界知识产权组织受理纠纷案件数量，即仲裁、调解、专家裁决案件，包括协助双方，逐年均呈上升势态，2021年案件数量达263起③，同比上升了44.5%。

2020年国际争议解决机制应用全球调查报告显示，影响当事人选择不同争议解决机制的考虑因素中，排名第一的是，此等解纷机制下解决方案结果的可强制执行性，高出排名第二因素（中立/无偏见）15个百分点④。而影响当事人考虑选择国际仲裁的考虑因素，2020年和2022年调查结果排名第一的，也都是仲裁裁决的执行性，其中，2020年该项选择的人数比例为87%⑤、2022年的为

---

① Queen Mary University of London and White & Case，“2021 International Arbitration Survey：Adapting Arbitration to a Changing World”，p. 6.

② Queen Mary University of London and White & Case，“2021 International Arbitration Survey：Adapting Arbitration to a Changing World”，p. 10.

③ 参见世界知识产权组织官方网站，https：//www. wipo. int/amc/en/center/caseload. html，2023年3月1日访问。

④ *SIRDA International Dispute Resolution Survey*：2020 *Final Report*，p. 7.

⑤ *SIRDA International Dispute Resolution Survey*：2020 *Final Report*，p. 27.

82%[①]。另外，对于国际科技、媒体及电信行业，包括知识产权许可纠纷当事人，该特定群体倾向选择的解纷机制排名依次为[②]：仲裁（占43%）、调解（占40%）、诉讼（占15%）、专家裁决（占4%），而该群体首选国际仲裁的两个很重要的考虑因素[③]：一是仲裁裁决执行性（占68%）；二是避免外国诉讼程序管辖（占65%）。

上述实证数据表明，当事人是否选择知识产权仲裁，最重要的考虑因素之一，就是知识产权裁决可执行性的确定与否。由于知识产权纠纷种类性质各异，当事人选择放弃或转让某些知识产权权利的，事后如发生争议，将面临个案涉知识产权的具体权利是否属于当事人可自由处分范畴，抑或知识产权争议的可仲裁性问题。具体而言：此等权利纠纷是否属于国家知识产权行政管理范畴或者国家专门法院（如知识产权法院、专利法院）专属司法管辖范畴，视一国或具体法域的与仲裁程序法相关的知识产权立法而定。而对于当事人之间约定将知识产权纠纷提交仲裁的仲裁协议，一方面，仲裁协议的有效性以及有效仲裁协议的可执行性，取决于双方约定的仲裁协议适用法律或仲裁地法律规定；另一方面，有效知识产权仲裁协议下作出的仲裁裁决，其约束效力范围、裁决可执行性，则取决于仲裁地或裁决执行地的有管辖权法院依照本国法律认定具体的知识产权争议是否不可仲裁解决、是否违反国际公共政策。如此，相较于普通国际商事仲裁争议可仲裁性问题而言，跨国知识产权争议可仲裁性存在不确定因素，知识产权裁决可执行性问题相比商事仲裁而言，更容易造成当事人事后仲裁风险，影响当事人在谈判阶段对仲裁的权衡选择。

中国仲裁机构与中国法院受理涉专利、商标、著作权、技术合同等其他知识产权民事纠纷案件受案量相比，知识产权纠纷仲裁案件数量相比诉讼的而言

---

① *SIRDA International Dispute Resolution Survey*：2020 *Final Report*，p. 6.

② 2016 International Dispute Resolution Survey：Pre-empting and Resolving Technology，*Media and Telecoms Disputes*，p. 20.

③ 2016 International Dispute Resolution Survey：Pre-empting and Resolving Technology，*Media and Telecoms Disputes*，p. 26.

微乎其微，2020 年和 2021 年每年都相差数十万件。[①] 在其他国家也是类似情况。参考前述实证数据分析，不难发现，当事人期待利用仲裁裁决的可强制执行性，与仲裁地法律承认当事人知识产权权利纠纷的可仲裁性，两种落差，是目前知识产权仲裁发展亟须解决的问题。

近年来，新加坡和中国香港特区为了发展知识产权事业，打造或提升所在司法管辖区在国际知识产权纠纷仲裁的中心地位，竞相立法明确知识产权争议的可仲裁性。例如，新加坡《知识产权（争议解决）法》、新加坡《仲裁法》、新加坡《国际仲裁法》以及中国香港特区《仲裁条例》，均全面具体地对各自法域下可仲裁的知识产权权利释义、知识产权争议释义、知识产权仲裁裁决效力适用等问题作出明确规定。[②] 两个仲裁地均明确有关专利、商标、地理标志、已注册的外观设计、版权、集成电路的受保护布图设计权利、对植物品种的保护权利、对机密信息或商业秘密或专有技术的权利、为保护商誉对假冒或类似的不正当竞争行为提起诉讼的权利，或任何其他性质的知识产权权利争议，均允许当事人通过仲裁方式解决，且明确在上述仲裁法律下作出的知识产权裁决，在仲裁当事人之间有约束效力，不对任何第三人产生任何影响。

此外，其他国家或法域没有颁布实施专门的知识产权仲裁法律，通常的仲裁法律中也没有全面性的知识产权仲裁规定，但通过专利法中有限制条件仲裁的规定，或通过法院判例法对仲裁法 、民事诉讼法或冲突法下没有明确禁止知识产权仲裁的适用解释，解决知识产权仲裁的法律问题。[③]

## 二、国际知识产权纠纷可仲裁性问题的应对

根据贸仲 2019 年至 2021 年涉及知识产权纠纷案件统计，几乎都是典型商事契约性关系性质的知识产权纠纷，涵盖了（但不限于）合同项下有关知识产

---

① 2021 年最高人民法院新收知识产权民事案件 4243 件，地方各级人民法院新收知识产权民事一审案件 550263 件，其中，新收专利案件 31618 件、商标案件 124716 件、著作权案件 360489 件、技术合同案件 4015 件。地方各级人民法院新收知识产权民事二审案件 49084 件。详见最高人民法院知识产权审判庭：《中国法院知识产权司法保护状况（2021）》，人民法院出版社 2022 年版，第 2 页。

② 详见本书第二章第二节境外知识产权仲裁立法成就。

③ 详见本书第二章第二节境外知识产权仲裁立法成就。

权侵权、权利转让、许可使用、研发创作以及因侵权造成的损失赔偿[①]，均属于能够作为仲裁适格标的事项，而且，案件裁决没有触及第三方利益，均未对国家知识产权机关权力以及社会公共利益发生任何影响。对于纠纷当事人提交仲裁的合同项下知识产权争议，仲裁庭均作出了合适合理的仲裁裁决。

实际上，国际知识产权仲裁最常见的，就是有关知识产权合同项下权利义务、违约和侵权纠纷仲裁[②]，涉及许可使用标准必要专利的，还会出现有关公平、合理和非歧视性争议仲裁。[③] 即使没有像新加坡、中国香港特区那样明确的知识产权仲裁立法，在大多数国家或地区，知识产权合同纠纷并未引发可仲裁性问题[④]，在遇到要考虑公共政策问题时，大多数情形下也被视为可以仲裁的。[⑤]

在实务中，案涉国际知识产权的所有权、有效性及其范围争议的可仲裁性问题，在仲裁地以外国家，法院仍然有时可能基于《纽约公约》第 5 条第 2 款（甲）项“以该国法律，该争议事项系不能以公断解决者”、（乙）项“承认或执行裁决有违该国公共政策者”为由，拒绝承认和执行裁决。考虑到 2019 年海牙《承认与执行外国民商事判决公约》第 2（1）m 项规定，该公约不适用于知识产权事项，可归因于知识产权地域性特征对跨境知识产权判决承认与执行影响[⑥]，相应地，仲裁庭在对知识产权纠纷行使自由裁量权时，为了尽可能地确保仲裁裁决与知识产权地域有效登记事项不发生冲突，得考虑区分处理两种不同类别知识产权范畴的权利：一是纠纷当事人通过公权力机关登记方式获得的

① 贸仲提供的经消密处理过的 2020 年至 2021 年涉外知识产权纠纷仲裁裁决书。

② Da'rio Moura Vicente, *Arbitrability of intellectual property disputes*: *a comparative survey* (2015) 31 *Arbitration International*, 151-53.

③ 2015 年至 2020 年笔者处理了数起分别在国际商会国际仲裁院、新加坡国际仲裁中心规则下的全球标准必要专利许可协议纠纷仲裁案，均系专利许可人声称被许可人在合同履行期间逾期违约支付专利许可费，被许可人辩称诉争标准必要专利费率违反公平、合理和非歧视性原则。

④ Gabriel M. Lentner, *The Rumors of Arbitrability's Death have been Greatly Exaggerated*: *Revisiting Arbitrability of IP Disputes from a Transatlantic Perspective*, Stanford-Vienna TTLF Working Paper No. 71, p. 13.

⑤ Trevor Cook and Alejandro I. Garcia, *International Intellectual Property Arbitration*, vol 2 (Kluwer Law International 2010), p. 63.

⑥ 樊婧：《跨国知识产权判决承认与执行中地域性问题辩释——以〈海牙判决公约〉制定过程为中心》，载《国际法学研究》2021 年第 1 期，第 91 页。

排他性所有权。例如，专利、注册商标、注册设计权、植物品种等；二是无须进行登记，只要发生了创造或制作行为，就拥有权利。例如，版权、未注册设计品、商业秘密、技术秘密等。①

对于经登记获准后的专利、商标等所有权争议或有效性争议，或者由于此等知识产权许可转让，或侵权后派生产生的所有权争议，或有效性争议，基于仲裁裁决约束力仅限于仲裁当事人之间的学理，仲裁庭可以作为商事争议仲裁的初步事项问题。这些仲裁当事人发生争议的且经过仲裁庭裁决的专利、商标，无论仲裁庭如何决定专利权、商标权是否有效，仅就仲裁案件当事人之间具有约束效力，这些都不会对登记机关产生任何约束力影响，也不会对经登记核准的专利、商标本身效力产生任何影响。如果裁决登记在册的专利权、商标权无效，通常情况下知识产权登记机关不会承认仲裁庭裁决结果，不过，案件适用法律明示许可专门仲裁庭对该项知识产权争议裁决且由此等仲裁庭作出的裁决除外。就这点而言，对于贸仲等国际商事仲裁机构受理的知识产权案件，就有关专利、商标的所有权或有效性事项范畴的争议，仲裁庭可以作为仲裁初步问题行使仲裁管辖权，作出支持专利权、商标权有效的裁决，但不可逆行。

与上述经登记生效的商标权、专利权争议仲裁不同的是，未经知识产权机关注册的版权、商业标识权、设计权（外观设计、工业设计、集成电路设计等）、秘密信息权（商业秘密、技术秘密等）等类型争议，并非由专门公权力机关行使排他性管辖权，在大多数国家或地区法域下，此等知识产权类型争议通常属于可仲裁事项，因此，仲裁庭有权对此类案件进行仲裁。② 但应当注意的是，对于书籍、艺术品、影视、音乐、计算机程序等作品，与通常仅涉及财产性权利的版权争议不同，该类作品可能涉及创作者许可使用或转移相关精神权利或人格权的争议。在某些大陆法系国家（如法国、德国、瑞士、葡萄牙等国），有一套保护创作者精神权利或人格权的专门体系，有关文学作品、艺术作

---

① Da'rio Moura Vicente, *Arbitrability of intellectual property disputes: a comparative survey* (2015) 31 *Arbitration International*, p. 153.

② Peter Chrocziel, Boris Kasolowsky, Wolrad Waldeck und Pyrmont (Prinz zu), Robert Whitener, *International Arbitration of Intellectual Property Disputes: A Practitioner's Guide*, C. H. Beck, 2017, p. 18.

品、科学作品所有权属的精神权利，或者作品真实性的人格权，属于不可仲裁事项。[①] 不过，在案件适用法律允许转让或者放弃作品人格权的情形下，一旦合同项下（如代笔或影子写手协议）有关作品人格权发生转移，该项权利原则上就变成商业交易事项，应当视为具有可仲裁性事由，此等作品人格权侵权责任索赔，也应当属于可仲裁争议。[②]

由此可见，在当前世界各国对知识产权仲裁态度趋于开放支持的情况下，为了确保仲裁裁决的可执行性，仲裁庭得审慎考虑诉争知识产权适合仲裁的正当合理性，也要考虑有关知识产权地域性和公共政策问题。

## 三、开展中国国际仲裁规则下有关标准必要专利（SEP）纠纷仲裁问题

一直以来，中国法院和反垄断行政执法机关都在处理涉及 SEP 专利许可纠纷中发挥重大社会影响。例如，2013 年中国法院首次使用公平、合理和非歧视性（FRAND）原则裁定华为诉美国交互数字公司标准必要专利纠纷案[③]，2015 年国家发展和改革委员会根据《反垄断法》对美国高通公司滥用市场支配地位行政处罚案。[④] 发改办价监处罚〔2015〕1 号行政处罚决定书指出，无线标准必要专利是实现特定无线通信技术标准必须实施的专利，无线通信终端制造商生产销售符合相关技术标准的产品必须获得无线标准必要专利许可，当事人具有市场支配地位，在较大程度上具有控制专利许可费且收取不公平的高价专利许可费、许可条件以及阻碍、影响其他经营者进入相关市场的能力，导致其他经营者难以进入当事人持有的无线标准必要专利组合许可构成的相关市场。2016 年 4 月中国法院裁定有关无线通信 SEP 专利费涉垄断纠纷[⑤]，根据《反垄断法》

---

① Gabriel M. Lentner, *The Rumors of Arbitrability's Death have been Greatly Exaggerated: Revisiting Arbitrability of IP Disputes from a Transatlantic Perspective*, Stanford-Vienna TTLF Working Paper No. 71, p. 17.

② Peter Chrocziel, Boris Kasolowsky, Wolrad Waldeck und Pyrmont (Prinz zu), Robert Whitener, *International Arbitration of Intellectual Property Disputes: A Practitioner's Guide*, C. H. Beck, 2017, p. 19.

③ 参见广东省高级人民法院（2013）粤高法民三终字第 305 号民事判决书、广东省高级人民法院（2013）粤高法民三终字第 306 号民事判决书。

④ 参见国家发展和改革委员会发改办价监处罚〔2015〕1 号行政处罚决定书。

⑤ 参见广东省深圳市中级人民法院（2015）深中法知民初字第 1089 号民事裁定书。

第五十条[①]、《最高人民法院关于审理因垄断行为引发的民事纠纷案件应用法律若干问题的规定》第一条、第二条、第三条之规定，因垄断行为引发的民事纠纷案件，原告直接向人民法院提起民事诉讼的，人民法院应当受理。

国际上，欧盟方面也认为，SEP 专利权人向申请使用者收取高价专利许可费的行为，不符合市场利益，背离市场对终端产品的兼容性要求。2014 年欧州联盟委员会在“摩托罗拉执行 GPRS SEP”案中裁定，对于已根据 FRAND 条款内容向 SEP 专利权人提出过许可使用意向的申请人，专利权人不得禁止申请人使用其专利。2015 年欧盟法院在“华为诉中兴”案中进一步认定，在双方未尽合理努力达成有关 FRAND 原则的许可协议之前，SEP 专利权人无权对专利许可申请人作出临时禁令的救济请求[②]，另值得注意的是欧盟法院表示，支持鼓励双方通过独立第三方（仲裁庭）解决 SEP 专利许可费的应付金额争议。[③]

在以新加坡为仲裁地的 SEP 全球专利许可合同纠纷仲裁中，如合同适用新加坡法时，新加坡仲裁实务通常认为，SEP 专利费争议属于合同纠纷性质，在新加坡法下具有可仲裁性，并且仲裁 SEP 专利费争议不违反公共利益。由于仲裁裁决不对第三人（包括法院）发生约束效力，如出现在新加坡进行仲裁与在外国法院进行诉讼且分别同时进行审理的平行程序时，由仲裁庭决定是否具有管辖权、是否中止仲裁。而且，如果仲裁庭决定具有管辖权且无须中止仲裁程序的，在实际案件中新加坡法院均对此予以支持，而不考虑冲突法原则下可能适用的外国法律对 SEP 可仲裁性的影响。

在行业性国际标准组织中，SEP 专利权人应当以公平、合理和非歧视性原则精神，向有意使用其专利的申请人给予许可要约，这在业界已成广泛接受的共识。例如，国际电气电子工程师学会（IEEE）特别建议，将仲裁协议并入 FRAND 原则下的许可要约文本，采用仲裁方式决定有关 FRAND 原则范畴的专

---

① 对应 2022 年修正的《反垄断法》第六十条。

② Thomas Legler, *Arbitration of Intellectual Property Disputes*, 37 ASA Bulletin, June. 2, 2019, 301-02.

③ Peter Chrocziel, Boris Kasolowsky, Wolrad Waldeck und Pyrmont (Prinz zu), Robert Whitener, *International Arbitration of Intellectual Property Disputes: A Practitioner's Guide*, C. H. Beck, 2017, 87-8.

利许可使用费。[1] 2017 年世界知识产权组织（WIPO）颁布了《FRAND 替代性争议解决机制（ADR）指南》，“旨在帮助当事各方和调解员/仲裁员理解并利用不同阶段可利用的程序选择。……指出了争议当事人在设计 ADR 程序的时候可能会考虑的一些关键要素，特别是当争议涉及大型标准必要专利组合，以及为了控制程序的时间和成本”。[2] 中国是包括 5G 在内的各项国际标准制定的积极推动者，如前所述，贸仲是目前国际上商事机构中受理知识产权仲裁案件数量最多的之一，如果进一步拓展以新加坡或其他合适仲裁地的仲裁条款，将贸仲规则并入国际标准组织有关 FRAND 原则文本，就可以更方便地管理 SEP 专利费纠纷仲裁案件，从而避免或减少前述的国内法律冲突问题影响，中国仲裁机构将来也更容易被中外当事人一致选择。

## 四、随区块链技术发展的涉知识产权纠纷仲裁的问题

在知识产权领域，区块链技术可用于证明知识产权权利的创造权、所有权及版权管理等方面，智能合约也能用于知识产权合同、特别是许可或独家发行合同[3]。世界知识产权组织 2022 年《区块链技术与知识产权生态系统白皮书》指出，区块链技术在知识产权纠纷 ADR 程序应用方面具有潜力。智能合约可能以及时、有效、安全的方式，将 ADR 程序行政事务流水化作业，“智能仲裁条款”可能按设定条件程序运行，根据构成违约的具体事件，激活仲裁程序，如此，启动自动向仲裁机构提交仲裁通知、开始仲裁程序、并向对方当事人送达仲裁通知，对于区块链数字资产纠纷，则可能自动执行财产[4]。

仲裁条款（或单独的仲裁协议）实质上，是有行为能力当事人同意将争议提交仲裁的合意意思表示，该意思表示能否产生将争议提交仲裁或使依照仲裁合意进行的仲裁程序有效，其最终作出的仲裁裁决能否被承认和执行的法律效

---

① Thomas Legler, *Arbitration of Intellectual Property Disputes*, 37 ASA Bulletin , June. 2, 2019, p. 302.

② 参见《FRAND 替代性争议解决机制（ADR）指南》，第 3 页。

③ Thomas Legler and Andrea Schäffler, *A Look to the Future of International IP Arbitration*, *The Guide to IP Arbitration*, Law Business Research 2021, p. 225.

④ Blockchain technologies and IP ecosystems, A WIPO white paper, 2022, p. 10.

果，还应结合仲裁地或申请承认和执行地法律来判断。因此，上述提到的国际知识产权争议“智能仲裁条款”，当然不会因为采用区块链技术“智能”而“当然有效”，其有效性仍取决于当事人约定的仲裁条款适用法律，如未约定仲裁条款准据法，那么，取决于当事人约定的仲裁地的法律，在这种情形下，根据仲裁地的不同，仲裁协议适用法律或可能是当事人约定合同适用的国家或法域法律，也可能是仲裁地的仲裁程序法。

所谓“智能仲裁条款”，形式上是计算机程序语言运行协议，由专业软件人员将其所理解的当事人仲裁条款内容编写成源代码，进而编译成计算机可执行代码，存储在区块链上，一旦启动计算机或在当事人交易合同平台上运行，就可以用于支持、推进、识别、认证、履行、执行当事人合同有关仲裁合意下的各项条件下的具体程序事项①。可见，此等由计算机程序语言表现的自动运行协议，从专业常识来看，与仲裁实务中通常认可采用的电子数据书面记录相比较，性质上并无太大差异，这与联合国国际贸易法委员会《国际商事仲裁示范法》（2006 年修订版）第七条有关仲裁协议“书面形式”要求、《承认和执行外国仲裁裁决公约》第二条有关“书面协定”要求，并无任何不一致。

不过，前者是部分专业人员可以阅读理解的源代码文件，如软件程序员或有专业知识的仲裁员和当事人，后者是任何正常人可阅读理解的电子信息文件，如各种电子格式文件，包括但不限于电邮、音视频等。就这点而言，计算机程序代码可以作为存在仲裁合意的书面协议的表面证据，但执行代码的表示内容与当事人仲裁合意的全部意思表示是否一致，似乎存在当事人可以争论的空间，尽管如此，这不影响仲裁合意下意思表示的本身效力。

如前所述的知识产权许可合同或独家发行协议，可能是区块链技术智能合约的应用场景，特别是在线音乐、线上影视剧院平台，用于向权利人实时在线付款、认证观赏作品、验证鉴别赝品等，网络用户当事人通过点击交换“签订”的协议，使合同在表面上成立，但值得注意的是，此等情形下当事人是否

---

① Tim Swanson, *Great Chain of Numbers: A Guide to Smart Contracts*, Smart Property and Trustless Asset Management, 2014, p. 11. p. 16.

具有合同仲裁行为能力的问题，不适用于行为能力推定规则①，如此，在发生交易纠纷仲裁时，也可能出现“智能仲裁条款”争议效力问题。

鉴于区块链技术在仲裁以及其他替代性解纷机制方面的潜在应用，英国律师公会法律技术工作组于 2021 年 4 月颁布了数字技术争议解决规则②，针对加密资产、加密货币、智能合约、分散式账本技术、金融科技等新技术应用产生的纠纷，对于并入到智能合约的自动解纷程序，如仲裁程序，或者专家决定程序，允许在数字财产所在平台上自动运行，可以直接在数字财产系统内实施仲裁员裁决（或专家决定），执行方式包括操作、修改、取消、创建，以及转让数字资产。

值得注意的是，任何采用区块链技术的解纷方案，均需符合现有的法律框架方可有效。如前所述，必须考虑仲裁协议适用法律，确保智能合约并入的仲裁条款符合适用法律规定，有些国家立法以及《纽约公约》，要求仲裁条款须书面协定，如该国法院对“书面”作狭义理解的话，智能合约中的仲裁条款有可能因不符合狭义理解而被认定为不具备书面形式，进而可能被认定为无效，除非当事人双方已经有了一份签署过的、相当于通常传统的书面合同。尽管 2006 年《国际商事仲裁示范法》第 7 条第 4 款有关“电子通信”“数据电文”“这些手段包括但不限于电子数据交换、电子邮件、电报、电传或传真”的敞口规定，对于将区块链代码作为达成仲裁协议的书面手段，早已打开了大门，但目前未见国家立法赋予此等具体条款任何法律效力。

实际上，无论是人为控制还是区块链技术自动运行仲裁程序，在任何阶段均需尊重当事人的正当程序权利，显然，去中心化的区块链争端解决系统并不适合于仲裁常规做法，而由于调解方式、专家决定程序等其他争议解决机制相对仲裁而言，更具有灵活性，或许更值得在区块链应用环境下讨论未来 ADR 机制发展③。就这点而言，2022 年 7 月成立的中国国际经济贸易仲裁委员会知识

---

① 郎芳：《区块链技术下智能合约之于合同的新诠释》，载《重庆大学学报（社会科学版）》，2021 年第 27 卷第 5 期，第 177 页。

② Digital Dispute Resolution Rules，LAWTECH UK 2021.

③ Blockchain technologies and IP ecosystems，A WIPO white paper，2022，p. 67.

产权仲裁中心和2018年5月成立的调解中心，如果能有机结合形成合力，就可以利用区块链技术，向当事人提供更有效的知识产权纠纷多元解纷机制的创新模式。

## 五、结论

随着世界上各种新技术的推陈出新，各种类型的知识产权纠纷仲裁成为业界热点，未来至少有三点值得关注。

其一，当前来看，未来国际知识产权仲裁立法，仍然长期面临知识产权纠纷仲裁立法空白、缺位的问题，关于知识产权纠纷的可仲裁性挑战，当事人可以通过选择合适的仲裁地，或者选择适当的仲裁协议适用法律来解决，但知识产权纠纷仲裁裁决可执行性问题，与执行地法院的司法态度有关，因此，作为仲裁庭，仍然得审慎考虑知识产权纠纷仲裁的适合性、合理性、正当性问题。

其二，中国作为专利大国，大力发展中国仲裁规则下的标准必要专利（SEP）纠纷仲裁，十分必要。为避免或减少前述的国内法律冲突问题影响，可以选择合适的仲裁地，将仲裁规则并入国际标准组织有关FRAND原则文本。

其三，在知识产权纠纷仲裁中，区块链技术应用潜力影响正在发挥，但是智能仲裁条款必须符合当事人所选择的仲裁协议适用法律规定，或者仲裁地法律规定，才能具有效力。区块链自动运行仲裁程序，可能面临当事人正当程序权利的挑战，因此，区块链更适合于调解和专家决定解纷程序。

## 第三节　仲裁：商业/技术秘密类争议解决的优选

A 科技公司在新品手机发布之际与 B 数码科技类博主达成合作意向，由 B 博主录制视频对新品手机进行深度评测并在新品发布会后发布视频，以利用 B 博主通过长期发布数码科技产品评测视频在社交媒体覆盖面和影响力方面形成的优势在 A 公司新品发布会后为企业宣传造势。而 B 博主利用 A 公司产品本身的热度，亦能够为自己赚取更多的流量，双方之间是一种互利共赢的合作。依据合作需求，A 公司需要在新品发布前一周寄送新品手机，给评测留足时间，因涉及尚未公开的商业/技术秘密，为防止泄密，双方签订了保密协议，协议中明确约定 B 博主接收到机器后不得以任何形式外借，图片和视频不得以任何形式外发。但 B 博主未能遵守保密协议约定，在保密协议约定的新产品发布时间前提前泄露新品手机相关内容，打乱了 A 公司新品宣发的节奏，A 公司认为自己的商誉被损害，B 博主的行为也给 A 公司造成了不可挽回的经济损失。在该份保密协议中，双方约定的争议解决方式为仲裁，双方产生争议后，A 公司依据保密协议中的仲裁条款向中国国际经济贸易仲裁委员会提起仲裁，请求：（1）B 博主向 A 公司支付违约金 1000000 美元；（2）B 博主承担本案仲裁费。庭审过程中，仲裁庭在全面了解案件事实后，对双方进行了调解，在仲裁庭的努力下，双方最终达成调解协议。

保密条款一直是合同中的常见条款，但内容大多千篇一律，不曾引起人们重视。近年来，随着社会主义市场经济的快速发展，越来越多的企业已经认识到保护企业商业秘密的重要性，产生保护商业秘密就是保护企业竞争优势的意识，并逐步建立了相应的保护措施。类似前述案例中的保密协议越来越常见。与保密条款相比，保密协议的内容更加丰富，往往涵盖需要保密的内容和范围、协议双方的权利和义务、保密期限、侵犯商业秘密的赔偿责任等。保密协议也可以单独约定争议解决方式，对于此类保密协议，在约定争议解决方式时，仲裁对双方来说都是一种很好的选择。

仲裁作为一种替代性纠纷解决方式，因其程序便捷灵活、保密性强、专业性强等优点，在解决知识产权纠纷时受到越来越多的青睐。目前实践中提交仲裁的知识产权纠纷案件多为合同纠纷，对于知识产权侵权纠纷甚少涉及。理论上认为，知识产权侵权纠纷主要涉及知识产权权利人和侵权人之间的财产权益问题，属于《仲裁法》所指的"其他财产权益纠纷"，具有可仲裁性。① 只要双方协商一致，且不违反法律的强制性规定，也可提交仲裁机构解决。

然而实践中，纠纷往往在侵权行为发生后，双方已产生争议，当事人事后达成仲裁协议的可能性很小，因此知识产权侵权纠纷由仲裁解决的案例并不多。② 而商业/技术秘密类侵权案件不同于其他知识产权侵权案件，企业往往是基于合作需要向相对方披露或提供其所拥有的商业/技术秘密，合作各方通常会在事前签署保密协议，保密协议的内容丰富，往往涵盖需要保密的内容和范围、协议双方的权利和义务、保密期限、侵犯商业秘密的赔偿责任等。保密协议可以单独约定争议解决方式，对于此类保密协议，在约定争议解决方式时，选择仲裁后的效率与效果都有明显优势。

从可操作性层面来讲，在保密协议中嵌入仲裁条款不存在障碍。首先如前所述，商业/技术秘密类侵权纠纷可以提交仲裁。其次从仲裁条款的订立来看，当事人在合同中订立仲裁条款时，只要依据《仲裁法》第十六条第二款的规定，在仲裁协议中有请求仲裁的意思表示、仲裁事项和选定的仲裁委员会，一般就是有效条款。实践中，在约定时可能会存在瑕疵，如对仲裁机构名称约定不准确、仅约定了仲裁地而未约定仲裁机构等，对此，最高人民法院在（2019）最高法知民终 338 号民事判决书中确立的裁判思路为：首先，判断双方当事人在签订合同时是否具有将此后产生的纠纷提交仲裁机构仲裁的合意。其次，从合同文字表述的通常含义看是否能指向单一特定的仲裁机构。最后，合同双方并非法律或者纠纷解决专业人士，对其在约定仲裁机构时，不应课以过

---

① 杨荣新：《仲裁法理论与适用》，中国经济出版社 1998 年版，第 63 页。

② 顾艳钰：《知识产权侵权纠纷可仲裁性问题探析》，载《成都行政学院学报》2012 年第 4 期。

高标准，以尊重当事人意思自治为原则，从文字和逻辑上确定仲裁机构，尽量使仲裁协议有效。可见目前司法审查过程中遵循仲裁协议有效解释原则，且更值得注意的是，司法部此前公布的《中华人民共和国仲裁法（修订）（征求意见稿）》[①] 中，已经删除了仲裁条款需要约定明确的仲裁机构的硬性要求。该项修改从便利当事人的角度出发，有望进一步降低仲裁的进入门槛。

可以明确的是，在保密协议中嵌入仲裁条款，以仲裁方式解决商业/技术秘密争议具备可行性和可操作性，更重要的是仲裁方式在解决知识产权侵权纠纷方面和其他方式相比有其独到的优势。

首先，选择仲裁可以帮助企业缩减维权成本。

企业作为商事主体，同时跟多方主体进行合作，均需要签署保密协议，若协议中约定的争议解决方式为诉讼，一旦合作方违约，企业为维护自身的合法权益，必须通过诉讼的方式解决。而诉讼本身程序众多，难保对方为了拖延时间，选择提出管辖权异议等多种多样的诉讼策略，且民事诉讼系两审终审，一个案件若再要经历二审程序、再审程序，会耗费大量的时间、金钱和精力，更不用说同时进行多个诉讼，即便是作为守约方的企业，一旦陷入诉讼中，也可能会带来更大的损失。而若企业权衡利弊之后选择放弃维权，保密协议则形同虚设，起不到其约束作用，无法对违约方产生威慑力，长远来看，亦不利于企业商业秘密的保护和企业的发展。保密协议本身运用场景较多，签订目的也均是保护企业的商业秘密，双方权利义务约定明确，争议焦点一般也较为清晰，且发生纠纷后，当事人都希望能够尽快解决纠纷，在这一层面上，仲裁的优势十分明显。根据《仲裁法》[②] 的相关规定，仲裁采用一裁终局制，仲裁裁决自

---

① 《中华人民共和国仲裁法（修订）（征求意见稿）》第三十五条规定："当事人申请仲裁应当符合下列条件：（一）有仲裁协议；（二）有具体的仲裁请求和事实、理由；（三）属于本法规定的仲裁范围。当事人应当向仲裁协议约定的仲裁机构申请仲裁。仲裁协议对仲裁机构约定不明确，但约定适用的仲裁规则能够确定仲裁机构的，由该仲裁机构受理；对仲裁规则也没有约定的，当事人可以补充协议；达不成补充协议的，由最先立案的仲裁机构受理。仲裁协议没有约定仲裁机构，当事人达不成补充协议的，可以向当事人共同住所地的仲裁机构提起仲裁；当事人没有共同住所地的，由当事人住所地以外最先立案的第三地仲裁机构受理……"

② 《仲裁法》第九条第一款规定："仲裁实行一裁终局的制度。裁决作出后，当事人就同一纠纷再申请仲裁或者向人民法院起诉的，仲裁委员会或者人民法院不予受理。"

作出之日起发生法律效力，没有上诉和再审程序。国内各仲裁机构的仲裁规则虽然不尽相同，但普通程序案件一般是自组庭之日起 4 个月内作出裁决，简易程序案件一般在组庭后 3 个月内作出裁决。一裁终局的仲裁制度使当事人可以快速高效地解决纠纷，能够帮助当事人在纠纷中早日脱身，对于企业来说在维护了自身权益的同时节省了时间成本，企业也倾向于以一种既高效又快速的方式解决争端，以便能够继续开展业务。

其次，选择仲裁具有更强的保密性，更有利于保护商业/技术秘密。

保密性在保密协议纠纷中尤为重要，保密协议引发的争议往往涉及商业秘密，一般来说企业既希望能够维护自己的合法权益，同时也希望争议解决的方式相对隐秘，以免内部信息外泄造成损失。另外，由于争议本身也可能对双方当事人带来社会舆论方面的负面影响，企业或个人不愿其涉诉情况影响其商业信誉和社会形象，当事人通常也更加希望控制争议的知悉范围，而不愿公之于众。法院在审理案件时通常公开审理，仅有对当事人提出申请的确属涉及商业秘密的案件，法庭可以决定不公开审理，主动权完全取决于法庭的态度，当事人处于十分被动的地位。但仲裁以不公开为原则，公开为例外（前述案例因当事人的一些特殊考量，双方协商一致公开了裁决书）。① 此外，一些仲裁机构在其制定的仲裁规则中对保密义务作出了更为详尽的规定，对于希望商业秘密得到很好保护和希望维护商誉的企业来说，仲裁的保密性优势显得极为重要。保密可以使当事人的商业秘密和贸易活动不会因在解决纠纷中被泄露，也不会因为诉之仲裁而失去应有的商业机会、市场信誉、信息资源和业务前景。

最后，因保密协议引起的纠纷，更适合在仲裁程序中启动调解程序。

仲裁与调解相结合这种解决争议的方式最早源于中国国际经济贸易委员会的早期实践，由贸仲首创，后来被我国《仲裁法》所吸收，并日益得到国际仲裁界的广泛认可，被称为“东方经验”。仲裁庭在仲裁程序进行过程中对案件的调解，是在当事人完全自愿、案件事实和是非基本清楚的基础上进行的。仲

① 《仲裁法》第四十条规定：“仲裁不公开进行。当事人协议公开的，可以公开进行，但涉及国家秘密的除外。”

裁庭可以通过灵活的方式促使双方当事人自愿达成和解协议，然后根据和解协议的内容作出裁决书。仲裁与调解相结合有许多优点。第一，在仲裁中进行调解有利于实现公平与效率的统一。仲裁中调解能引导当事人在利益的分配上重新分配或者协调，达到一种相对的平衡。在仲裁程序中，由仲裁员进行调解，仲裁员在对案件进行审理的过程中已经对整个案情有了宏观的把控，更能够抓住双方的需求展开调解，在是非分明的基础上做出明确的利益指导，力求在解决争议的过程中达到互惠互利的结果。调解在仲裁程序中展开，如果调解成功，后来的仲裁程序就不必继续进行，仲裁庭可以依据调解协议书的内容作出裁决书结案，当事人也可以申请撤案；如果调解不成功，则已经开始的仲裁程序可以迅速地继续进行。第二，双方当事人达成和解协议后，仲裁员根据和解协议作出的仲裁裁决书，保障了和解协议能够执行。第三，“调仲结合”强调当事人自愿原则，发扬“和为贵”的精神，可以为商事主体提供一个成本较低、对抗性较弱、程序灵活、有利于修复关系的纠纷化解途径。这一做法可以让争议解决更加高效、经济、友好，有利于当事人在达成调解协议后继续保持合作关系，互利共赢。

综上，对于因为保密协议引起的纠纷，涉及企业的商业/技术秘密，因此对保密性要求很高，仲裁很好地满足了这一需求。在合同约定明确的情况下，大多数案件事实清楚，当事人的诉求也较为清晰，保密协议通常约定有高额的违约金和赔偿金，守约方希望能够得到赔偿，同时作为一个商事主体，其更加希望能够降低或消除影响，违约方则希望能够降低赔偿额，双方之间存在调解的空间。

另外，双方本身即有合作基础，保密协议签订的终极目的实际上是在维护各方当事人商业秘密的前提下实现项目的成功运作及收益共享。仲裁特有的和谐气氛有利于信息交流与谈判，双方当事人之间比较和谐融洽，当事人在仲裁中的对抗性比诉讼程序中低，通过仲裁解决纠纷能够维持当事人之间的合作关系。在许多知识产权纠纷中，当事人之间往往有着长期互惠的合作关系。仲裁以当事人合意为基础，鼓励当事人自己决定仲裁规则或者程序，为当事人创造互相协商的氛围，推动当事人之间的沟通与交流，有利于进一步促进当事人之间的合作与发展。[1] 通过调解结案，有助于缓解双方之间因为纠纷引起的冲突和矛盾，维护、巩固甚至发展当事人之间既存的或将来的友好关系，最大限度地满足了当事人的商业需要。

随着知识经济时代的到来，保密协议应用的场景越来越广泛。仲裁为企业解决因保密协议引发的争议提供了一种便捷有效、省时省力的方式。在保密协议中嵌入仲裁条款，充分利用仲裁优势，维护企业合法权益，保障企业经营发展，应当成为越来越多企业的选择。

① 倪静：《知识产权纠纷诉讼外解决机制研究》，厦门大学2008年博士学位论文。

# 后记

《中国国际知识产权仲裁年度报告（2022）》课题组组长为中华全国律师协会常务理事、知识产权专业委员会主任、高文律师事务所主任、贸仲仲裁员王正志律师，课题组成员主要为新加坡国际仲裁中心（Singapore International Arbitration Centre）首任中国区主任、新加坡律明律师事务所（LVM Law Chambers）董事合伙人葛黄斌律师，立方律师事务所合伙人谢冠斌律师，广东心怡律师事务所合伙人王文田律师，永新智财律师事务所主任邵伟律师，方达律师事务所合伙人杨璞律师，通商律师事务所合伙人陈敬律师，泰和泰律师事务所合伙人李静传律师，独立仲裁员林子英女士，丹树辰洋律师事务所于泳璐律师，高文律师事务所合伙人于学英律师，高文律师事务所合伙人沙仁高娃律师，高文律师事务所李亚楠律师、王闻君律师、杜文静律师、刘敏律师，对外经济贸易大学副教授卢杰锋老师，西安交通大学法学院邢贺通。具体分工如下：前言由王闻君负责撰写，第一章第一节由沙仁高娃负责撰写，第一章第二节由李亚楠、王闻君、杜文静负责撰写，第一章第三节由于泳璐负责撰写，第二章第一节由沙仁高娃负责撰写，第二章第二节由葛黄斌负责撰写，第二章第三节由卢杰锋负责撰写，第三章第一节由于学英负责撰写，第三章第二节由谢冠斌负责撰写，第三章第三节由林子英、邢贺通负责撰写，第四章第一节由王文田负责撰写，第四章第二节由邵伟负责撰写，第四章第三节由杨璞负责撰写，第四章第四节由林子英负责撰写，第四章第五节由陈敬负责撰写，第四章第六节由李静传负责撰写，第四章第七节由沙仁高娃负责撰写，第五章由王正志、邵伟、葛黄斌负责撰写。初稿完成后，由刘敏与王闻君统稿，随后由贸仲副主任兼秘书长王承杰，贸仲事业发展处处长陆菲，贸仲事业发展处职员李雪飞、邹东妮等对本报告进行了审稿。

本报告的成功出版还要感谢诸位评审专家，是诸位专家高屋建瓴的指导意见使得本报告从体例上、内容上均得以提高，他们是最高人民法院中国应用法学研究所民商事审判研究部负责人、中国审判理论研究会商事审判专业委员会副秘书长、最高人民法院知识产权司法保护研究中心副秘书长丁文严，贸仲仲裁员李勇，中国法学会知识产权法学研究会副会长、最高人民法院知识产权司法保护中心研究员金克胜，中国政法大学教授霍政欣，北京师范大学教授韩赤风，原最高人民法院民事审判第三庭法官、贸仲仲裁员钱小红。

**图书在版编目（CIP）数据**

中国国际知识产权仲裁年度报告. 2022 / 中国国际经济贸易仲裁委员会编 .—北京：中国法制出版社，2023. 4

ISBN 978-7-5216-3399-3

Ⅰ. ①中… Ⅱ. ①中… Ⅲ. ①国际法-知识产权法-仲裁裁决-研究报告-2022 Ⅳ. ①D997. 1

中国国家版本馆 CIP 数据核字（2023）第 059867 号

责任编辑：程 思　　封面设计：杨泽江

**中国国际知识产权仲裁年度报告（2022）**

ZHONGGUO GUOJI ZHISHI CHANQUAN ZHONGCAI NIANDU BAOGAO（2022）

编者/中国国际经济贸易仲裁委员会

经销/新华书店

印刷/保定市中画美凯印刷有限公司

开本/710 毫米×1000 毫米 16 开　　印张/ 20. 25 字数/ 308 千

版次/2023 年 4 月第 1 版　　2023 年 4 月第 1 次印刷

中国法制出版社出版

书号 ISBN 978-7-5216-3399-3　　定价：78. 00 元

北京市西城区西便门西里甲 16 号西便门办公区

邮政编码：100053　　传真：010-63141600

**网址：http：//www. zgfzs. com**　　**编辑部电话：010-63141806**

**市场营销部电话：010-63141612**　　**印务部电话：010-63141606**

（如有印装质量问题，请与本社印务部联系。）